Beiträge zur Sozialen Arbeit an Schulen
Band 3

Herausgegeben von
A. Spies, Oldenburg, Deutschland
N. Pötter, München, Deutschland

Mit der Reihe „Beiträge zur Sozialen Arbeit an Schulen" wollen die Herausgeberinnen den Diskurs bündeln und fachlich wie sachlich klärend vertiefen, damit sowohl die wissenschaftliche Aufarbeitung wie auch der Auseinandersetzungsbedarf der aktuellen und der künftigen Praxis systematischer bedient werden können.

Die „Beiträge zur Sozialen Arbeit an Schulen" tragen zur weiteren theoretischen Fundierung und zur Verortung im internationalen Diskurs bei, bereiten angehende PraktikerInnen auf ein anspruchsvolles und facettenreiches Handlungsfeld und die sozialisatorische und bildungsstrategische (Management)Rolle von Schulsozialarbeit für die Alltags- und Lebensbewältigung von Mädchen und Jungen vor, bilden aber auch die in diesem Kontext unerlässliche interdisziplinären Verbindungen zu den benachbarten „Kooperationsdisziplinen" ebenso wie den empirischen Forschungsstand ab und orientieren sich dabei jeweils an den drei zentralen Ebenen der intersektionalen Perspektive (gender, race, class).

Herausgegeben von
Anke Spies
Institut für Pädagogik Carl von Ossietzky
Universität Oldenburg
Deutschland

Nicole Pötter
Fakultät für angewandte Sozialwissenschaften
Hochschule für angewandte Wissenschaften
München, Deutschland

Nicole Pötter (Hrsg.)

Schulsozialarbeit am Übergang Schule – Beruf

Springer VS

Herausgeber
Prof. Dr. Nicole Pötter
Hochschule für angewandte Wissenschaften
München, Deutschland

ISBN 978-3-531-18458-6   ISBN 978-3-531-19060-0 (eBook)
DOI 10.1007/978-3-531-19060-0

Die Deutsche Nationalbibliothek verzeichnet diese Publikation in der Deutschen Nationalbibliografie; detaillierte bibliografische Daten sind im Internet über http://dnb.d-nb.de abrufbar.

Springer VS
© Springer Fachmedien Wiesbaden 2014
Das Werk einschließlich aller seiner Teile ist urheberrechtlich geschützt. Jede Verwertung, die nicht ausdrücklich vom Urheberrechtsgesetz zugelassen ist, bedarf der vorherigen Zustimmung des Verlags. Das gilt insbesondere für Vervielfältigungen, Bearbeitungen, Übersetzungen, Mikroverfilmungen und die Einspeicherung und Verarbeitung in elektronischen Systemen.

Die Wiedergabe von Gebrauchsnamen, Handelsnamen, Warenbezeichnungen usw. in diesem Werk berechtigt auch ohne besondere Kennzeichnung nicht zu der Annahme, dass solche Namen im Sinne der Warenzeichen- und Markenschutz-Gesetzgebung als frei zu betrachten wären und daher von jedermann benutzt werden dürften.

Lektorat: Stefanie Laux, Monika Kabas, Vivien Bender

Gedruckt auf säurefreiem und chlorfrei gebleichtem Papier

Springer VS ist eine Marke von Springer DE. Springer DE ist Teil der Fachverlagsgruppe Springer Science+Business Media.
www.springer-vs.de

Inhalt

Nicole Pötter
1 Reformen des Übergangs von der Schule in den Beruf –
neue Herausforderungen für die Schulsozialarbeit 7

Nicole Pötter
2 Aufgaben der Schulsozialarbeit am Übergang
von der Schule in den Beruf 21

Susanne Kretschmer & Sylvia Kestner
3 Finanzierung von Angeboten im Bereich ‚Übergang Schule – Beruf' . . . 43

Wilfried Kruse
4 Kommunale Koordinierung im Übergang in die Arbeitswelt:
die Schule als Partnerin 61

Herbert Schubert
5 Qualifizierung für die Netzwerkkoordination –
am Beispiel der „Netzwerkstellen gegen Schulversagen"
in Sachsen-Anhalt 79

Bert Butz & Sven Deeken
6 Subjektbezogene Berufsorientierung –
Individueller Lernprozess und kooperative Aufgabe 97

Ruth Enggruber
7 Lebensweltorientierte Schulsozialarbeit
an berufsbildenden Schulen – konzeptionelle Grundlagen 115

Dan Pascal Goldmann & Heiner Brülle
8 Schulsozialarbeit im Übergang Schule – Beruf:
Jugendhilfe zur Kompensation
herkunftsbedingter Bildungsbenachteiligung 131

Thomas Pudelko
9 Soziale Arbeit an Sekundarschulen in Berlin 153

Kirsten Kuhn
10 *Schule XXL* – Ein Projekt zur vertieften Berufsorientierung
und Prävention von Schulmüdigkeit 169

Simone Baum & Bianca Wagner
11 Kooperation mit Eltern am Übergang Schule – Beruf.
Erfahrungen der Schulsozialarbeit und Ergebnisse
des Modellprojektes „Gemeinsam in die Zukunft" 187

Autorenverzeichnis 209

Reformen des Übergangs von der Schule in den Beruf – neue Herausforderungen für die Schulsozialarbeit

Nicole Pötter

Zwar ist dieser Sammelband kein Lehrbuch, doch findet die Leserin und der Leser in diesem Buch eine Reihe von grundlegenden Aufsätzen sowie Beschreibungen von Good-Practice-Beispielen, die jenen einen guten einführenden Überblick bieten, die mit dem Aufgabenfeld am Übergang von der Schule in den Beruf noch gar nicht vertraut sind, die aber auch jenen Fachkräften, die schon seit vielen Jahren im Aufgabenfeld tätig sind, einen aktuellen Stand, insbesondere über die gegenwärtigen Veränderungen und neuen Herausforderungen in diesem Bereich der Schulsozialarbeit, geben.

Lange Zeit war Schulsozialarbeit eher ein Randakteur im Übergang Schule – Beruf. Die Jugendsozialarbeit konzentrierte sich mit ihren Aktivitäten und Konzepten auf die Maßnahmen nach der Schulzeit und auf die fachliche Frage, ob die Jugendsozialarbeit nun stärker arbeitswelt- oder lebensweltorientierte Angebote entwickeln und anbieten sollte. Fachpolitisch standen vor allem Forderungen nach einer ausreichenden Zahl an Ausbildungsplätzen und eine hinreichende Finanzierung der Jugendsozialarbeits- und Jugendberufshilfemaßnahmen im Zentrum.

Aber seit ungefähr zehn Jahren wird zunehmend über notwendige Reformen am Übergang von der Schule in den Beruf diskutiert, und auch durch die Bildungsdiskurse im Anschluss an die OECD Studien begünstigt, gerät nicht nur das ‚Übergangssystem'[1] selbst in die Kritik, sondern auch der späte Beginn der beruflichen Orientierung und Vorbereitung. So setzen die Angebote der Jugendsozialarbeit zunehmend früher an und die Kooperation mit den Schulen gerät ver-

---

1 Die Bezeichnung ‚Übergangssystem' ist, wie die meisten Fachleute immer wieder betonen, eigentlich irreführend, denn diese Bezeichnung suggeriert, dass der Übergang systematisch entwickelt wurde, obwohl die Angebote tatsächlich gewachsen sind, ohne systematischen Überlegungen zu folgen (vgl. BIBB & Bertelsmann Stiftung 2011).

stärkt in den Blick der Fachdiskurse. Schulsozialarbeit wird dabei gerne als die „engste Form der Kooperation von Jugendhilfe und Schule" (vgl. www.schulsozialarbeit.net (letzter Zugriff: 25.03.2013)) beschrieben und soll daher Ansatzpunkte bieten, wie die veränderte Aufgabenstellung erfolgreich bewältigt werden könnte.

Die Forderung nach einer Reform des Übergangs von der Schule in den Beruf wurde zum einen mit der entstandenen Unübersichtlichkeit der Maßnahmen und Angebote begründet. Das „Gutachten zur Systematisierung der Fördersysteme, -instrumente und -maßnahmen in der beruflichen Benachteiligtenförderung" (Kretschmer & Amann 2009) dokumentiert eindrucksvoll, was Fachleute seit Jahren im Bereich der Jugendsozialarbeit und Jugendberufshilfe beklagt haben: die Vielfalt an Maßnahmen, die Zersplitterung der Angebote, die Unübersichtlichkeit der Finanzierungen. Das Gutachten zeigt sozusagen das Unsystematische am ‚Übergangssystem' auf. Dieses aus heutiger Sicht vor allem als ineffizient beklagte System ist nur nachvollziehbar, wenn man die historische Entwicklung des Arbeitsfelds und die geteilte Verantwortung zwischen den Jugend-, Arbeits-, Sozial- und Bildungsressorts in Rechnung stellt (vgl. Pötter 2004, 2009).[2]

Zum anderen sah man sich angesichts des demografischen Wandels einer neuen Herausforderung gegenübergestellt: statt zu weniger Ausbildungsplätze wird es in Zukunft zu wenige Ausbildungsplatzbewerberinnen und -bewerber geben. Die leistungsstarken Jugendlichen werden verstärkt umworben und durch kürzere Schul- und Studienzeiten erhofft man sich positive Effekte für die (zumindest kurzfristige) Fachkräftesicherung. Gleichzeitig wird darüber nachgedacht wie auch leistungsschwächere Jugendliche noch in den Ausbildungs- und Arbeitsmarkt integriert werden können.

Alles zusammen genommen führte zu einer Vielzahl von Stimmen, die Reformen am Übergang von der Schule in die Arbeitswelt fordern, z.B. der Deutsche Verein für öffentliche und private Fürsorge (DV 2007 und 2009), die Weinheimer Initiative (2007), das Deutsche Jugendinstitut und die Bertelsmann Stiftung (2008). Während die Weinheimer Initiative und der Deutsche Verein für öffentliche und private Fürsorge vor allem auf eine „Kommunale Koordinierung" oder

---

2 Diese Vielzahl an Finanzierungsquellen hatte nicht nur Nachteile, denn viele sozialpädagogischen Erneuerungen in der Arbeit mit sozial benachteiligten Jugendlichen wären nicht denkbar gewesen, wenn z.B. nur das Arbeitsministerium für das Feld verantwortlich gewesen wäre. Umgekehrt wären niemals so viele Mittel in diesen Aufgabenbereich geflossen, wenn nur das Jugendministerium zuständig gewesen wäre. Die Förderprogramme von Bund und Ländern haben oft Perspektiven für Angebote an die Jugendlichen eröffnet, die allein von den Kommunen nicht finanzierbar gewesen wären oder doch zumindest nur in sehr wenigen Kommunen. Gleichzeitig hat die Anbindung des SGB VIII (Kinder- und Jugendhilfegesetz) an die Verantwortung der Kommunen regionale, zum Teil Nischen-Lösungen ermöglicht, die bei einer reinen Finanzierung über landesweite Programme so gar nicht denkbar gewesen wären.

Reformen des Übergangs von der Schule in den Beruf 9

Tabelle 1 Stellungnahmen, Initiativen und Programme zur Reform des Übergangssystems

Datum	Titel	Verfasser
Mai 2007	Stellungnahmen „Lokale Verantwortung für Bildung und Ausbildung. Eine öffentliche Erklärung"	Weinheimer Initiative
Juni 2007	„Diskussionspapier des Deutschen Vereins zum Aufbau Kommunaler Bildungslandschaften"	Deutscher Verein für öffentliche und private Fürsorge (DV)
2008	Gutachten „Leitfaden lokales Übergangsmanagement"	Deutsches Jugendinstitut (DJI) im Auftrag der Bertelsmann Stiftung
seit 2008 (endet 2013)	Initiative „Regionales Übergangsmanagement" im Rahmen des Programms „Perspektive Berufsabschluss"	Bundesministerium für Bildung und Forschung (BMBF)
2009	„Gutachten zur Systematisierung der Fördersysteme, -instrumente und -maßnahmen in der beruflichen Benachteiligtenförderung"	BBJ im Auftrag des Bundesministeriums für Bildung und Forschung (BMBF)
November 2009	„Empfehlungen des Deutschen Vereins zur Weiterentwicklung Kommunaler Bildungslandschaften"	Deutscher Verein für öffentliche und private Fürsorge (DV)
Dezember 2009	Stellungnahme „Übergänge in Ausbildung und Arbeit"	Arbeitsgemeinschaft für Kinder- und Jugendhilfe (AGJ)
seit September 2010	Initiative „Abschluss und Anschluss – Bildungsketten bis zum Ausbildungsabschluss"	BMBF in Zusammenarbeit mit den Bundesländern
Oktober 2010	„Ausbildungspakt mit neuer Schwerpunktsetzung"	Bundesministerium für Arbeit und Soziales (BMAS) in Zusammenarbeit mit der Agentur für Arbeit
Oktober 2010	Positionspapier „Weniger ist Mehr – Jugendliche im Übergang zwischen Schule und Beruf"	Deutscher Gewerkschaftsbund (DGB)
Dezember 2010	Stellungnahme „Chancen für junge Menschen beim Übergang von Schule zu Beruf verbessern – Schnittstellenprobleme zwischen SGB II, III und VIII beheben!"	Arbeitsgemeinschaft für Kinder- und Jugendhilfe (AGJ)
Januar 2011	Wissenschaftliches Diskussionspapier „Reform des Übergangs von der Schule in die Berufsausbildung"*	Bundesinstitut für Berufsbildung (BIBB) in Zusammenarbeit mit der Bertelsmann Stiftung
Juni 2011	Leitlinien zur Verbesserung des Übergangs Schule – Beruf	Bundesinstitut für Berufsbildung (BIBB)
September 2011	Gutachten „Schulbezogene Unterstützungsnetzwerke – Gestaltungsansätze der Jugendhilfe zur Bildungsförderung armer Jugendlicher im Übergang Schule – Beruf"	Institut für Sozialarbeit und Sozialpädagogik (ISS)
September 2011	Stellungnahme „Kriterien und Empfehlungen zur Entwicklung eines kohärenten Fördersystems"	Kooperationsverbund Jugendsozialarbeit
Dezember 2011	Ressort AG Übergang Schule – Beruf	Bundesministerium für Arbeit und Soziales (BMAS)
2012	Initiative „Übergänge mit System – Fünf Forderungen für die Neuordnung des Übergangs von der Schule in den Beruf"	Bertelsmann Stiftung/14 Bundesländer/Agentur für Arbeit

* Empfehlungen des Hauptausschusses des Bundesinstituts für Berufsbildung

ein „regionales Übergangsmanagement" setzen, um die Vielzahl der Angebote vor Ort zu bündeln und gegebenenfalls sogar zu entwirren, setzt die Bertelsmann Stiftung auf ein „Übergang mit System" (2010), welches eine deutliche Reduzierung des Angebotskanons vorsieht (s. Tabelle 1).

Die von der Weinheimer Initiative angestrebte „kommunale Koordinierung" (Weinheimer Initiative 2007) hat den Vorteil, dass hierfür keine langwierigen und möglicherweise in Bezug auf die föderale Struktur unrealistischen Strukturreformen notwendig sind. Zudem können die regionalen Besonderheiten weiterhin berücksichtigt werden. Ihr Vorzug ist gleichzeitig ein Nachteil der Initiative, denn die grundlegenden (Finanzierungs-)Strukturen werden durch die kommunale Koordinierung nicht angetastet und die Verantwortlichen vor Ort müssen viel Energie und Kraft in die Optimierung des Angebots stecken, zumal die Programme oft sehr kurzfristig umgesetzt werden sollen und die Dauer den Zeitraum von ein ein halb bis drei Jahren selten überschreiten. Dementsprechend funktioniert die kommunale Koordinierung vor allem dort, wo dies grundsätzlich durch die Landesebene unterstützt wird (Weinheimer Initiative 2011).

Die bekannteste und wohl mit den meisten Fördergeldern ausgestattete Initiative „Abschluss und Anschluss – Bildungsketten bis zum Ausbildungsabschluss" „verfolgt das Ziel, den Übergang der Jugendlichen von der Schule in die Berufsausbildung zu verbessern. Konkret verzahnt die Initiative neue Förderinstrumente mit bereits bestehenden Förderprogrammen von Bund und Ländern und integriert diese im Übergang von der Schule in die duale Berufsausbildung" (BMBF 2010). Das Programm des Bundesministeriums für Bildung und Forschung fördert Potenzialanalysen, Berufsorientierung und Berufseinstiegsbegleiter und setzt somit sowohl auf präventive als auch auf – für eine spezielle Gruppe von Schülerinnen und Schülern – nachsorgende Angebote. Damit werden zum einen Versorgungslücken im bisherigen ‚Übergangssystem' geschlossen und zum anderen verstärkt darauf hingewirkt, dass Maßnahmen und Angebote der unterschiedlichen Akteure aufeinander abgestimmt werden. Dennoch bleiben dem Programm durch die Zuständigkeit der Länder für den Bereich der allgemeinbildenden Schulen enge Grenzen gesetzt.

Die Initiative der Bertelsmann Stiftung „Übergänge mit System" zielt hingegen von Beginn an auf die Landesebene und hat inzwischen 14 der 16 Bundesländer (Stand März 2013) dazu bewegen können, sich der Initiative anzuschließen. Die Länder verpflichten sich im Sinne eines von der Bertelsmann Stiftung entwickelten Konzepts, die Übergänge zu vereinfachen und die Maßnahmen im Übergangssystem insgesamt zu reduzieren. Gleichzeitig soll es für Jugendliche, die als „ausbildungsreif" gelten, eine Ausbildungsplatzgarantie geben, mit der Präferenz auf Ausbildungsplätze im dualen Ausbildungssystem, aber ergänzt durch außerbetriebliche Ausbildungsplätze. Eine nicht unwesentliche Forderung ist darüber hinaus, dass die Durchlässigkeit des Systems gewährleistet wird, sowie dass alles was ein Jugendlicher auf seinem Weg zum Ausbildungsabschluss macht auch als (Teil-)Qualifikation anerkannt wird.

So bestechend die Einfachheit des „Übergangs mit System" auf den ersten Blick ist, so fraglich ist gleichzeitig, ob diese Einfachheit tatsächlich erreicht werden kann – denn der Bund wird im Zuge seiner Kompetenzen nicht darauf verzichten, immer wieder auch Akzente durch eigenen Programme etc. zu setzen und Innovationen anzustoßen.

Das Bundesinstitut für Berufsbildung hat 2011 zusammen mit der Bertelsmann Stiftung ein wissenschaftliches Diskussionspapier vorgelegt, in dem die Ergebnisse eines Expertenmonitors vorgestellt wurden. Experten und Jugendliche wurden danach gefragt, welche der 18 Vorschläge, die aus den unterschiedlichen Programmen und Initiativen als die häufigsten abstrahiert wurden, sie für wünschenswert und in den nächsten fünf Jahren auch für umsetzbar hielten.

Dem Vorschlag einer „kommunalen Koordinierung" wurde von 69 % der Experten als wünschenswert zugestimmt (Autorengruppe BIBB/Bertelsmann 2011, 21). Unter den Experten kam dieser Vorschlag damit nicht einmal in die Top 5 (ebenda 29). Bei den befragten Jugendlichen zählt dieser Vorschlag jedoch zu den fünf wünschenswertesten aus den 18 abgefragten Reformvorschlägen. Die niedrigste Zustimmungsrate erhielt dieser Vorschlag von Seiten der Vertreterinnen und Vertreter der Betriebe. Dies lässt sich als Hemmnis deuten (ebenda 30), da bei einer regionalen Koordinierung des Übergangs von der Schule in die Arbeitswelt die Einbeziehung der Betriebe besondere Bedeutung hat. Andererseits kann man auch davon ausgehen, dass mit abnehmenden Ausbildungsplatzbewerberzahlen, die Bereitschaft der Betriebe steigen wird, sich an solchen Netzwerken zu beteiligen (vgl. Brülle et al. 2012). Ich vermute, dass die Einschätzungen der Betriebe unter einander stark divergieren[3]: größere Unternehmen, die mehr Mittel für die Personalgewinnung haben und die verringerten Bewerberzahlen meist noch nicht so deutlich spüren wie die kleinen und mittelständischen Betriebe, tendieren oft dazu eigene Strategien zu fahren, die zugleich werbewirksam für ihr Unternehmen sind. Kleine und mittlere Betriebe sind hingegen offen für unterstützende Koordinierungsangebote, auch wenn sie gleichzeitig durch die Vernetzungsarbeit entstehende personelle Einbindungen scheuen. Eine Fixierung auf die Beteiligung der Betriebe, wie sie mancherorts geschieht, nach dem Motto, wenn die Betriebe nicht mitmachen, dann brauchen wir die ganze Koordinierungsarbeit nicht zu leisten, halte ich für bedenklich. Selbst ohne Beteiligung der Betriebe

---

3 Aus dem Diskussionspapier kann man diesbezüglich leider keine Rückschlüsse ziehen.

kann eine bessere Abstimmung zu Erfolgen führen – und diese können wiederum überzeugende Argumente für die Betriebe liefern, sich zu beteiligen.

Die Reduktion der Angebotsvielfalt, wie sie insbesondere von der Bertelsmann Stiftung vorgeschlagen wurde, wurde von 85 % der Experten als wünschenswert betrachtet und erreichte damit bei diesen den vierten Rang unter den 18 Vorschlägen. Interessanter Weise wurde dies von den befragten Jugendlichen ganz anders bewertet. Sie sahen dies nur zu 58 % als wünschenswert an, wodurch dieser Vorschlag zu den drei am schlechtesten bewerteten Vorschläge von Seiten der Jugendlichen zählt. Wie die Autorengruppe kommentiert, halten die Jugendlichen es offensichtlich durchaus für wünschenswert eine große Wahlfreiheit bei den Angeboten im Übergangssystem zu haben (vgl. Autorengruppe BIBB/Bertelsmann 2011, 33).

Und bei aller Klage über die Unübersichtlichkeit der bisherigen Maßnahmen stellt sich eben auch die Frage, ob sich hierin nicht auch die individuellen Bedarfe und Lebenslagen der Jugendlichen spiegeln. Wichtiger als eine verordnete Reduktion der Angebote erscheint mir, die Transparenz zu erhöhen. So ließen sich gemeinsame Kriterien und vergleichende Darstellungsweisen erarbeiten, die sowohl den Experten als auch den Jugendlichen eine bessere Einschätzung ermöglichen, was das Angebote beinhaltet und welche Ziele damit angestrebt werden. Darüber hinaus kann und sollte stärker überprüft werden, in wieweit die Ziele der Maßnahmen auch erreicht wurden[4].

Die Vorschläge einer durchgängigen Potenzialanalyse und einer individuellen Übergangsbegleitung für gefährdete Jugendliche wurde sowohl von den Experten (92 %; Platz 1) als auch von den Jugendlichen (83 %; Platz 2) als besonders wünschenswert eingeschätzt. Das Bundesprogramm des BMBF finanziert über sein Programm „Bildungsketten bis zum Ausbildungsabschluss" bereits eine hohe Zahl von Potenzialanalysen und Berufseinstiegsbegleitern (Berebs), allerdings reichen die Mittel nach wie vor nicht für ein flächendeckendes Angebot. Bislang noch viel zu wenig im Blick sind zudem die Gymnasien, die im Bereich der Berufsorientierung und -vorbereitung noch erheblich aufholen müssen.

Bisher haben nur wenige Bundesländer ein Konzept zur Neugestaltung des ‚Übergangssystems' vorgelegt (z. B. Hamburg; vgl. Behörde für Schule und Berufsbildung Hamburg 2009, Schleswig-Holstein; vgl. Ministerium für Justiz, Arbeit und Europa des Landes Schleswig-Holstein 2009 und Nordrhein-Westfalen; vgl. Ministerium für Arbeit, Integration und Soziales des Landes NRW 2012), obwohl

---

4 Wichtig ist in diesem Zusammenhang, dass die Angebote auf der Grundlage der selbst gesteckten Ziele bewertet werden und nicht im Nachhinein fremde Zielvorgaben als Bewertungsmaßstab herangezogen werden!

sich inzwischen 14 Bundesländer der Initiative der Bertelsmann Stiftung „Übergänge mit System" angeschlossen haben. In den Ländern, in denen verstärkt diese Thematik aufgegriffen wird, bleibt interessanter Weise die Rolle der Schulsozialarbeit in diesem Themenfeld erstaunlich blass und unterbelichtet (vgl. die Konzepte von Hamburg und Schleswig-Holstein; im Konzept von NRW wird Schulsozialarbeit an verschiedenen wichtigen Stellen als Akteur genannt, aber ohne die Rolle der Schulsozialarbeit weiter zu explizieren)[5]. Ähnliches gilt für Veröffentlichungen und Stellungnahmen Dritter[6].

Während die Themen Berufsorientierung, Berufswahl und Übergang von der Schule in den Beruf in vielen Konzepten der Schulsozialarbeit fast selbstverständlich als Aufgabenfeld genannt werden, wird die Schulsozialarbeit als wichtiger Akteur im Übergangsgeschehen kaum wahrgenommen. Dies lässt sich meiner Meinung nach in verschiedener Weise interpretieren:

- Entweder ist die Aufgabenstellung der Schulsozialarbeit für alle Beteiligten so klar und eindeutig, dass eine eigene Erwähnung und Erläuterung ihrer Rolle im Übergangssystem nicht notwendig erscheint;
- oder sie wird als Akteur nicht wahrgenommen, weil sie nur einen sehr geringen Umfang an Hilfen zur Verfügung stellt – was angesichts des massiven Anwachsen von Schulsozialarbeitsstellen im Rahmen des Bildungs- und Teilhabepakets seit 2011 eher unwahrscheinlich erscheint; allerdings könnte es durchaus sein, dass sie nach wie vor als „unsicherer" Kooperationspartner wahrgenommen wird, da die Finanzierung über den Bund Ende 2013 endet;
- oder sie wird nicht weiter erwähnt, weil das Aufgabenprofil der Schulsozialarbeit nicht bekannt ist und ihre möglicherweise wichtige Unterstützungsleistung bei einem gelingenden Übergang nicht erkannt wird;
- oder die Schulsozialarbeit hat nach wie vor ein zu wenig ausgeprägtes Profil bzw. eine zu unprofessionelle Darstellung ihres Profils nach außen.

Meine Erfahrungen bei der Recherche von Good-Practise Projekten (s. Abschnitt „Kriterien für die Auswahl der Good-Practise Projekte") lässt vermuten, dass letzteres keine unwesentliche Rolle spielt. Dieses Buch möchte neben dem Überblick den es den Schulsozialarbeiterinnen und Schulsozialarbeitern selber bietet, deshalb ebenfalls einen Beitrag dazu leisten, dass das Aufgabenprofil der Schulso-

---

5   Seit Februar 2013 gibt es eine Rahmenvereinbarung zur „Regionalen Kooperation zwischen Schule und Jugendhilfe für die Bildung und Betreuung von Kindern und Jugendlichen mit besonders herausforderndem Verhalten", welche zumindest auch das Ziel formuliert „Verbleib der Lernenden im schulischen System" und „Steigerung der schulischen Lern- und Leistungsbereitschaft" (vgl. Freie und Hansestadt Hamburg 2013).
6   Eine seltene Ausnahme bildet hier die Veröffentlichung von Brülle et al. 2012.

zialarbeit am Übergang Schule – Beruf auch für die Kooperationspartner und die kommunal- und schulpolitischen Akteure, die nun die Reformen am Übergang gestalten sollen, verdeutlicht wird, damit ihre Rolle im Gesamtangebot ausreichend Berücksichtigung findet und daraus resultierend, dann hoffentlich die Rahmenbedingungen für die Schulsozialarbeit verbessert werden. Schulsozialarbeit kann nur dann nachweislich erfolgreich agieren, wenn sie systematisch in dieses Aufgabenfeld einbezogen und langfristig in den Schulen verankert ist.

Der Aufbau des Buches

Ursprünglich sollte das Buch aus zwei Teilen bestehen: Der erste Teil sollte die Beiträge von Autorinnen und Autoren versammeln, die sich in grundlegender Weise zu den neuen Herausforderungen im Übergang Schule – Beruf vor dem Hintergrund theoretischer und fachlicher Expertise äußern. Der zweite Teil sollte Beiträge versammeln, die Good-Practice Beispiele vorstellen. Dieses Konzept ging am Ende nicht auf, zum einen weil viele Autorinnen und Autoren aus dem „theoretischen Teil" ihre Ausführungen mit Bezug auf Schulsozialarbeitsprojekten erläutern und konkretisieren und diese Beiträge also zum Teil bereits ihrerseits auf Good-Practice verweisen. Zum anderen weil weniger Autorinnen und Autoren für die Beschreibung von Good-Practice Beispielen gewonnen werden konnten als ursprünglich geplant (s. Erläuterungen im nächsten Abschnitt). Die Reihenfolge der Beiträge orientiert sich nun an dem Grundsatz, vom Allgemeinen zum Besonderen, d. h. umso konkreter ein Beitrag auf ein Projekt eingeht, desto später wird er im Buch präsentiert. Aber wie bei allen Sammelbänden lassen sich alle Beiträge ganz unabhängig voneinander lesen und es ist daher der Leserin bzw. dem Leser überlassen, welche Beiträge ihn oder sie zu welchem Zeitpunkt am stärksten interessieren.

Die Kriterien für die Auswahl der Good-Practice Projekte

Mit Absicht bezeichne ich die hier ausgewählten und vorgestellten Projekte als „Good Practice", denn die Bezeichnung „Best Practice" suggeriert, dass man an dem vorliegenden Konzept und an der umgesetzten Hilfe nichts mehr verbessern könnte, was ich angesichts immer neuer Herausforderungen für sehr unwahrscheinlich halte. Zumal die Konzepte in der Regel für eine sehr spezifische Zielgruppe unter sehr spezifischen Rahmenbedingungen entwickelt wurden und auch umgesetzt werden. Wenn diese als Vorlage oder Ausgangspunkt für ein Projekt an einem anderen Standort genommen werden, müssen mit Sicherheit Anpassungen aufgrund der unterschiedlichen Kontexte erfolgen und gegebenenfalls auch Optimierungen vor dem Hintergrund bereits bestehender Angebote, Kooperationspartner etc.

Die Kriterien für die Bewertung eines vorliegenden Konzepts habe ich aus den fachlichen und theoretischen Überlegungen generiert, wie sie im Buch „Soziale Arbeit an Schulen. Einführung in das Handlungsfeld Schulsozialarbeit." (Spies & Pötter 2011) ausführlich dargestellt worden sind:

Kriterium 1: Es muss ein schriftliches Konzept vorliegen.
Kriterium 2: Es müssen Kooperationsverträge mit den kooperierende Schulen vorliegen.
Kriterium 3: Es findet eine Kooperation zwischen den Vertreterinnen und Vertretern der Schule und der Jugendhilfe statt, die über einen Informationsaustausch und eine Aufgabenteilung hinausgeht. Dies heißt, dass eine gemeinsame und gegenseitige Beratung zwischen den sozialpädagogischen und schulpädagogischen Fachkräften stattfindet. Idealerweise werden Projekte auch gemeinsam geplant und umgesetzt.
Kriterium 4: Es werden klare und überprüfbare Zielsetzungen formuliert.
Kriterium 5: Es gibt ein Partizipationskonzept, das heißt Schülerinnen und Schüler werden an den Prozessen beteiligt, Bedarfe werden erhoben und das Angebot der Schulsozialarbeit daran ausgerichtet.
Kriterium 6: Es gibt eine aktive Vernetzungsarbeit von Seiten der Schulsozialarbeit.

Um entsprechende Projekte zu finden habe ich zum einen eine ausführliche Recherche im Internet gemacht[7]; zum anderen habe ich über den Kooperationsverbund Schulsozialarbeit[8] eine Anfrage an die zuständigen Bundesreferenten von Trägern der Jugendsozialarbeit gestartet. Und außerdem habe ich Fachexperten aus dem Bundesinstitut für Berufsbildung (BIBB) und von mehreren Hochschulen angesprochen und nach bekannten Schulsozialarbeitsprojekten am Über-

---

7 Bei dieser Recherche hat mich Silke Schreiber-Schulz im Rahmen ihres Berufspraktikums dankenswerterweise unterstützt.
8 Der Kooperationsverbund Schulsozialarbeit wurde im Jahr 2001 zum Zweck des fachlichen Austauschs von Wissenschaft, Praxis und Trägern gegründet. Ihm gehören zurzeit Expertinnen und Experten aus folgenden Verbänden an: Arbeiterwohlfahrt Bundesverband, Bundesarbeitsgemeinschaft Evangelische Jugendsozialarbeit (BAG EJSA), GEW Hauptvorstand, Internationaler Bund (IB), IN VIA Katholischer Verband für Mädchen- und Frauensozialarbeit Deutschland e. V. und der Paritätische Wohlfahrtsverband, sowie weitere Expertinnen und Experten aus Wissenschaft und Praxis.

gang Schule – Beruf gefragt, die aus ihrer Sicht als „Good-Practice" Beispiele gelten können[9].

Ähnlich wie andere Kolleginnen und Kollegen vor mir, die ihre Recherchen im Feld der Schulsozialarbeit nicht nur in einer Region durchführen (vgl. z. B. die Ausführungen von Iser et al. 2013 bzgl. der Probleme einer statistische Erfassung des Handlungsfelds), bin auch ich mit der Problematik konfrontiert worden, dass die Schulsozialarbeit eben nicht überall Schulsozialarbeit heißt, sondern eben auch Jugendsozialarbeit an Schule, Schuljugendarbeit, schulbezogene Jugendhilfe etc. (vgl. auch Spies & Pötter 2001, 14), was eine systematische Recherche von Projekten im Handlungsfeld erschwert. Projekte, die auf die Gruppe der schulmüden, schulaversiven oder schulverweigernden Kinder und Jugendlichen zielen, scheinen sich zudem selbst selten im Handlungsfeld der Schulsozialarbeit zu verorten, obwohl sie nicht selten am Ort Schule stattfinden, eng mit der Schule kooperieren und meistens auch das Ziel verfolgen, die Kinder und Jugendlichen zu einer Rückkehr bzw. zu einem Verbleib an der Schule zu motivieren. Darüber hinaus waren Schulsozialarbeitsprojekte in Programmen „versteckt", die selbst nicht mit dem Begriff der Schulsozialarbeit operieren (z. B. EIBE oder JobFüxe), so dass in den Selbstdarstellungen der Projekte dieses Stichwort ebenfalls nicht auftauchte.

Die Recherche im Internet führte vor allem zu Schulsozialarbeitsangeboten, die sich selbst als „all-rounder" präsentierten, d. h. sie decken nach ihrem im Internet präsentierten Selbstverständnis her zu urteilen, eine sehr breite Themenpalette ab – u. a. auch Berufsorientierung, Berufswahlvorbereitung oder Begleitung des Übergangs von der Schule in den Beruf –, aber ohne dass sie hier einen besonderen Schwerpunkt setzen, was sich unter anderem darin ausdrückt, dass weder dieses Themenfeld noch die in diesem Themenfeld verwendeten Konzepte, Instrumente, Methoden etc. weiter ausgeführt oder erläutert werden.

Bedauerlicher Weise galt letzteres aber auch für Projekte, die explizit einen Schwerpunkt im Themenfeld „Übergang Schule – Beruf" setzen. Projekte, die im Rahmen größerer Programme finanziert wurden (s. o.) verwiesen in der Regel auf die allgemeinen Ausführungen auf den Internetseiten der Landesregierungen. Kleinere Einzelprojekte, die in Fachkreisen als vorbildliche Projekte gehandelt wurden, schickten statt eines Konzeptes einen zweiseitigen Flyer, in dem sie stichwortartig ihr Angebot für die Schülerinnen und Schüler beschrieben. Auch

---

9 Trotz meiner Bemühungen die Recherche umfänglich zu gestalten, kann man diese nicht als systematische oder repräsentative Recherche bezeichnen, wie man sie wohl im Rahmen eines Forschungsprojekts o. ä. erwarten könnte. Hierfür fehlten leider die finanziellen und zeitlichen Ressourcen.

die meisten Internetdarstellungen gingen über sehr allgemeine Beschreibungen der Zielgruppe, der Aufgaben und einer Vorstellung der Ansprechpartner nicht hinaus.

Es zeigte sich, dass das Vorhandensein eines schriftlichen Konzeptes ein Kriterium war, welches bereits viele Projekte ausschloss.

Eine weitere Hürde musste nach der Auswahl in Frage kommender Projekte genommen werden: ein Ansprechpartner aus den Projekten musste gefunden werden, der sich die Zeit nahm, aus dem vorliegenden Konzept einen Beitrag für den Sammelband zu schreiben. Auch dies reduzierte die Zahl der Projekte weiter.

Angesichts der dargestellten Schwierigkeiten bin ich froh, dass es dennoch gelungen ist, einige Good-Practice Projekte zu identifizieren und Autorinnen und Autoren für deren Darstellung zu gewinnen. Gleichzeitig führt dies auch dazu, dass einige Projekte vorgestellt werden, die bereits eine sehr hohe Präsenz in der Fachöffentlichkeit haben, wie z. B. die Schulsozialarbeit in Wiesbaden (vgl. Brülle & Goldmann in diesem Buch) oder die Jugendsozialarbeit an Schulen in Berlin (vgl. Pudelko in diesem Buch).

Das aus Sicht der Sozialen Arbeit unbefriedigende Ergebnis der Recherchen schmälert die Anerkennung für die meist sehr engagierten Kolleginnen und Kollegen vor Ort nicht, zeigt aber, dass von Seiten der Fachverbände deutlich mehr Ressourcen notwendig sind, um die Fachkräfte in den Einrichtungen bei der Entwicklung und Erstellung schriftlich ausgearbeiteter Konzepte zu unterstützen. Dies wäre auch ein qualitativer Sprung für die Arbeit vor Ort und würde die Schulsozialarbeiterinnen und Schulsozialarbeiter in vielerlei Hinsicht entlasten: Aufgabenstellungen würden klarer, die Darstellung nach Außen wäre einfacher, die Einwerbung von Drittmitteln weniger zeitaufwendig, die Handlungssicherheit der Fachkräfte würde sich erhöhen etc. Allerdings müsste zu Beginn Zeit investiert werden; Zeit, die sich heutzutage angesichts immer kürzer werdender Projektzeiträume und immer stärker verdichteter Arbeit kaum noch jemand nimmt. Auch deshalb sehe ich hier die Träger und Dachverbände in der Pflicht sich dieser wichtigen Aufgabe zuzuwenden und die Projekte vor Ort zu unterstützen.

Darüber hinaus sind auch die wissenschaftlichen Fachvertreter und -vertreterinnen gefordert, für das Feld der Schulsozialarbeit theoretisch fundierte Orientierungshilfen zu bieten. Dem derzeitige Aufschwung der Schulsozialarbeit durch die politischen Schwerpunktsetzungen könnte ein jähes Ende folgen, wenn die Schulsozialarbeit sich nicht stärker professionalisiert. Dies kann sie nur im Zusammenspiel von Fachverbänden, Hochschulen und Schulsozialarbeitsprojekten.

Geschlechtersensible Sprache

Wie bereits im Lehrbuch Spies/Pötter 2011 werden in diesem Sammelband grundsätzlich beide Geschlechtervarianten ausgeschrieben, außer der Lesefluss würde dadurch zu stark gehemmt. In letzteren Fällen wird die männliche Form stellvertretend für beide Geschlechter verwendet.

Literatur

Arbeitsgemeinschaft für Kinder- und Jugendhilfe (AGJ) (Hrsg.) (2009): *Übergänge in Ausbildung und Arbeit – Positionspapier der Arbeitsgemeinschaft für Kinder- und Jugendhilfe – AGJ.* In: AGJ (Hrsg.) (2012): Zukunft Jugend – Jugendpolitische Positionen, Beiträge und Stellungnahmen der Arbeitsgemeinschaft für Kinder- und Jugendhilfe – AGJ. Berlin: Eigenverlag, S. 63–69.

Arbeitsgemeinschaft für Kinder- und Jugendhilfe (AGJ) (Hrsg.) (2010): *Chancen für junge Menschen beim Übergang von der Schule zu Beruf verbessern – Schnittstellenproblematik zwischen SGB II, III und VIII beheben!* In: AGJ (Hrsg.) (2012): Zukunft Jugend – Jugendpolitische Positionen, Beiträge und Stellungnahmen der Arbeitsgemeinschaft für Kinder- und Jugendhilfe – AGJ. Berlin: Eigenverlag, S. 57–61.

Behörde für Schule und Berufsbildung Hamburg (Hrsg.) (2009): *Rahmenkonzept für die Reform des Übergangssystems Schule – Beruf.* In: Sturm, Hartmut, Schulze, Hartmut, Schipull-Gehring, Frauke, Klüssendorf, Andrea & Zagel, Sibylle (Hrsg.) (2011): Übergangssystem Schule – Beruf in Hamburg. Entstehung und Herausforderungen. Hamburg: Eigenverlag, S. 307–317.

Bertelsmann Stiftung (Hrsg.) (2008): *Leitfaden lokales Übergangsmanagement. Von der Problemdiagnose zur praktischen Umsetzung.* Im Auftrag der Bertelsmann Stiftung erstellt vom Deutschen Jugendinstitut. Gütersloh: Verlag Bertelsmann Stiftung.

Bundesinstitut für Berufsbildung & Bertelsmann Stiftung (2011): *Reform des Übergangs von der Schule in die Berufsausbildung. Aktuelle Vorschläge im Urteil von Berufsbildungsexperten und Jugendlichen. Wissenschaftliche Diskussionspapiere.* Unter: www.bibb.de (letzter Zugriff: 20.12.2012).

Bundesinstitut für Berufsbildung (Hrsg.) (2011): Empfehlung des Hauptausschusses des Bundesinstituts für Berufsbildung. Leitlinien zur Verbesserung des Übergangs Schule – Beruf. Unter: http://www.bibb.de/dokumente/pdf/Empfehlung_BIBB-HA_Leitlinien_zur_Verbesserung_Uebergang_Schule_-_Beruf_2011_06_20.pdf (letzter Zugriff: 16.07.2013).

Bundesministerium für Arbeit und Soziales (2011): Ressort AG Übergang Schule – Beruf. Unter: www.bmas.de/DE/Themen/Aus-und-Weiterbildung/Ausbildungsfoerderung/bericht-abstimmung-foerderprogramme.html (letzter Zugriff: 16.07.2013).

Bundesministerium für Bildung und Forschung (BMBF) (2010): Abschluss und Anschluss – Bildungsketten bis zum Ausbildungsabschluss. Initiative des BMBF. Unter: www.bmbf.de/de/14737.php?hilite=Bildungsketten (letzter Zugriff: 26. 3. 2013).

Deutscher Gewerkschaftsbund (2010): Weniger ist Mehr – Jugendliche im Übergang zwischen Schule und Beruf. Positionspapier. Unter: www.dgb.de/themen/++co++182309a8-6026-11e0-4408-00188b4dc422 (letzter Zugriff: 26. 3. 2013).

Deutscher Verein für öffentliche und private Fürsorge (2007): *Diskussionspapier des Deutschen Vereins zum Aufbau Kommunaler Bildungslandschaften.* Unter: www.deutscher-verein.de (letzter Zugriff: 18. 9. 2012).

Deutscher Verein für öffentliche und private Fürsorge (2009): *Empfehlungen des Deutschen Vereins zur Weiterentwicklung Kommunaler Bildungslandschaften.* Unter: www.deutscher-verein.de (letzter Zugriff: 18. 9. 2012).

Freie und Hansestadt Hamburg BSB/BASF/Bezirksämter (2013): Rahmenvereinbarung „Regionale Kooperationen zwischen Schule und Jugendhilfe für die Bildung und Betreuung von Kindern und Jugendlichen mit besonders herausforderndem Verhalten".

Iser, Angelika, Kastirke, Nicole & Lipsmeier, Gero (Hrsg.) (2013): *Schulsozialarbeit steuern. Vorschläge für eine Statistik zur Sozialen Arbeit an Schulen.* Band 4 der Reihe: Beiträge zur Sozialen Arbeit an Schulen. Wiesbaden: Springer VS Verlag.

Kretschmer, Susanne & Amann, Ulrike (2009): *Gutachten zur Systematisierung der Fördersysteme, -instrumente und -maßnahmen in der beruflichen Benachteiligtenförderung.* Bundesministerium für Bildung und Forschung (Hrsg.), Band 3 der Reihe Berufsbildungsforschung. Bonn: Eigenverlag.

Ministerium für Justiz, Arbeit und Europa des Landes Schleswig-Holstein (Hrsg.) (2009): *Handlungskonzept Schule & Arbeitswelt. Präventive und flankierende arbeitsmarkt- und bildungspolitische Maßnahmen gegen Jugendarbeitslosigkeit und zur Verbesserung der Ausbildungsreife und Beschäftigungsfähigkeit von Jugendlichen im Förderzeitraum 2009 bis 2011.* Kiel: Eigenverlag.

Ministerium für Arbeit, Integration und Soziales des Landes NRW (Hrsg.) (2012): *Neues Übergangssystem Schule – Beruf in NRW. Zusammenstellung der Instrumente und Angebote* (Arbeitspapier/Stand: November 2012). Unter: www.arbeit.nrw.de/pdf/ausbildung/uebergangssystem_gesamtkonzept_instrumente.pdf (letzter Zugriff: 20. 3. 2013).

Pötter, Nicole (2004): *Bedeutungen von Erwerbsarbeit für sozial benachteiligte Jugendliche.* Dissertationsschrift: Universität Bielefeld, Fakultät für Soziologie.

Spies, Anke & Pötter, Nicole (2011). *Soziale Arbeit an Schulen. Einführung in das Handlungsfeld Schulsozialarbeit.* Wiesbaden: VS Verlag.

Weinheimer Initiative (2007): *Lokale Verantwortung für Bildung und Ausbildung. Eine öffentliche Erklärung.* Unter: www.weinheimer-initiative.de (letzter Zugriff: 10. 3. 2013).

Weinheimer Initiative (2011): *Das Land als Partner für die kommunale Koordinierung des Übergangs Schule – Arbeitswelt. Positionierung 2010 und Notizen aus den Fachgesprächen 2011.* Unter: www.weinheimer-initiative.de (letzter Zugriff: 10. 3. 2013).

2 Aufgaben der Schulsozialarbeit am Übergang von der Schule in den Beruf

Nicole Pötter

Das Aufgabenspektrum am Übergang von der Schule in den Beruf ist breit gefächert, denn die „Ausbildungsreife" der Jugendlichen beginnt mit so grundlegenden Fähigkeiten, wie Rechnen und Lesen und erstreckt sich bis hin zu den vielfältigen psychosozialen Kompetenzen, wie z. B. Teamfähigkeit, Kommunikationskompetenz und Zuverlässigkeit (Schober 2007, 21). Darüber hinaus gilt es, die Jugendlichen über die unterschiedlichen Berufsfelder und Berufsbilder zu informieren und mit ihnen die Entscheidungsfindung zu gestalten und Entscheidungsfähigkeit zu entwickeln. Die Selbst- und die Fremdwahrnehmungen der Jugendlichen müssen aufeinander bezogen und die regionalen Betriebe für eine unterstützende beziehungsweise unterstützte Zusammenarbeit gewonnen werden. Alternativen zur beruflichen Ausbildung wie Maßnahmen nach dem SGB II, III, VIII oder XII müssen in ihrem Potential für bestimmte Schülerinnen und Schüler eingeschätzt – gegebenenfalls auch angepasst oder verändert – und, nicht zu Letzt, Eltern zur Mitarbeit motiviert werden. Angesichts dieses breiten Aufgabenspektrums ist es nicht verwunderlich, dass von je her eine ganze Reihe von Professionen am Übergang Schule – Beruf aktiv sind (u. a. Lehrer, Berufsberater, Sozialarbeiter der Jugendsozialarbeit und der Jugendberufshilfe), und in den letzten Jahren hat die Zahl der Akteure in diesem Aufgabenfeld noch deutlich zugenommen (inzwischen gibt es z. B. auch noch Jugendberufshelfer, Jobfüxe, Berufseinstiegsbegleiter, Job-Coaches, Jugendberufslotsen). Man könnte die Frage stellen, ob angesichts der vielen unterschiedlichen Berufsbilder heute noch Platz für die Schulsozialarbeiterinnen und -arbeiter in diesem Handlungsfeld ist.

Die klare und einfache Antwort auf diese Frage lautet „ja", denn die Schulsozialarbeiterinnen und -arbeiter können, dürfen und sollen sich dem Übergang von der Schule in den Beruf auf eine ganzheitliche und an den Lebenswelten der Jugendlichen orientierten Art und Weise nähern, die anderen Akteuren im Arbeitsfeld nicht in gleicher Weise möglich ist. Dies gilt auch für andere sozialpädagogische Fachkräfte, die aufgrund ihres sehr eng zu geschnitten Arbeitsauftrags (z. B. Berufseinstiegsbegleiter) zwar weiterhin den Anspruch haben, lebensweltorientiert zu arbeiten, aber faktisch vor allem das Ziel der beruflichen Eingliederung verfolgen (müssen). Andere sozialpädagogische Fachkräfte haben zwar die Möglichkeit einen ganzheitlichen Ansatz umzusetzen, aber ihre Angebote können nicht so frühzeitig ansetzen, wie die Angebote der Schulsozialarbeit, da ihnen der Zugang zu den Schulen fehlt. Eine an den Kindern und Jugendlichen und deren Lebenswelten orientierte Schulsozialarbeit muss das Thema Übergang Schule – Beruf fast zwangsläufig aufgreifen, denn für die Schülerinnen und Schüler der weiterführenden Schulen ist dies ein zentrales Lebensthema, welches sie zu bearbeiten und zu bewältigen haben.

Im Folgenden möchte ich die Aufgabenstellung für die Schulsozialarbeiterinnen und -arbeiter, so wie ich sie sehe, verdeutlichen. Vorab werde ich die theoretischen Grundlagen, wie ich Schulsozialarbeit verstehe, kurz erläutern[1]. Abschließend möchte ich aufzeigen, in welcher Weise Schulsozialarbeiterinnen und Schulsozialarbeiter sich in Bezug auf das Aufgabenfeld „Übergang Schule – Beruf" stärker professionalisieren können.

2.1 Schulsozialarbeit sichert und unterstützt ‚Anschlussfähigkeit'

Das Konzept der ‚Anschlussfähigkeit' (vgl. Pötter 2004) geht davon aus, dass unterschiedliche soziale Wirklichkeiten parallel existieren und dass grundsätzlich jeder Mensch lernt sich in diesen unterschiedlichen sozialen Wirklichkeiten zu bewegen, die jeweils unterschiedlichen sozialen (Kommunikations-)Regeln folgen. Zum einen gibt es eine durch die Funktionssysteme geprägte Wirklichkeit, wie sie in der Systemtheorie von Niklas Luhmann umrissen wird. Zum anderen gibt es durch soziale Milieus geprägte Lebenswelten (vgl. Thiersch 1992, Böhnisch 1994). Die Teilhabe an der Kommunikation der Funktionssysteme Wirtschaft, Recht, Politik etc. erfordert ein anderes Kommunikationsverhalten als jenes im Rahmen von Milieus, Peer-groups, Familie u. ä. Die lebensweltlichen Anforderungen und Erwartungen können dabei in Konflikt zu den Notwendigkeiten der Kommunikation im Rahmen der Funktionssysteme stehen und umgekehrt[2].

---

1 Vgl. Spies & Pötter 2011.
2 Die gelernte lebensweltliche Kommunikation kann aber auch unterstützend für die Kommunikation im Rahmen der Funktionssysteme sein, weil sie bereits eine hohe Kompatibilität zu dieser hat. Dies würde von Bordieu als ‚kulturelles' Kapital bezeichnet werden.

Es ist die Aufgabe der Schulsozialarbeit hieraus entstehende Blockaden abzubauen und ‚Anschlussfähigkeit' von Kindern und Jugendlichen an das Bildungssystem und an die Schule zu ermöglichen[3]. Dies beinhaltet auch die institutionellen Strukturen zu hinterfragen und gegebenenfalls Veränderungen anzustoßen, die dazu führen, dass diese wieder anschlussfähig an die lebensweltlichen Rahmenbedingungen der Schülerinnen und Schüler werden. Ebenfalls kann es notwendig sein, Übersetzungsarbeit zu leisten, wo die Kinder und Jugendlichen noch nicht in ausreichendem Maße die Fähigkeit erworben haben, im Rahmen der Funktionssysteme zu kommunizieren.

Definition von Schulsozialarbeit

Schulsozialarbeit ist das Ergebnis von Kooperationen zwischen den verschiedenen Akteuren des Systems Schule – insbesondere zwischen den sozialpädagogischen und den schulpädagogischen Fachkräften – mit dem Ziel, ‚Anschlussfähigkeit' zwischen den Funktionssystemen – insbesondere dem Erziehungs- und dem Bildungssystem – und den Lebenswelten der Kinder und Jugendlichen sicherzustellen und zu unterstützen.

Eine Blockade zwischen den sozialen Wirklichkeiten könnte z. B. am Übergang Schule – Beruf entstehen, wenn junge Frauen an Hauptschulen für sich die Lebensperspektive Hausfrauen- und Mutterrolle haben und vor diesem Hintergrund nur einen geringen oder gar keinen Schulabschluss anstreben[4]. Die Schule ist dann zwar noch ein Ort, an dem sie ihre Freundinnen treffen und an dem sie einen Teil ihrer Freizeit verbringen, die Ziele der Qualifikation und Vorbereitung für eine Erwerbstätigkeit werden dann aber von ihnen nicht ernsthaft verfolgt

---

3 Ich gehe grundsätzlich davon aus, dass es für die Soziale Arbeit im Rahmen der Kinder- und Jugendhilfe insgesamt eine zentrale Aufgabe ist, solche Blockaden abzubauen oder ihrer Entstehung vorzubeugen.

4 Ein Ergebnis meiner Dissertation „Bedeutungen von Erwerbsarbeit bei sozial benachteiligten Jugendlichen" war, dass Jugendwerkstattteilnehmerinnen Erwerbsarbeit einen geringeren Stellenwert in ihrem Leben zuweisen als die männlichen Teilnehmer. Im Vordergrund stand z. B. für die jungen türkischen Teilnehmerinnen eine Beschäftigung zu haben, an der sie Spaß haben und die es ihnen ermöglicht, die Zeit bis zur Hochzeit und Familiengründung zu überbrücken (vgl. Pötter 2004, 124 ff.). Dies galt grundsätzlich auch für die Frauen in der Kontrollgruppe. Auch für die jungen deutschen Frauen im Sample stellte die Hausfrauen- und Mutterrolle eine Alternative zur Erwerbstätigkeit dar: Sie hatten von Beginn an einen Lebensentwurf, der der Erwerbsarbeit vor allem eine „Zuverdienst"-Rolle zuwies.

2.2 Der Übergang von der Schule in den Beruf als Arbeitsfeld der Schulsozialarbeit

Die Schulsozialarbeit kann in ihrer Arbeit am Übergang Schule – Beruf unterschiedliche Schwerpunkte setzen, abhängig von dem Berufsorientierungskonzept (BOK) der Schule, der Zusammensetzung der Schülerschaft, den vorhandenen Kooperationspartnern der Schule und den an und im Umfeld der Schule vorhandenen Unterstützungsangeboten. Sie kann ihren Schwerpunkt stärker auf

- die Arbeit mit schulmüden Kindern und Jugendlichen,
- die berufliche Orientierung oder
- das Übergangsmanagement

legen oder eine Kombination dieser Aufgaben wahrnehmen. Wie umfassend die Schulsozialarbeit sich dem Übergang Schule – Beruf widmet, hängt von den personellen Ressourcen und dem mit der Schule vereinbarten Auftrag der Schulsozialarbeit ab[5]. Die Arbeit mit schulmüden oder von Schulmüdigkeit bedrohten Kindern und Jugendlichen dient vor allem einer frühen Prävention von Prozessen, die eine schulische und in ihrer Folge auch berufliche Inklusion erschweren. Die berufliche Orientierung dient der Findung eines *beruflichen Selbstkonzepts* und geht in diesem Sinne über das hinaus, was in der Regel von Schulen im Rahmen der Berufsorientierung angeboten wird. Den dritten Aufgabenbereich sehe ich für die Schulsozialarbeit im Übergangsmanagement von der Schule in eine passende Ausbildung oder in eine von den Jugendlichen gewollte Alternative.

Die Verantwortung der Schulsozialarbeit nimmt ab, umso mehr sich die Jugendlichen dem eigentlichen Übergang nähern, während gleichzeitig die Zahl der Akteure und Kooperationspartner steigt:

Abbildung 1 Aufgabenschwerpunkte der Schulsozialarbeit am Übergang Schule – Beruf

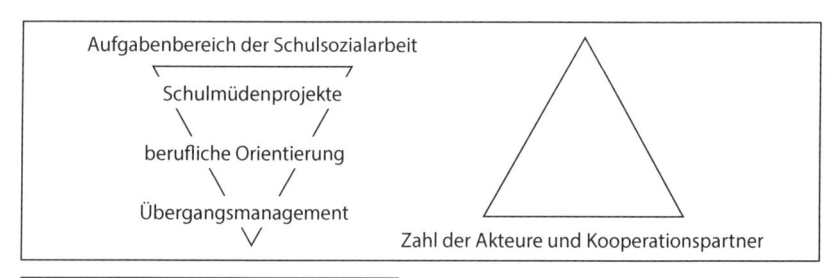

Aufgabenbereich der Schulsozialarbeit
Schulmüdenprojekte
berufliche Orientierung
Übergangsmanagement
Zahl der Akteure und Kooperationspartner

---

5 Ziele sind je nach Finanzierungsform der Schulsozialarbeit oft auch durch die Geldgeber vorgeschrieben.

2.2.1 Arbeit mit schulmüden Kindern und Jugendlichen

Die Exklusion von Kindern und Jugendlichen aus dem Bildungssystem bedeutet für diese eine erhebliche Beeinträchtigung ihrer Chancen, für sich selbst gesellschaftliche Teilhabe auf Dauer zu sichern. Dabei ist es irrelevant, ob es sich um eine strukturell bedingte Exklusion handelt (z. B. bei Kinder und Jugendlichen, die illegal in Deutschland leben und deshalb faktisch vom Schulunterricht ausgeschlossen sind) oder ob es sich um eine Exklusion handelt, deren Ursachen eher psycho-sozialer Art sind (z. B. bei individuellen oder familiären Problemen der Schülerinnen und Schülern) oder ob die Exklusion durch den Schulkontext (z. B. durch ein schlechtes Schulklima) (mit)verursacht wurde. Die Arbeit mit schulmüden Kindern und Jugendlichen ist eine präventive Arbeit[6], die Schulabsentismus entgegen wirken soll und damit die langfristigen Folgen für die Bildungs- und Inklusionschancen der Jugendlichen auf dem Arbeitsmarkt verhindern soll. Die Arbeit mit schulmüden Kindern und Jugendlichen ist eine Aufgabe von Schulsozialarbeit an Schule und einer der Schwerpunktaufgaben im Handlungsfeld Übergang Schule – Beruf, denn in diesem Feld gibt es zwar auch wichtige Kooperationspartner, wie die Lehrerinnen und Lehrer und natürlich die Eltern, aber keine andere Professionen, die von ihrer Qualifikation her diese Aufgabe übernehmen könnten.

Die Ursachen von Schulmüdigkeit und -absentismus sind vielfältig und in der Forschungsliteratur ist man sich weitgehend darüber einig, dass es sich um ein multifaktorielles Bedingungsgefüge handelt (vgl. Sälzer 2010, 75; Mutke 2009, 65 ff.). Darüber hinaus handelt es sich in der Regel um einen Prozess, der sich fast schleichend entwickelt (vgl. Thimm 2000)[7] und der durch das Ignorieren bzw. Nicht-Reagieren der Lehrkräfte oder anderer Bezugspersonen in der Schule in der Regel noch verstärkt wird (Sälzer 2010, 176 f.).

Schulmüdigkeit und Schulabsentismus gehen die Schüler, die Mitarbeiter der Schule (Lehrkräfte, Schulsozialarbeiter, Schulleitung etc.) und Eltern als Problem gleichermaßen an, da die Ursachen sowohl bei den individuellen Zugangsvoraussetzungen als auch bei der Institution Schule zu verorten sind (vgl. Sälzer 2010). Darüber hinaus hat das gesellschaftliche Umfeld ebenfalls Rückwirkungen auf die Lern- und Leistungsbereitschaft der Schülerinnen und Schüler im Kontext Schule. Signale der Gesellschaft an die Jugendlichen, sie seien „überflüssig", weil sie den Leistungserwartungen und schulischen sowie beruflichen Anforderungen nicht

---

6 Schulmüdigkeit ist demnach eine Vorstufe der Schulverweigerung oder des Schulabsentismus, wobei die Übergänge fließend sind. Oehme spricht von einem Kontinuum zwischen Schulmüdigkeit und Schulabsentismus (vgl. Sälzer 2010, 16).
7 S. auch den Beitrag von Kuhn in diesem Buch.

gerecht werden, können Jugendliche schon früh demotivieren und die Sinnhaftigkeit des Schulbesuchs in Frage stellen[8]. Nicht selten wirken schlechte Aussichten von Jugendlichen am Ausbildungs- und Arbeitsmarkt zurück auf die Motivation der Jugendlichen, ihre schulischen Aufgaben ernst zu nehmen und einen Schulabschluss anzustreben (vgl. Hurrelmann 2011, Brülle et al. 2012). So gilt es auch, das mögliche Scheitern beruflicher Ziele und Wünsche in den Blick zu nehmen, die strukturelle und konjunkturelle Bedingtheit von Erwerbschancen bewusst zu machen und sich mit der Frage auseinander zu setzen, wie man sein Selbstwertgefühl vor wiederkehrenden Enttäuschungen schützen kann.

Gleichzeitig verändern sich im Zuge des demografischen Wandels zurzeit die Rahmenbedingungen am Arbeitsmarkt rapide, woraus sich auch für benachteiligte Jugendliche neue Chancen ergeben[9]. Schulsozialarbeiterinnen und -arbeiter können Jugendlichen also durchaus Hoffnung machen, sofern diese bereit sind Hilfen und Unterstützung anzunehmen und vielleicht auch auf Umwegen ihr berufliches Ziel zu erreichen. Die Komplexität beruflicher und familiärer Lebensplanung angesichts persönlicher, struktureller und konjunktureller Rahmenbedingungen, inklusive der Normalität des Scheiterns und Neuausrichtens solcher Planungen, wäre somit ein wichtiger zu vermittelnder Inhalt, der den Jugendlichen die Möglichkeit gäbe, Erfahrungen des Scheiterns nicht in erster Linie oder gar ausschließlich als individuelles Versagen zu verstehen. Dies gilt gleichermaßen für Angebote beruflicher Orientierung (s. nächster Abschnitt).

Zu den den Absentismus verstärkenden Faktoren gehören darüber hinaus (vgl. Sälzer 2010):

- das Gefühl der Über- oder Unterforderung im Unterricht;
- familiäre Probleme und Belastungen;
- Mobbing gegen einzelne Schülerinnen oder Schüler in der Klasse oder Schule
- die soziale Akzeptanz oder Verstärkung von ‚Schule schwänzen' durch eine Peer-Group

---

8 So argumentieren insbesondere Vertreter der Jugendhilfe und der lebensweltorientierten Jugendsozialarbeit (vgl. Galuske 1993, Krafeld 1989, Brülle et al. 2012). In der Absentismusforschung scheinen diese Überlegungen allerdings bislang keine Rolle zu spielen. Hier konzentriert man sich vor allem auf die individuellen Eingangsvoraussetzungen und den Schulkontext.
9 Die Meinungen über die tatsächlichen Rückwirkungen auf die ‚sozial benachteiligten' Jugendlichen sind sehr umstritten. Experten weisen immer wieder darauf hin, dass es auch bei idealen Voraussetzungen am Ausbildungs- und Arbeitsmarkt weiterhin eine Gruppe von Jugendlichen geben wird, die nach Abschluss der Schule keinen direkten Anschluss an das Ausbildungssystem schaffen werden.

- hoher Leistungsdruck und hohe Konkurrenz sowohl zwischen den Lehrkräften als auch zwischen den Schülerinnen und Schülern
- Ordnung und Disziplin als Lernziele der Schulleitung
- hohe Belastung des Lehrpersonals durch undiszipliniertes Verhalten und Vandalismus an der Schule

Zu den schützenden Faktoren gehören u. a. (vgl. ebenda):

- eine gute Qualität der Beziehung zwischen den Schülerinnen und Schülern und den Lehrkräften
- Engagement der Schülerinnen und Schüler in Projekten und Angeboten außerhalb des Unterrichts
- Identifizierung der Schülerinnen und Schüler mit ihrer Schule
- Aufmerksamkeit für den einzelnen Schüler bzw. die einzelne Schülerin
- Ein starkes Beziehungsnetz innerhalb der Klasse und der Schule;
- ein gutes Schulklima, z. B. auch durch eine konsensorientierte Zusammenarbeit der Lehrkräfte
- eine positive Lernkultur, die viel mit Verstärkung und Anerkennung arbeitet;
- die Attraktivität des Unterrichts, z. B. durch lebensweltnahe Inhalte;
- eine aktive Reaktion der Lehrkraft auf das Fehlen von Schülern;
- die Einbeziehung von pädagogischem und psychologischem Personal (z. B. Schulsozialarbeiter, schulpsychologischer Dienst) bei Schulabstinenz.

Bereits das Vorhandensein von Schulsozialarbeit und weiterer Förder- und Betreuungsangebote an einer Schule ist ein wichtiger Schutzfaktor gegen Schulabsentismus (vgl. Sälzer 2010, 181). Gerade Jugendliche, die eher zur lern- und leistungsschwachen Gruppe zählen, benötigen zunächst vor allem Angebote, die ihnen frei vom Entscheidungsdruck, die Möglichkeit bieten, Selbsterfahrungen zu machen, neue Verhaltensweisen auszutesten und eine realistische Selbsteinschätzung zu gewinnen (vgl. Hurrelmann 2011). Darüber hinaus bieten die bisherigen Erkenntnisse der Schulabsentismusforschung einige Ansatzpunkte für Schulsozialarbeiterinnen und -arbeiter, wenn sie sich des Themas Schulmüdigkeit annehmen. Mögliche Maßnahmen wären[10]:

---

10 In Schulmüdenprojekten, wie z. B. Schule XXL in Köln (s. Beitrag Kuhn in diesem Buch) oder in präventiv angelegten Schulsozialarbeitskonzepten, wie jenes der Stadt Wiesbaden (s. Beitrag Goldmann & Brülle in diesem Band), werden viele dieser Ansatzpunkte bereits aufgegriffen und berücksichtigt.

- Den Informationsstand der Lehrkräfte über Gründe und Ursachen von Schulmüdigkeit und Schulabsentismus verbessern und angemessene Reaktionen auf das Fernbleiben von Schülerinnen und Schülern aufzeigen.
- Eine Analyse der ‚push' und ‚pull' Faktoren der jeweiligen Schule vornehmen, durch Befragung der Schülerinnen und Schüler, der Lehrkräfte und der Eltern. Dies kann als Auftakt für einen Schulentwicklungsprozess genutzt werden, um eine gemeinsame Strategie gegen Schulabsentismus zu entwickeln, die Schutzfaktoren zu stärken und die Absentismus verstärkenden Faktoren abzubauen.
- Unterstützung der Lehrkräfte durch Hospitationen und kollegiale Beratung, insbesondere wenn einzelne Schüler oder eine Klasse sich ‚auffällig' verhalten und Lehrerinnen und Lehrer Probleme haben eine gute Beziehung zu den Schülerinnen und Schülern aufzubauen.
- Unterstützung der Schule bei der Öffnung in den sozialen Nahraum durch Netzwerkarbeit, z. B. auch hin zu Unternehmen und Betrieben.
- Angebote und Projekte für die Schülerinnen und Schüler entwickeln, die einen Austausch und die Reflektion über Themen wie Lebensplanung, berufliche Chancen, Arbeitslosigkeit und Übergänge ermöglichen. Hier kann es durchaus auch darum gehen, die Jugendlichen mit den Anforderungen zu konfrontieren, die auf sie zu kommen, sowohl wenn der Übergang gelingt, als auch wenn dieser nicht gelingt. Tendenziell sollte aber dennoch eine positive Perspektive mit den Jugendlichen erarbeitet werden.
- Auf der individuellen Ebene psycho-soziale Belastungsfaktoren bei den Schülerinnen und Schülern eruieren und Hilfs- und Unterstützungsleistungen organisieren, möglichst unter Einbezug der Eltern der Betroffenen.

Maßnahmen der Schulsozialarbeit zur Reduzierung von Schulmüdigkeit und -absentismus sollten demnach alle drei Ursachenfelder berücksichtigen. Sie können an den individuellen, an den schulischen und an den gesellschaftlichen Faktoren ansetzen. Dabei geht es nicht nur um den Abbau möglicher Absentismus verstärkender Faktoren, sondern auch um den Aufbau von Schutzfaktoren an der Schule. Dabei sind eine vertrauensvolle Kooperation zwischen der Schulleitung, den Lehrkräften und den Schulsozialarbeiterinnen und -arbeitern sowie eine enge Einbindung der Eltern wichtige Voraussetzungen für eine erfolgreiche Arbeit.

2.2.2 Berufliche Orientierung und Entscheidungsfindung

Berufsorientierung ist ein Prozess „der Annäherung und Abstimmung zwischen Interessen, Wünschen, Wissen und Können des Individuums auf der einen und den Möglichkeiten, Bedarfen und Anforderungen der Arbeits- und Berufswelt auf der anderen Seite" (Deeken & Butz 2010, 19)[11]. Die berufliche Orientierung ist somit eine Entwicklungsaufgabe des Individuums selbst und gleichzeitig eine gesellschaftliche Aufgabe. Das Selbstkonzept der Jugendlichen ist – nicht nur in beruflicher Hinsicht – in der Regel noch nicht gefestigt und die Vorstellungen darüber, wie sie mal leben und arbeiten wollen, sind noch sehr vage und meist unreflektiert. Daher haben Vorbilder im sozialen Umfeld großen Einfluss auf die Vorstellungen der Jugendlichen. Hier finden die Jugendlichen ‚role-models' (Rollenvorbilder), an denen sie sich orientieren. Deshalb findet Berufsorientierung nicht nur an einem Ort oder zu einer bestimmten Zeit statt, sie entwickelt sich vielmehr durch ein Zusammenspiel aus Erfahrungen in und Einflüssen aus den Lebenswelten der Jugendlichen. Die Eltern spielen hier eine besonders wichtige Rolle, aber auch die ‚peers', die Nachbarschaft, die Kultur in der die Jugendlichen aufwachsen, dienen als Beispiele, wie andere ihre berufliche und individuelle Lebensplanung gestaltet haben. Diese Personen oder Gruppen formulieren implizit oder explizit Erwartungen an die Jugendlichen und können sich auch aktiv um die berufliche Orientierung der Jugendlichen bemühen. Die verschiedenen Akteure am Übergang von der Schule in den Beruf – die Schule selbst, die Unternehmen und Betriebe, die Kinder- und Jugendhilfe, die Berufsberater etc. – müssen ihrerseits den Jugendlichen ihre Vorstellungen und Wünsche sowie Grundregeln der Arbeitswelt(en) vermitteln, um diesen Abstimmungsprozess zu ermöglichen.

Nach heutigem Verständnis geht es in der Berufsorientierung somit nicht allein um die Vermittlung von konkreten beruflichen und arbeitsrelevanten Fähigkeiten und Fertigkeiten, sondern um „die Herausbildung eines stabilen Fundaments von personalen und psychosozialen Kompetenzen" (ebd., 17), die es jedem ermöglichen einen Selbstfindungsprozess zu durchlaufen, biografische Selbstkompetenz zu erwerben und eine Balance zwischen der beruflichen und der privaten Lebenssphäre zu finden. Für die Berufsorientierung, wie sie im Rahmen von Schulen und Arbeitsagenturen stattfindet, bedeutet ein solches Grundverständnis einen Paradigmenwechsel: weg von der beruflichen Beratung, die auf eine Berufswahlentscheidung fokussiert, hin zur Förderung eines beruflichen Selbstkonzepts (vgl. ebd., 18).

Angebote zur beruflichen Orientierung werden zu aller erst von den Schulen und der Arbeitsverwaltung (vgl. Kultusministerkonferenz BA/KMK 2004) ge-

---

11 S. auch die ausführliche Darstellung: Deeken & Butz in diesem Buch.

macht. Sie tragen gemeinsam die Verantwortung dafür, dass für alle Schülerinnen und Schülern frühzeitig und umfänglich Hilfe und Unterstützung in dem Prozess der beruflichen Orientierung zur Verfügung gestellt wird. Aber auch die anderen gesellschaftlichen Akteure sind aufgerufen, ihren Beitrag zu leisten, zumal gerade Betriebe und Unternehmen ein eigenes Interesse an einer gelingenden beruflichen Orientierung haben. Immerhin 30 % der Ausbildungsabbrüche können dadurch erklärt werden, dass die Auszubildenden einen Beruf gewählt haben, der ihren Vorstellungen nicht entspricht (Jasper et al. 2009). Dies ist nicht nur für die Jugendlichen frustrierend und entmutigend, sondern hier entstehen auch Kosten für die Betriebe und Unternehmen.

Dass die Schulen einen Auftrag zur beruflichen Orientierung haben, wird in den Schulgesetzten der Länder geregelt. Schulen können diesen Auftrag aber nicht alleine bewältigen. Die Schulen müssen sich kompetente Partner ins Haus holen, Schulsozialarbeit mit dem Schwerpunkt der Berufsorientierung installieren und eine Öffnung der Schule herbeiführen, um die Arbeits- und Lebenswelt nicht künstlich von den Erfahrungen in der Schule zu trennen[12]. Um Angebote zur beruflichen Orientierung systematisch an einer Schule umsetzen zu können, ist es sinnvoll ein Berufsorientierungskonzept (BOK) zu implementieren, in dem die verschiedenen Aufgaben und Entwicklungsschritte benannt, die Zuständigkeiten geklärt und die Gesamtkoordination im Schulleitungsteam verankert werden. Dieses BOK sollte Teil des Schulprogramms sein und allen beteiligten Akteuren (Lehrern, Schülern, Eltern, Schulsozialarbeitern, Kooperationspartnern etc.) transparent gemacht werden. Ein nachhaltiges BOK muss die Schülerinnen und Schüler dabei unterstützen mit den Veränderungen und Herausforderungen umzugehen und konstruktiv auf Enttäuschungen und Rückschlägen zu reagieren. Ein ganzheitliches BOK sollte zudem dazu anregen, Normalitätsvorstellungen (der Familie, des sozialen Milieus, der Gesellschaft) offen zu legen und zu hinterfragen, damit bewusste Entscheidungen möglich werden. Wie alle Konzepte sollte auch ein BOK regelmäßig überprüft und weiterentwickelt werden. Nicht unerwähnt bleiben soll, dass die Berufsorientierung an den Schulen eine wichtige Aufgabe für alle Jugendlichen ist und nicht nur für Jugendliche, die vom Scheitern bedroht sind. Wie Brülle et al. herausarbeiten, ist durch den Wandel der Rahmenbedingungen in der Arbeitswelt und im Übergangssystem für alle Jugendlichen eine Situation eingetreten, die eine bewusste Auseinandersetzung mit diesen Themen notwendig macht, unabhängig von ihren Teilhabechancen (Brülle et al. 2012). Auch Deeken & Butz verstehen Berufsorientierung als eine Aufgabe,

---

12 Es wird in der Literatur immer wieder darauf hingewiesen wie wichtig gerade die Praktika der Schülerinnen und Schüler in den Betrieben und Unternehmen für ihre berufliche Orientierung ist (z. B. Berzog 2008).

die grundsätzlich alle Jugendlichen bewältigen müssen. Die Autoren gehen sogar noch darüber hinaus, wenn sie darauf verweisen, dass angesichts der Flexibilisierung und Mobilität in der heutigen Arbeitswelt nicht nur lebensbegleitendes Lernen, sondern auch eine lebenslange (Re-)Orientierung notwendig ist (Deeken & Butz 2010). Allerdings können wichtige Kompetenzen, wie man mit solchen Orientierungsprozessen umgeht eben schon in der Jugend gelernt und dann ein Leben lang abgerufen werden.

Die Schulsozialarbeit kann ihren Beitrag zum BOK im Rahmen der mit der Schule vereinbarten Aufgabenstellung formulieren und dabei ihre Möglichkeiten und Grenzen klar aufzeigen. Auch wenn die berufliche Orientierung kein Schwerpunkt oder expliziter Arbeitsauftrag der Schulsozialarbeit an einer Schule ist, ist sie doch Teil des multiprofessionellen Fachkräfteteams der Schule und als Teil dieses Teams mitverantwortlich für die Berufsorientierung an der Schule. Die Aufgabenfelder ‚Berufsorientierung' und ‚Übergang Schule – Beruf' sind von der Schulsozialarbeit so mitzugestalten, dass die bestehenden Aufgaben der Schule besser erfüllt werden können. Die Schulsozialarbeit kann die Schule insbesondere bei der Entwicklung eines durchgängigen BOK und bei der Einführung neuer Instrumente, wie z. B. dem Berufswahlpass (BWP) unterstützen (vgl. Ausführungen im Kasten).

Wenn die Schulsozialarbeit über die allgemeine Mitgestaltung hinaus einen expliziten Auftrag hat, die Themen ‚Berufsorientierung' und ‚Übergang Schule – Beruf' zu gestalten, sollte der Schwerpunkt ihrer Aufmerksamkeit darauf liegen, die Nachhaltigkeit und die Ganzheitlichkeit der beruflichen Orientierung im oben beschriebenen Sinn an ihrer Schule sicher zu stellen.

Was ist der Berufswahlpass?

Der Berufswahlpass (BWP) ist ein Portfolio, dessen Einführung in der Schule inzwischen von allen 16 Landesregierungen unterstützt wird. Neben einer Einführung und dem Aufgabenheft unterteilt sich der BWP in vier Teilabschnitte: Angebote zur Berufsorientierung, Weg zur Berufswahl, Dokumentation und Lebensordner.

Der BWP sollte Teil des Berufsorientierungskonzepts der Schule sein. Die Schulen können die einzelnen Abschnitte an ihre Schülerinnen und Schüler, das Schulprofil etc. anpassen.

In der Selbstdarstellung auf der Homepage heißt es: „Der Berufswahlpass hilft Schülerinnen und Schülern, den Weg in ihre berufliche Zukunft erfolgreich zu gehen. Sie lernen ihre Interessen und Stärken besser kennen, erfahren eine Menge über den beruflichen Alltag heutzutage und können sich so am Ende begründet für ein Berufsfeld entscheiden.

Der Berufswahlpass stellt Angebote zur Berufsorientierung vor, enthält Vorlagen, die den Prozess der beruflichen Entscheidungsfindung unterstützen und bietet Raum für ergänzende selbst erstellte oder erworbene Dokumente." (BWP für Lehrkräfte)

Auf der Seite BWP für Eltern heißt es: „Sie sind die wichtigsten Ansprechpartner Ihrer Töchter und Söhne im Prozess der Berufsorientierung und in der Frage, wie es nach der Schule weiter geht.

Folgende Fragen werden mit dem Berufswahlpass geklärt:

- Welche Angebote zur beruflichen Orientierung gibt es innerschulisch und außerschulisch?
- Wie kann ich mein Kind unterstützen, seine Interessen, Stärken und Ziele zu ermitteln?
- Lassen sich aus dem freiwilligen Engagement/den Freizeit- bzw. Vereinsaktivitäten bestimmte berufliche Interessen ableiten?
- Wie schätzen Lernbegleiter bei Praktika, Betriebs- oder Praxistagen sowie anderen inner- und außerschulischen Aktivitäten oder Ferienjobs die Stärken Ihrer Tochter/Ihres Sohnes ein?
- Sind die beruflichen Vorstellungen Ihrer Tochter/Ihres Sohns realistisch, wenn man die Schulleistungen und den zu erwartenden Schulabschluss mit in Betracht zieht?
- Welche – auch außerschulisch erworbenen – Bescheinigungen und Unterlagen werden bei der Bewerbung wichtig?"

(Alle Informationen und Zitate: www.berufswahlpass.de; letzter Zugriff: 17.3. 2013)

Die Schulsozialarbeit muss an den Lebenswelten der Jugendlichen orientiert für eine nachhaltige und ganzheitliche berufliche Orientierung sorgen. Dies bedeutet, dass sie den Kindern und Jugendlichen selbst, aber auch den anderen Akteuren im Feld der Berufsorientierung verdeutlicht, dass der Übergang von der Schule in den Beruf zwar eine zentrale, aber nicht die einzige Aufgabe ist, den Jugendliche auf ihrem Weg ins Erwachsenenalter zu bewältigen haben (s. Hurrelmann 1991, 62 ff., Brülle et al. 2012). „Für den Übergang ins Erwachsenenalter lassen sich diverse Schlüsselereignisse benennen, deren gemeinsamer Bezugspunkt bei der Gewinnung ökonomischer und sozialer Unabhängigkeit von den Eltern liegt" (Konietzka 2010, 115). Konietzka abstrahiert aus den vorliegenden Konzepten zum Übergang ins Erwachsenenalter fünf ‚transition markers' (vgl. ebenda):

- den Abschluss der allgemeinbildenden Schule und/oder der Übergang in die Ausbildung
- den Einstieg in die Erwerbsarbeit
- das Eingehen einer Paarbeziehung
- die Familiengründung
- den Auszug aus dem Elternhaus.

Je nach kulturellem Hintergrund können diese Übergänge unterschiedliche Wertigkeit besitzen. Sie sind mit sehr unterschiedlichen Erwartungshaltungen der Familie gegenüber den Jugendlichen verknüpft, können parallel oder auch zeitlich stark versetzt zum Übergang in den Beruf stattfinden[13] und die damit einhergehenden neuen Rollen müssen mit einander in eine Balance gebracht werden, die der junge Erwachsene dann als in sich einigermaßen stimmiges Selbstkonzept begreifen kann. All diese Übergänge sollten von der Schulsozialarbeit thematisiert, mit den Jugendlichen reflektiert und in ihrer Bedeutung für das berufliche Selbstkonzept bewusst gemacht werden. Die Arbeit der Schulsozialarbeiterinnen und Schulsozialarbeiter muss darauf zielen, durch Reflektion und Aufzeigen von Alternativen die Handlungsmöglichkeiten der Jugendlichen zu erweitern (vgl. Thiersch 1997, 52). Auch im sozialen Umfeld, insbesondere bei den Eltern, muss dafür geworben werden, dass die Entscheidungen der Jugendlichen nicht nur akzeptiert, sondern auch unterstützt werden.

Darüber hinaus darf die Frage nach dem Umgang mit einem möglichen Scheitern von beruflichen Wünschen und Zielen sowie die Entwicklung von Alternativen zu einem erwerbszentrierten Selbstkonzept nicht ausgespart werden. Diesbezüglich wurden insbesondere im Rahmen der Diskussion um arbeitswelt- und lebensweltorientierter Jugendsozialarbeit gründliche Analysen gemacht und sozialpädagogische Ansatzpunkte für eine Arbeit mit sozial benachteiligten Jugendlichen aufgezeigt (vgl. z.B. Krafeld 1989, Galuske 1993, Krafeld 2000), die von einem Scheitern besonders häufig bedroht oder betroffen sind.

---

13 Konietzka stellt fest, dass es in den letzten Jahrzehnten insgesamt sowohl Prozesse der Standardisierung als auch der De-Standardisierung beim Übergang in das Erwachsenenalter gegeben hat (Konietzka 2010, 280f.). Der Auszug aus dem Elternhaus ist inzwischen stärker mit dem Ausbildungs- und Erwerbsstart gekoppelt als noch in den 1960er und 1970er Jahren. Der Zeitpunkt der Heirat verschiebt sich im Lebenslauf hingegen immer weiter nach hinten.

2.2.3 Übergangsmanagement

Mit den Aufgaben im Bereich der Prävention und Bearbeitung von Schulmüdigkeit sowie mit der beruflichen Orientierung sind zwei Schwerpunkte der Schulsozialarbeit benannt worden, die bereits früh ansetzen und die Ausgangsposition der Schülerinnen und Schüler zum Zeitpunkt des Übergangs verbessern helfen. Das Übergangsmanagement im engeren Sinne beginnt, ca. ein Jahr bevor die Schüler die weiterführende Schule verlassen müssen. Hier stellt sich die Frage nach einer konkreten Anschlussperspektive für den Schüler bzw. die Schülerin. Die berufliche Orientierung hat hier bestenfalls bereits Vorarbeit geleistet und wenn diese geglückt ist, haben die Schüler bereits eigene, realistische Vorstellungen entwickelt, bei deren Umsetzung sie nun noch mehr oder weniger Unterstützung benötigen. Ist die berufliche Orientierung zu diesem Zeitpunkt allerdings noch nicht abgeschlossen, führt dies häufig zu einer Zwischen- oder Notlösung für die betroffenen Schüler, da nun ein Ort des Moratoriums gesucht werden muss, der die Phase der beruflichen Orientierung verlängert. Bestenfalls werden dadurch Erfahrungen außerhalb der Schule gemacht, die neue Impulse für die Entscheidungsfindung geben. Dieses „offenhalten" der beruflichen Entscheidungen gilt nicht nur für benachteiligte Jugendliche, die oft gezwungen sind in solche Zwischenlösung auszuweichen, weil sie trotz eines konkreten Berufswunsches keinen Ausbildungsplatz erhalten haben. Zunehmend mehr Jugendliche mit guten Voraussetzungen für den Ausbildungs- und Arbeitsmarkt halten sich ihre Entscheidung über den Einstieg ins Berufsleben offen, da sie den Zeitpunkt des Verlassens der Schule als zu früh empfinden, um so eine weitreichenden Entscheidung zu treffen, wie die über die zukünftige Berufstätigkeit. Dies bedeutet häufig, dass sie sich erst einmal irgendetwas suchen – eine Ausbildung, ein Soziales Jahr, eine schulische Weiterbildung –, um die eigenen Chancen weiter zu verbessern, ohne bereits eine Entscheidung treffen zu müssen.

Das Übergangsmanagement ist zurzeit der Bereich, in dem viele neuen Berufsbilder entstanden sind: Jugendberufshelfer, Job-Coaches, Berufseinstiegsbegleiter u. ä. m. Letztere beginnen in der Vorabgangsklasse mit der Begleitung von Jugendlichen, „die voraussichtlich Schwierigkeiten haben werden, den Abschluss der allgemein bildenden Schule zu erreichen und den Übergang in eine berufliche Ausbildung zu bewältigen" (Straif 2011, 7 f.), um ein Vertrauensverhältnis zu diesen aufbauen zu können. Sie übernehmen darüber hinaus die Aufgabe, die Einbindung der individuellen Übergangsbegleitung in ein strukturelles Übergangsmanagement (ebenda). Aber auch für die Jugendlichen, die einen Schulabschluss erreichen werden, muss ein Übergangsmanagement stattfinden, insbesondere wenn strukturschwache Regionen nur wenige Ausbildungsmöglichkeiten bieten. Die Regionalisierung dieser Aufgabe ist in den letzten Jahren unterstützt und gefördert worden, vor dem Hintergrund, dass Jugendliche verstärkt zunächst in der eigenen Region nach Ausbildungsmöglichkeiten suchen und die unterschiedlichen Angebote in einer Region am ehesten den dort aktiven Behörden und Institutionen bekannt sind. Arbeitskreise wurden (z. B. in Nordrhein-Westfalen) eingerichtet, indem die Schulen ebenso vertreten sind, wie die Agentur für Arbeit, die Träger der Kinder- und Jugendhilfe und die Arbeitgeberverbände. Regionale Übergangsmanagements wurden eingerichtet, zum Teil über Landes-, zum Teil über Bundesmittel finanziert. Andere Regionen haben Bildungsbüros oder Netzwerkstellen (s. auch das Beispiel aus Sachsen-Anhalt, Beitrag Schubert in diesem Buch) aufgebaut. Wie die Weinheimer Initiative überzeugend argumentiert, werden solche Konzepte für das Übergangsmanagement nur dann erfolgreich sein, wenn sie kommunal koordiniert werden und eine dauerhafte Finanzierung gesichert ist (Weinheimer Initiative 2007; s. auch den Beitrag von Kruse in diesem Buch). Besonders eindrucksvoll sind Beispiele kommunal gesteuerter Schulsozialarbeitsansätze wie jenes in Wiesbaden (s. Beitrag von Brülle & Goldmann in diesem Buch), die ein ganzheitliches, früh beginnendes und umfassendes Konzept umgesetzt haben[14]. Aber auch schulspezifische Projekte können diese Vernetzung fördern.

Wijkschool

Wijkschool (Nachbarschaftsschule) – ein Modell aus den Niederlanden[15]

Im Rahmen des Programms „Rotterdams Offensief" (vgl. www.rotterdamsoffensief.nl letzter Zugriff: 23.12.2012) wurden in den Niederlanden zwei Modellschulen eingerichtet, die sich an Schulabbrecherinnen und -abbrecher zwischen 16 und 23 Jahren mit multiplen (Vor-)Belastungen wenden[16]. In der Nachbarschaftsschule können sie jederzeit beginnen, d. h. die Aufnahme in die Schule ist unabhängig vom offiziellen Schuljahresbeginn. Auch der Abschluss der Maßnahme wird nicht durch die institutionellen Strukturen vorgegeben, sondern orientiert sich am Erreichen des selbst gesteckten Ziels. Die Jugendlichen

---

14 S. zum Thema Regionalisierung und Netzwerkbildung auch die Ausführungen in der Einleitung zu diesem Buch.
15 Ich danke Jannie Roemeling für die Informationen über die Nachbarschaftsschulen in den Niederlanden.
16 Die Schulabbrecherquote in den Niederlanden lag 2007/2008 bei 4,9 %. Den Schulabbrechern fehlt es an einer Start- oder Basisqualifikation für das niederländische Berufsausbildungssystem. Die Arbeitslosenquote unter den Schulabbrechern ist besonders hoch, weshalb die Regierung seit 1992 eine Vielzahl von Maßnahmen unternommen hat, um Schulabbrüche zu bekämpfen.

erhalten einen persönlichen Coach, der ihnen z. B. bei der Erarbeitung eines persönlichen Entwicklungsplans hilft.

Die Schule orientiert sich am Lebens- und Lernumfeld der Jugendlichen, insbesondere der direkten Nachbarschaft der Schule. Die Schule arbeitet eng mit den Einwohnern, Arbeitgebern, Geschäften, kommunalen Einrichtungen etc. zusammen. Die Jugendlichen sollen deshalb auch an Aufgaben und Projekten arbeiten, die für die Nachbarschaft relevant und wertvoll sind (z. B. Renovierung von Kinderspielplätzen, Pflege von Nachbarschaftsgärten). Manchmal werden die Jugendlichen bei ihrer Arbeit durch Anwohner, Geschäftsleute oder Handwerker aus der Nachbarschaft unterstützt. Darüber hinaus werden auch Eltern und Freunde in den Prozess einbezogen.

Alle Aktivitäten werden in einem persönlichen Portfolio dokumentiert.

Die Nachbarschaftsschule organisiert einen Übergang in die anschließende Schule oder Ausbildung bei dem die Teilnehmerinnen und Teilnehmer sich von dem alten Schulgebäude abseilen und von den Direktoren der Anschlussinstitution – im wortwörtlichen Sinne – mit offenen Armen empfangen werden. Dies geschieht in Anwesenheit der Eltern, Betreuer, Freunde, der Nachbarschaft und auch der Betriebe aus der Umgebung, in der die Jugendlichen gearbeitet haben. Dabei wird großer Wert auf die Symbolik und Wertschätzung der Teilnehmer gelegt, die sich ihrerseits für die Unterstützung der Nachbarschaft bedanken.

Die Schulsozialarbeiterinnen und Schulsozialarbeiter gehören in diesem Kontext zur „abgebenden" Institution Schule, die um eine bestmögliche Vorbereitung ihrer Schülerinnen und Schüler auf diesen Übergang bemüht ist bzw. war und nun für jeden Schüler und jede Schülerin eine reale, konkrete und zielführende Anschlussperspektive wünscht. Die Schule sollte die Wünsche und Bedarfe der Schülerinnen und Schüler in den Kreis derjenigen, die vor Ort das regionale Übergangsmanagement gestalten, hineintragen. Dies kann sie auch in der Person des Schulsozialarbeiters tun. Über das regionale Netzwerk können die Bedingungen des Übergangs für die Schüler verbessert und auch die Unterstützungsbedarfe der Schule bei der Berufsorientierung thematisiert werden. So bieten die regionalen Netzwerke Anregungen für neue Ideen und Kontakt zu potentiellen oder bereits aktiven Kooperationspartnern, die ihrerseits immer wieder über die Entwicklungen an der Schule informiert werden wollen. Die Mitwirkung am regionalen Netzwerk bietet potentielle Unterstützungsstrukturen, sowohl für die Schule als Ganzes als auch für den einzelnen Schüler bzw. die einzelne Schülerin.

Zum Übergangsmanagement gehört es auch, Schülerinnen oder Schüler, die voraussichtlich Schwierigkeiten beim Übergang in eine Ausbildung haben werden, intensivere Beratung anzubieten und hierfür die angesprochenen Hilfen über Berufseinstiegsbegleiter, Job-Coaches u. ä. m. zu organisieren. Zum Teil wird auch die Kooperation selbst mit den unterschiedlichen Akteuren am Übergang ein eigener Arbeitsauftrag sein: umso mehr Akteure beteiligt sind, desto klarer müssen Aufgaben und Verantwortlichkeiten unter einander geklärt sein, wenn das Netzwerk noch zielführend arbeiten soll. Dies kostet Zeit für die Organisation und Kommunikation des Netzwerks (s. auch Beitrag von Schubert in diesem Buch).

Neben einer konkreten Begleitung und Unterstützung einzelner Schüler und Schülerinnen bei ihrem Weg in einen neuen Lebensabschnitt, gilt es sicherlich auch die Eltern auf die damit einhergehenden familiären Veränderungen vorzubereiten oder sie zumindest darüber zu informieren (s. auch Beitrag Wagner & Baum in diesem Buch). Die Eltern werden ihre Kinder noch lang (länger jedenfalls als Berebs oder ähnliche Hilfsangebote) begleiten und sie können durch ihre Unterstützung wesentlich dazu beitragen, dass der Übergang in die Berufswelt gelingt.

Für alle Beteiligten ist es wichtig, die Zäsur, die mit dem Verlassen der Schule im Lebenslauf der Jugendlichen erfolgt, sichtbar und spürbar werden zu lassen. Durch Feiern und Übergangsrituale kann diese Zäsur positiv besetzt und das bereits abgeschlossene und geleistete anerkannt und gewürdigt werden – selbst dort, wo die Leistungen rein von den schulischen Bewertungen her als unbefriedigend angesehen werden müssen. In den Niederlande gibt es sogenannte Nachbarschaftsschulen (s. Kasten), die sehr bewusst auf die positive Gestaltung dieser Übergangserfahrung setzen und ihren Schülerinnen und Schülern auf diese Art und Weise zum einen Anerkennung für das bereits Erreichte zu Teil werden lässt und zum anderen ihren Schülerinnen und Schülern auf diese Art und Weise das Gefühl gibt, dass es nicht nur etwas schwieriges und angstmachendes ist, was nun folgt, sondern dass sie mit Zuversicht und Vertrauen ihren weiteren Weg beschreiten können.

2.3 Professionalisierungsdefizite

Bisher haben sich erst wenige mit der Frage beschäftigt, welche Kompetenzen die professionellen Helfer am Übergang Schule – Beruf benötigen, um diese Zielsetzung zu erreichen. Nicht nur für die Jugendlichen, sondern auch für die Fachkräfte stellen sich angesichts des derzeitigen Wandels neue Aufgaben und Herausforderungen. Zu den neuen Herausforderungen gehört

- ein wachsender Bedarf an qualifizierten Fachkräften,
- ein sinkender Bedarf an an- und ungelernten Arbeitern,

- das Anwachsen der Gruppe von jungen Menschen mit Migrationshintergrund,
- ein in den letzten zwanzig Jahren deutlich gewachsenes Angebot im Übergangsbereich und
- einer daraus resultierenden neuen Aufgabe, das Übergangsmanagement auf regionaler Ebene zu steuern.

Bylinski hat in ihrem Forschungsprojekt „Anforderungen an die Professionalität des Bildungspersonals im Übergang von der Schule in die Arbeitswelt" Lehrerinnen und Lehrer von allgemeinbildenden und berufsbildenden Schulen sowie sozialpädagogische Fachkräfte im Übergangsbereich und Ausbilderinnen und Ausbilder befragt (Bylinski 2012a). Sie definiert professionelles pädagogisches Handeln in Anlehnung an Arnold und Gómez Tutor als ein Zusammenspiel aus

- „Wissen für die Planung, Organisation und Evaluation von pädagogischen Situationen,
- Können für die Durchführung bzw. zur Gestaltung pädagogischen Handelns und zur Umsetzung von Methoden, zur Beratung usw. sowie darüber hinaus
- Reflexion, um Planung und Durchführung zu durchdenken und zu bewerten" (Bylinski 2012a, 36 f.; Auflistung durch die Autorin).

Bylinski weist darauf hin, dass für alle Berufsgruppen, die am Übergang von der Schule in den Beruf tätig sind, vor allem zwei Dimensionen im pädagogischen Handeln untrennbar mit einander verbunden seien:

- „zum einen die *individuelle Übergangs- bzw. Bildungsbegleitung* als eine einzelfallbezogene Begleitung im Übergang von der Schule in den Beruf (Case Management);
- zum anderen die *Gestaltung eines strukturellen Übergangsmanagements* und eine interventionsbezogene Steuerung des gesamten Angebotsspektrums im Übergangsbereich" (ebenda, 40; Hervorhebungen im Original).

Die von Bylinski befragten Fachkräfte wünschen sich mehr Wissen über jugendspezifische Themen, entwicklungspsychologische Erkenntnisse und über die Lebenswelten der jungen Menschen (Bylinski 2012b, 29). Darüber hinaus erkennen die Fachkräfte für sich Defizite in der Dimension „Können" bezüglich der Methodenkompetenz: hier wird von den pädagogischen Fachkräften hervorgehoben, dass sie z. B. Gesprächstechniken und Moderationsverfahren besser beherrschen möchten. Auch die Gestaltung von Lernprozessen scheint den Fachkräften nicht leicht von der Hand zu gehen. Sie sehen hier die Notwendigkeit, die Lernangebote und -situationen noch stärker zu individualisieren (ebenda, 30 f.). Ebenfalls als noch nicht ausreichend werden die eigenen interkulturellen Kompetenzen gesehen (ebenda, 35).

Diese Erkenntnisse decken sich zum Teil mit den Ergebnissen des Projekts „Integrationsarbeit für mehrfach belastete Jugendliche fördern", welches von 2009 bis 2011 vom Forschungsinstitut Betriebliche Bildung (f-bb) im Rahmen des XENOS-Programms des Bundesministeriums für Arbeit und Soziales (BMAS) mit Mitteln aus dem Europäischen Sozialfonds durchgeführt wurde[17]. Dieses Projekt hatte zum Ziel ein Qualifizierungskonzept für Jugendsozialarbeiterinnen und -arbeiter an Schulen (JaS)[18] zu entwickeln. Die Befragung der Jugendsozialarbeiter ergab drei zu berücksichtigende Handlungsfelder:

- „im Bereich der Methodenkompetenz in Beratung und Gesprächsführung,
- im Bereich der Unterstützung der Jugendlichen bei der beruflichen Orientierung und
- im Bereich der interkulturellen Handlungskompetenz" (Junge et al. 2012, 12; Auflistung durch die Autorin).

Während die von Bylinski aufgezeigten (subjektiv empfundenen) Defizite sich auf drei unterschiedliche Professionen beziehen, konzentrieren sich die Darstellung von Junge et al. auf die Berufsgruppe der Schulsozialarbeiterinnen und -arbeiter. Demnach empfinden letztere kein Defizit bei der Kenntnis über die Lebenswelt der jungen Menschen, jugendspezifische Themen und entwicklungspsychologische Erkenntnisse. Dies sollte aufgrund der Ausbildung und Profession der Sozialarbeiter tatsächlich auch eher eine Stärke ihrer Berufsgruppe darstellen. In den anderen Bereichen gibt es aber starke Überschneidungen bei den selbstempfundenen Defiziten.

2.4 Mehrdimensionale Aufgabenstellung am Übergang Schule – Beruf

Der Übergang von der Schule in den Beruf ist nur ein – wenn auch ein wichtiger Aspekt – des Übergangs in das Erwachsenenalter; die Balance zwischen den unterschiedlichen Lebensbereichen herzustellen ist eine zentrale Aufgabe, die weit über die Phase des Übergangs hinausreicht. Alle jungen Menschen am Übergang

---

17 Das f-bb hat in einer institutseigenen Reihe einen „Leitfaden für die Bildungspraxis" (Band 52) herausgegeben, indem das erarbeitete Konzept zur Qualifizierung nachgelesen werden kann (f-bb 2012).
18 Also im Verständnis der Autorin für Schulsozialarbeiterinnen und -arbeiter.

ins Erwachsenenalter müssen die Kompetenzen erwerben, die es ihnen im Übergang selbst, aber auch in den Jahren danach, ermöglichen, ein selbstbestimmtes und selbstverantwortetes Leben zu führen.

Aufgrund der beschriebenen Aufgabenstellung können die grundsätzlich notwendigen Kompetenzen für Schulsozialarbeiter auf mehreren Ebenen verortet werden:

- auf der Ebene der individuelle Übergangs- bzw. Bildungsbegleitung und
- auf der Ebene der gruppenspezifischen Angebote zur Berufsorientierung und -vorbereitung, unabhängig davon ob sich diese nun an spezifische Zielgruppen (Mädchen, Jungen, Migrantinnen und Migranten o. ä. m.) oder an Klassen richten.
- auf der Ebene der (Mit-)Gestaltung des schulischen Angebots; zum einen im Zusammenhang mit dem Berufsorientierungskonzept der Schule, zum anderen im Zusammenhang mit einem Konzept der Schule zur Vorbeugung und Vermeidung von Schulmüdigkeit und
- auf der Ebene der (Mit-)Gestaltung bzw. der Mitwirkung eines strukturellen Übergangsmanagements.

Diese unterschiedlichen Ebenen sowie die von Schulsozialarbeiterinnen und -sozialarbeitern selbst empfundenen und angesprochenen Defizite sollten unbedingt durch die Ausbildung an den Hochschulen und durch Fort- und Weiterbildungsangebote aufgegriffen werden. Gleichzeitig muss sichergestellt werden, dass Schulsozialarbeiter das eigene Profil im Handlungsfeld gut kennen und Aufgaben die ihren eigenen Kompetenzbereich überschreiten an andere Fachkräfte abgeben. Ein Schulsozialarbeiter sollte z. B. nicht zum „besseren" Berufsberater werden wollen. Aus der Perspektive einer in der Struktur der Schule verankerten Übergangsgestaltung sollte die berufsthemenbezogene Vernetzung einer Schule auch nicht von der Schulsozialarbeit allein gestemmt werden. Solche Strukturen bewähren sich nur dann, wenn sie von allen Beteiligten an den Schulen mitgetragen werden und das bedeutet, dass Lehrkräfte in jedem Fall in erheblicher Weise eingebunden sein sollten.

Die spezifische Aufgabe der Schulsozialarbeiterinnen und Schulsozialarbeiter ist es, in all diesen Zusammenhängen immer wieder die Mehrdimensionalität des Übergangs in ihren Angeboten zu berücksichtigen und zu thematisieren, diese Mehrdimensionalität auch gegenüber den anderen Akteuren und Kooperationspartnern am Übergang Schule – Beruf zu verdeutlichen und aufzuzeigen, welche Blockaden zwischen den unterschiedlichen Lebensbereichen entstehen können. Blockaden können Ursache für Schwierigkeiten am Übergang Schule – Beruf sein oder sie können aber auch entstehen, wenn die nicht berufsbezogenen Lebensbereiche der Jugendlichen bei der Hilfeplanung und Beratung nicht ausreichend berücksichtigt werden.

Literatur

Berzog, Thomas (2008): *Beruf fängt in der Schule an. Die Bedeutung von Schülerbetriebpraktika im Rahmen des Berufsorientierungsprozesses.* Bielefeld: Bertelsmann Verlag.

Böhnisch, Lothar (1994): *Gespaltene Normalität. Lebensbewältigung und Sozialpädagogik an den Grenzen der Wohlfahrtsgesellschaft.* Weinheim und München: Juventa Verlag.

Brülle, Heiner, Christe, Gerhard, Melzer, Ragna & Wende, Lutz (2012): *Schulbezogene Unterstützungsnetzwerke – Gestaltungsansätze der Jugendhilfe zur Bildungsförderung armer Jugendlicher im Übergang Schule – Beruf.* Expertise erstellt im Auftrag des Instituts für Sozialarbeit und Sozialpädagogik e. V. Wiesbaden: Eigenverlag.

Bylinski, Ursula (2012a): *Anforderungen an die Professionalität des Bildungspersonals im Übergang von der Schule in die Arbeitswelt – Ergebnisse aus dem Forschungsprojekt des BIBB.* In: Loebe, Herbert & Severing, Eckart (2012): Jugendliche im Übergang begleiten – Konzepte für die Professionalisierung des Bildungspersonals. Forschungsinstitut Betriebliche Bildung (fbb) gGmbH. Bielefeld: Bertelsmann Verlag, S. 33–49.

Bylinski, Ursula (2012b): *Herausforderungen am Übergang von der Schule in den Beruf aus Sicht der pädagogischen Fachkräfte.* In: Handbuch der Aus- und Weiterbildung, 234. Erg.-Lfg. Dezember 2012.

Deeken, Sven & Butz, Bert (2010): *Berufsorientierung. Beitrag zur Persönlichkeitsentwicklung.* Expertise im Auftrag des Good Practice Center (GPC) im Bundesinstitut für Berufsbildung (BIBB): Bonn: Eigenverlag.

Forschungsinstitut Betriebliche Bildung (f-bb) (Hrsg.) (2012): *Leitfaden für die Bildungspraxis.* Band 52 der f-bb Reihe. Bielefeld: Bertelsmann Verlag.

Galuske, Michael (1993): *Das Orientierungsdilemma. Jugendberufshilfe, Sozialpädagogische Selbstvergewisserung und die modernisierte Arbeitsgesellschaft.* Bielefeld: KT Verlag.

Hurrelmann, Klaus (1991): *Sozialisation und Gesundheit. Somatische, psychische und soziale Risikofaktoren im Lebenslauf.* Weinheim und München: Juventa Verlag.

Hurrelmann, Klaus (2011): *Jugendliche zwischen Zuversicht und Resignation – Neue Anforderungen an Berufsorientierung und Ausbildung.* Unter: www.good-practice. de/infoangebote_beitrag4407.php (letzter Zugriff: 28.11.2012):

INBAS (2007): *Berufsvorbereitende Bildungsmaßnahmen: Kompetenzen feststellen – Ausbildungsreife fördern.* Offenbach: Eigenverlag.

Jasper, Gerda, Richter, Ulrike, Haber, Isabel & Vogel, Henri (2009): *Ausbildungsabbrüche vermeiden – neue Ansätze und Lösungsstrategien.* Band 6 der Reihe Berufsbildungsforschung herausgegeben vom Bundesministerium für Bildung und Forschung. Bonn: Eigenverlag.

Junge, Annette, Dorsch-Beard, Karin & Freckmann, Brigitta (2012): *Jugendliche im Übergang begleiten: Handlungsfelder und Anforderungen*. In: Loebe, Herbert & Severing, Eckart (2012): Jugendliche im Übergang begleiten – Konzepte für die Professionalisierung des Bildungspersonals. Forschungsinstitut Betriebliche Bildung (fbb) gGmbH. Bielefeld: Bertelsmann Verlag, S. 7–20.

Krafeld, Franz-Josef (1989): *Anders leben lernen. Von berufsfixierten zu ganzheitlicheren Lebensorientierung*. Weinheim und Basel: Beltz Verlag.

Krafeld, Franz-Josef (2000): *Die überflüssige Jugend der Arbeitsgesellschaft – Eine Herausforderung an die Pädagogik*. Opladen: Leske + Budrich Verlag.

Konietzka, Dirk (2010): *Zeiten des Übergangs. Sozialer Wandel des Übergangs in das Erwachsenenalter*. Wiesbaden: VS Verlag.

Loebe, Herbert & Severing, Eckart (2012): *Jugendliche im Übergang begleiten – Konzepte für die Professionalisierung des Bildungspersonals*. Forschungsinstitut Betriebliche Bildung (fbb) gGmbH. Bielefeld: Bertelsmann Verlag.

Mutke, Barbara (2009): *Schulverweigerung und Schulmüdigkeit: Ursachen und Begegnungsstrategien*. In: Faltermeier, Josef (Hrsg.)(2009): Schulverweigerung – neue Ansätze und Ergebnisse aus Wissenschaft und Praxis. Berlin: Deutscher Verein für öffentliche und private Fürsorge e. V., S. 57–75.

Pötter, Nicole (2004): *Bedeutungen von Erwerbsarbeit bei sozial benachteiligten Jugendlichen*. Dissertationsschrift: Universität Bielefeld, Fakultät für Soziologie.

Sälzer, Christine (2010): *Schule und Absentismus. Individuelle und schulische Faktoren für jugendliches Schwänzverhalten*. Wiesbaden: VS Verlag.

Schober, Karen (2007): *Darstellung des „Kriterienkatalogs zur Ausbildungsreife"*. In: INBAS (2007): Berufsvorbereitende Bildungsmaßnahmen: Kompetenzen feststellen – Ausbildungsreife fördern. Offenbach: Eigenverlag, S. 17–23.

Spies, Anke & Pötter, Nicole (2011): *Soziale Arbeit an Schulen. Einführung in das Handlungsfeld Schulsozialarbeit*. Wiesbaden: VS Verlag.

Straif, Charlotte (2011): *Berufseinstiegsbegleitung. Unterstützung individueller Wege in den Beruf*. Expertise im Auftrag des Good Practice Center (GPC) im Bundesinstitut für Berufsbildung (BIBB): Bonn: Eigenverlag.

Thiersch, Hans (1992): *Lebensweltorientierte soziale Arbeit. Aufgaben der Praxis im sozialen Wandel*. 3. Auflage, Weinheim und München: Juventa Verlag.

Thimm, Karlheinz (2000): *Schulverweigerung. Zur Begründung eines neuen Verhältnisses von Sozialpädagogik und Schule*. Münster: Votum Verlag.

Finanzierung von Angeboten im Bereich ‚Übergang Schule – Beruf' 3

Susanne Kretschmer & Sylvia Kestner

Spätestens seit den ersten PISA-Ergebnissen ist bekannt, dass in kaum einem anderen vergleichbaren Land der Bildungserfolg so eng mit der sozialen Herkunft verknüpft ist wie in Deutschland (vgl. Artelt & Baumert et al. 2001). Insbesondere junge Menschen, deren Eltern der Arbeiterschicht bzw. den un- und angelernten Arbeitskräften angehören, verfügen im Vergleich zu ihren Mitschülerinnen und Mitschülern nur über eine elementare Lesekompetenz, die lediglich das Verständnis einfachster Texte garantiert und daher den weiteren Bildungsweg der Jugendlichen erschwert (vgl. ebd.). Durch Schulsozialarbeit können jene Kinder und Jugendliche besonders gefördert werden, z. B. indem sie im schulischen Alltag oder auch bei familiären Problemen unterstützt werden. Doch die finanziellen Mittel für die Schulsozialarbeit sind oft knapp bemessen.

Schulsozialarbeit wird meist als eine Leistung nach § 13 SGB VIII gesehen. Experten beziehen sich zunehmend auf mehrere Paragraphen des SGB VIII, wenn sie die rechtlichen Grundlagen der Schulsozialarbeit bestimmen (vgl. z. B. Spies & Pötter 2011, 59 ff.). Demnach handelt es sich um eine Leistung im Rahmen der Kinder- und Jugendhilfe, die von den Kommunen finanziert wird. Je nach Themenschwerpunkten der Schulsozialarbeit ergeben sich aber weitere Finanzierungsmöglichkeiten. Insbesondere für Projekte, die Jugendlichen am Übergang von der Schule in den Beruf Hilfen anbieten, wurden in den vergangenen Jahren zusätzliche Finanzierungsquellen geschaffen, auf die sich dieser Beitrag hauptsächlich beziehen wird.

Es ist in diesem Bereich ein System an unterschiedlichen Angeboten entstanden, das zwar immer weiter ausgebaut worden ist, jedoch hinsichtlich seiner Akteure, Handlungsfelder, Programme und Fördermaßnahmen sehr vielfältig ist und oft unüberschaubar erscheint. Angesichts dieser Intransparenz und möglicherweise auch Ineffizienz der Angebote bei gleichzeitig sinkenden Schülerzahlen und geringeren Eintritten ins sogenannte „Übergangssystem" hat auf politischer

Ebene ein Umdenken eingesetzt, mit dem Ziel den Übergang neu zu gestalten. Die fachlichen Prämissen lauten nun:

- Frühzeitige Unterstützung von Jugendlichen bereits in der Schule, um Förderbedarf zu entdecken, Lernlücken zu verhindern und eine rechtzeitige (motivierende) Berufsorientierung zu ermöglichen.
- Angebote im „Übergangssystem", also dem Maßnahmenspektrum zwischen Schule und Eintritt in das Berufsleben, zukünftig bündeln und so weit wie möglich reduzieren.

In dem Bericht der ressortübergreifenden Arbeitsgruppe der Bundesministerien vom Dezember 2011 werden die Ziele für eine Neujustierung des ‚Übergangs Schule – Beruf' durch die Konzentration auf die Handlungsschwerpunkte wie folgt umrissen (‚Ressort-AG Übergang Schule – Beruf' 2011[1]):

Prävention I: frühzeitige Berufsorientierung:
- z. B. mit Potenzialanalysen, Praktika, Partnerschaften Betrieb-Schule;

Prävention II: Schulabschluss/Ausbildungsreife erreichen:
- Maßnahmen der Länder, ergänzend Berufseinstiegsbegleitung und berufsvorbereitende Maßnahmen;

Ausbildungsvermittlung:
- z. B. Verbesserung des Matchingprozesses in den Agenturen für Arbeit und Jobcentern, bei Kammern;

Berufsabschluss ermöglichen und erreichen:
- z. B. durch ausbildungsbegleitende Hilfen und ehrenamtliche Unterstützungsmaßnahmen, Unterstützung der Betriebe durch die Kammern, außerbetriebliche Berufsausbildung.

Finanzierungsinstrumente des Bundes (dazu zählen auch Leistungen der Bundesagentur für Arbeit) und der Länder sollten sich – den Empfehlungen dieses Berichts folgend – zukünftig auf diese Aufgaben beschränken.

---

[1] In dem Bericht findet sich eine Übersicht über alle relevanten Bundes- und Landesprogramme sowie SGB III/II Maßnahmen mit Stand vom Dezember 2011. http://www.bmas.de/DE/Themen/Aus-undWeiterbildung/Ausbildungsfoerderung/bericht-abstimmung-foerderprogramme.html (letzter Zugriff 03. 02. 2012).

Finanzierung von Angeboten im Bereich ‚Übergang Schule – Beruf'

Dieser Einblick in konzeptionelle Überlegungen der Bundesressorts verdeutlicht den ständigen Veränderungsprozess der finanziellen Fördermöglichkeiten im Bereich ‚Übergang Schule – Beruf'. Programme, die heute noch in der Praxis sehr relevant erscheinen, sind morgen unter Umständen beendet.

Im Folgenden sollen die unterschiedlichen Finanzierungsinstrumente und ihrer rechtlichen Rahmenbedingungen erläutert und eine Orientierung gegeben werden, für welche Handlungsbereiche diese eingesetzt werden könnten. Mit einigen grundsätzlichen Hinweisen zur Vorgehensweise bei der Identifizierung von Förderbedarf und der Beantragung von Fördermitteln werden abschließend mögliche Handlungsoptionen aufgezeigt.

3.1 Finanzierungsoptionen am ‚Übergang Schule – Beruf' und ihre rechtlichen Rahmenbedingungen

Angebote am ‚Übergang Schule – Beruf' werden vor allem von öffentlichen Stellen (Bundesagentur für Arbeit, Bund- und Länderministerien, Kommunen) finanziert und koordiniert, oft kofinanziert von der Europäischen Union, aber auch

Abbildung 1   Die verschiedenen Finanzierungsebenen

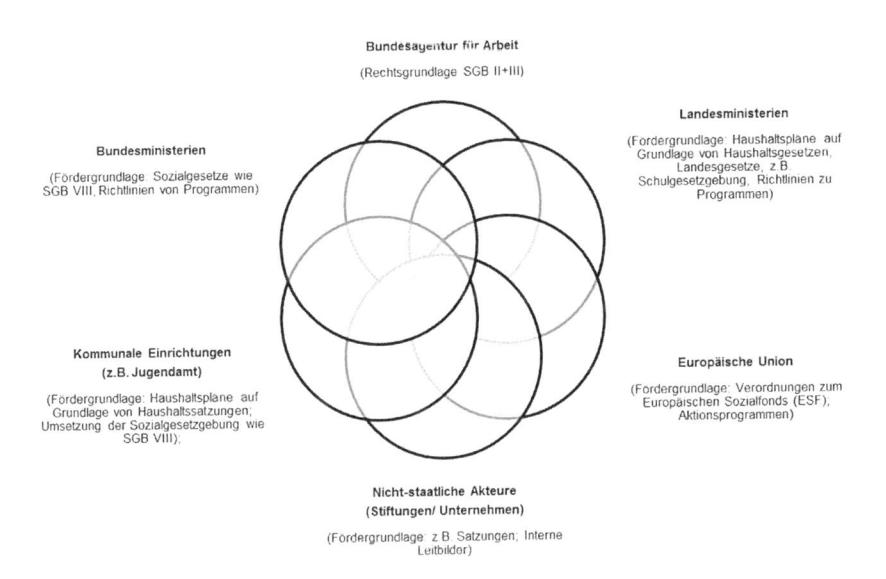

Bundesagentur für Arbeit
(Rechtsgrundlage SGB II+III)

Landesministerien
(Fördergrundlage: Haushaltspläne auf Grundlage von Haushaltsgesetzen, Landesgesetze, z.B. Schulgesetzgebung, Richtlinien zu Programmen)

Bundesministerien
(Fördergrundlage: Sozialgesetze wie SGB VIII, Richtlinien von Programmen)

Kommunale Einrichtungen
(z.B. Jugendamt)
(Fördergrundlage: Haushaltspläne auf Grundlage von Haushaltssatzungen; Umsetzung der Sozialgesetzgebung wie SGB VIII);

Europäische Union
(Fördergrundlage: Verordnungen zum Europäischen Sozialfonds (ESF); Aktionsprogrammen)

Nicht-staatliche Akteure
(Stiftungen/ Unternehmen)
(Fördergrundlage: z.B. Satzungen; Interne Leitbilder)

von privater Seite wie Stiftungen und Unternehmen. Die verschiedenen Finanzierungsinstrumente basieren dabei auf unterschiedlichen Fördergrundlagen und rechtlichen Rahmenbedingungen, aus denen sich i. d. R. ihre Einsatzmöglichkeiten erschließen (vgl. Abb. 1). Sehr häufig kommen für ein Projekt oder ein Programmangebot einer Einrichtung verschiedene Finanzierungsinstrumente gleichzeitig zum Einsatz (Mischfinanzierung).

Das übergeordnete Ziel, den Übergangsprozess von der Schule in den Beruf besser zu gestalten, kann durch ein Programm bzw. eine Haushaltslinie sehr umfassend oder sich auf einzelne Aspekte beziehend angestrebt werden. Die Förderprogramme sind folglich auf unterschiedliche Handlungsfelder ausgerichtet, wobei grob die Unterteilung in die Bereiche Schule, Berufsvorbereitung, Ausbildung, Übergang und Nachqualifizierung sinnvoll erscheint und auch Kombinationen von Handlungsfeldern möglich sind (vgl. Kretschmer & Amann et al. 2009).

Die wesentlichen – weil vom Finanzvolumina her am größten ausgestatteten – Instrumente, mit denen Angebote und Programme finanziert werden, sind rechtlich in der Sozialgesetzgebung der Bundesrepublik Deutschland verankert. Während das Sozialgesetzbuch *(SGB) III* sämtliche Leistungen und Maßnahmen zur Arbeitsförderung regelt sowie Leistungen im Bereich der Berufsausbildung, Berufsorientierung und -vorbereitung, umfasst das *SGB II* die Grundsicherung für Arbeitsuchende, zu der auch Leistungen zur Eingliederung in Arbeit zählen. Im Rahmen von Gesetzesänderungen unterliegen diese Rechtskreise einem permanenten Anpassungsprozess, um den Entwicklungen auf dem Ausbildungs- und Arbeitsmarkt gerecht zu werden. Finanziert werden die SGB-III-Instrumente größtenteils über die Beiträge der sozialversicherungspflichtig Arbeitnehmer sowie der Arbeitgeber. Die Kosten für die SGB-II-Instrumente werden hingegen durch eine Kostenverteilung zwischen Bund, Ländern und Kommunen getragen (vgl. Oschmiansky & Kühl 2011). Während sich das SGB II und III auf Arbeitsuchende im Allgemeinen beziehen und nur einzelne Instrumente an junge Menschen gerichtet sind, werden in den Regelungen zur Kinder- und Jugendhilfe im *SGB VIII* explizit Interventionen der Jugendsozialarbeit aufgeführt, die vorsehen, für benachteiligte junge Menschen bei Bedarf sozialpädagogische Hilfen und berufsvorbereitende, Ausbildungs- und Beschäftigungsmaßnahmen zu fördern und anzubieten.

Die Sozialgesetzgebung ist jedoch nur ein Baustein der rechtlichen Rahmenbedingungen am „Übergang Schule – Beruf". So werden im Rahmen der *Schulgesetzgebung* der einzelnen Bundesländer Angebote unterbreitet, die sich explizit auf die Berufsvorbereitung beziehen. Da die Rechtsverordnungen der Bundesländer variieren, unterscheiden sich auch hier die Instrumente hinsichtlich ihrer Zugangsvoraussetzungen, Angebotsausrichtung und der Möglichkeit zum Erwerb von Abschlüssen (vgl. Kretschmer & Amann et al. 2009). Generell besteht eine große Vielfalt an Ansätzen von berufsvorbereitenden Schulen, die insbesondere bei fehlenden Ausbildungsplätzen eine wichtige Überbrückungsfunktion einnehmen können und als Ausbildungsstätten zunehmend in den Vordergrund rücken (vgl. BIBB 2007).

Förderungen durch die Europäische Union am ‚Übergang Schule – Beruf' erfolgen in der Regel durch Mittel aus dem *Europäischen Sozialfonds* (ESF). Bund und Länder stellen dazu eigene Programme auf, die sie zum Teil mit nationalen Mitteln aufstocken. Der ESF ist ein Instrument, welches ergänzend zur Bildungs- und Beschäftigungspolitik der Nationalstaaten Finanzhilfen bereitstellen, um u. a. Maßnahmen gegen Arbeitslosigkeit und neue Formen der Aus- und Weiterbildung zu fördern.

3.2 Finanzierung durch die Bundesagentur für Arbeit (SGB III und II)

Die Aufgaben nach SGB III liegen in der Verantwortung der Bundesagentur für Arbeit (BA) und deren regionalen bzw. lokalen Geschäftsstellen, den Agenturen für Arbeit, während die Umsetzung des SGB II durch die sogenannten Jobcenter erfolgt. Diese sind am häufigsten als eine gemeinsame Einrichtung der regionalen Agentur für Arbeit und des kommunalen Trägers organisiert. 110 Kommunen haben sich dazu entschieden, diese Aufgaben alleine wahrzunehmen (Optionskommunen).

Bei den Aufgaben der Bundesagentur für Arbeit ist nach Leistungen zu unterscheiden, die die Agenturen selbst anbieten und solchen, mit deren Umsetzung Dritte beauftragt werden bzw. sich die Bundesagentur finanziell beteiligt.

Zu den Leistungen, die die Agenturen selber durchführen, zählen die Berufsberatung und der Vermittlungsservice für Ausbildungs- und Arbeitsplätze. Diese Leistungen stehen grundsätzlich allen Interessierten offen. Die Berufsberaterinnen und Berater kooperieren darüber hinaus mit den Schulen und bieten dort direkt Sprechstunden für Schülerinnen und Schüler an.

Im Bereich des ‚Übergangs Schule – Beruf', der durch Dritte umgesetzt wird, stehen im SGB III eine Reihe von Instrumenten zur Verfügung, die in der Instrumentenreform des SGB III zum 1. April 2012 im *Abschnitt A3: Berufswahl und Berufsausbildung* in fünf Unterabschnitten neu zusammengefasst wurden:

- Übergang von der Schule in die Berufsausbildung
- Berufsorientierungsmaßnahmen (§ 48) und
- Berufseinstiegsbegleitung (§ 49)
- Berufsvorbereitung (§§ 51–55)

- Berufsvorbereitende Bildungsmaßnahmen einschließlich
- Vorbereitung auf den Hauptschulabschluss
- Einstiegsqualifizierung (§ 54a)
- Berufsausbildungsbeihilfe (§§ 56–72)
- Berufsausbildung (§§ 73–80)
- Zuschüsse zur Ausbildungsvergütung (schwer-)behinderter Menschen (§ 73)
- Unterstützung und Förderung der Berufsausbildung (§ 74)
- Ausbildungsbegleitende Hilfen (AbH; § 75)
- Außerbetriebliche Berufsausbildung (BaE; § 76)
- Förderung von Jugendwohnheimen (§§ 80a u. 80b).

Wichtige inhaltliche Neuerungen: Die Berufsorientierungsmaßnahmen sollen zukünftig in ihrer Ausgestaltung die Bedürfnisse von Schülerinnen und Schülern mit sonderpädagogischem Förderbedarf und von schwerbehinderten Schülerinnen und Schülern stärker berücksichtigen, und die Einstiegsqualifizierung wurde als Regelinstrument in das Gesetz aufgenommen.

Die sogenannte „freie Förderung" (§ 16 f SGB II) kann nun nicht nur für Langzeitarbeitslose, sondern auch für Jugendliche unter 25 Jahren, deren berufliche Eingliederung aufgrund von schwerwiegenden Vermittlungshemmnissen besonders erschwert ist und bei denen andere Eingliederungsleistungen im Zeitraum von in der Regel sechs Monaten voraussichtlich nicht zum Erfolg führen werden (Negativprognose), eingesetzt werden. Im Rahmen dieser Förderung sind vielfältige Gestaltungsmöglichkeiten von Angeboten möglich.

Während die Angebote der Berufsorientierung an Schulen in der Regel von allen jungen Menschen in Anspruch genommen werden können, müssen für die anderen Leistungen nach SGB III/II individuelle Fördervoraussetzungen erfüllt werden. Handelt es sich beispielsweise um einen Zuschuss zum Lebensunterhalt während einer Ausbildung, so muss über Einkommensnachweise u.ä. der individuelle finanzielle Bedarf nachgewiesen werden. Die Teilnahme an Maßnahmen setzt in der Regel einen besonderen Förderbedarf voraus. So beziehen sich die Angebote generell auf Hilfestellungen bei:

- Lücken und Lernschwierigkeiten in der Fachtheorie und Fachpraxis
- Sprachproblemen
- Problemen im sozialen Umfeld
- Problemen im Betrieb
- Problemen mit Prüfungen.

Nach § 45 SGB III werden darüber hinaus Aktivierungshilfen (Ah) speziell für Jüngere angeboten.

Diese sollen ein niederschwelliges Angebot im Vorfeld von Ausbildung, Qualifizierung und Beschäftigung darstellen und richten sich an Jugendliche, die auf andere Weise nicht für eine berufliche Qualifizierung motiviert werden können. Über die Gewährung von Leistungen entscheidet der jeweils zuständige Berufsberater bzw. Arbeitsvermittler, der ebenfalls beratende Aufgaben wahrnimmt. Auch wenn ein junger Mensch in den Zuständigkeitsbereich des SGB II fällt („Hartz-IV-Bezieher"), kann er Angebote analog des Leistungskatalogs in SGB III in Anspruch nehmen.

3.2.1 Wie funktioniert der Weg zur Förderung für Dritte?

Als öffentlicher Auftraggeber ist die Bundesagentur für Arbeit gesetzlich dazu verpflichtet, alle Aufträge zur Deckung ihres Bedarfs an Dienstleistungen (z. B. Maßnahmen für junge Menschen) im Rahmen von Ausschreibungen zu vergeben. In einer auf der Internetplattform veröffentlichten ‚Terminschiene' können Interessierte für das laufende Jahr eine Übersicht zu den geplanten bundesweit standardisierten Vergabeverfahren einsehen, die dann im Laufe des Jahres von den „Regionalen Einkaufszentren" ausgeschrieben werden. Darüber hinaus kann sich die Bundesagentur – ohne vorherige Ausschreibung – an Projekten Dritter (Land, Kommune, Schule) im Bereich der Berufsorientierung und der Berufseinstiegsbegleitung mit bis zu 50 % finanziell beteiligen. Des Weiteren können Träger für bestimmte Maßnahmen eine Zulassung beantragen[2]. Potentielle Leistungsempfänger erhalten von der zuständigen Arbeitsagentur bzw. Jobcenter einen Bildungsgutschein und können sich ein zugelassenes Angebot bei einem Träger auswählen.

Zur weiteren Vertiefung

Wer sich mit den Zielsetzungen und Regelungen der einzelnen Instrumente näher beschäftigen möchte, kann folgende Informationsquellen nutzen: Unter www.gesetze-im-internet.de wird vom Bundesministerium für Justiz und der juris GmbH für Interessierte nahezu das gesamte Bundesrecht zur Verfügung gestellt. Die Bundesagentur für Arbeit informiert ausführlich in ihrem Internetauftritt (www.arbeitsagentur.de) zum ‚Übergang Schule – Beruf'. Auf der ‚e-Vergabe-Plattform' unter www.evergabe-online.de sind alle ausgeschriebenen Arbeitsmarktdienstleistungen der BA aufgeführt. Angebote von Trägern mit und ohne Bildungsgutschein finden sich unter http://kursnet-finden.arbeitsagentur.de/kurs/.

---

2 siehe dazu §§ 178 ff. SGB III und www.azwv.de.

3.3 Finanzierung durch Bundesprogramme

In Ergänzung zu den verschiedenen Leistungen nach dem SGB II und III existieren eine Vielzahl an Bundesprogrammen, die eine finanzielle Förderung von Projekten im Handlungsbereich ‚Übergang Schule – Beruf' zur Verfügung stellen. Diese werden in der Regel durch Fördermittel aus dem Europäischen Sozialfonds (ESF) der Europäischen Union kofinanziert. So werden vom Bund mit Stand Dezember 2012 circa 17 Programme durchgeführt (vgl. ‚Ressort-AG Übergang Schule – Beruf' 2011), die sich an die Akteure im Handlungsfeld, wie z. B. Bildungsdienstleister, Träger der Jugendsozialarbeit, Kommunen und Betriebe oder direkt an die Zielgruppe, richten.

Folgende Bundesministerien setzen entsprechende Programme um:

- Bundesministerium für Arbeit und Soziales (BMAS)
- Bundesministerium für Bildung und Forschung (BMBF)
- Bundesministerium für Familie, Senioren, Frauen und Jugend (BMFSFJ)
- Bundesministerium des Inneren (BMI), hier der Beauftragte der Bundesregierung für die Neuen Bundesländer
- Bundesministerium für Verkehr, Bau- und Stadtentwicklung (BMVBS)
- Bundesministerium für Wirtschaft und Technologie (BMWi)
- Bundeskanzleramt (BK), hier die Beauftragte für Migration, Flüchtlinge und Integration
- sowie nachgeordnete Behörden, wie das Bundesinstitut für Berufsbildung (BIBB) und das Bundesamt für Migration und Flüchtlinge (BAMF).

Die verschiedenen Bundesprogramme weisen dabei teilweise Schnittstellen und Überschneidungen untereinander und zu den Förderinstrumenten nach SGB II und III auf. Während beispielsweise die Berufseinstiegsbegleitung als Regelinstrument der Arbeitsförderung (SGB III) in der Gesetzgebung verankert ist, wurde parallel das BMBF/BMAS-Sonderprogramm Berufseinstiegsbegleitung im Rahmen der Initiative ‚Bildungsketten' gestartet. Inhaltlich weitgehend identisch, sollten durch das Sonderprogramm zusätzliche Impulse zur Etablierung des Instruments gesetzt werden.

Bei den Bundesprogrammen handelt es sich um zeitlich begrenzte Instrumente, die sich in ihren Laufzeiten und Förderkonditionen unterscheiden können (vgl. Kretschmer & Amann et al. 2009). Die meisten von ihnen werden hauptsächlich aus dem Europäischen Sozialfonds (ESF) finanziert und enden zum Ablauf der aktuellen Förderperiode (2007–2013) spätestens im Dezember 2014. Die Vorbereitung für die neue ESF Förderperiode (2014–2020) hat inzwischen begonnen, und in der Vergangenheit zeigte sich, dass bewährte Förderinstrumente in modifizierter Form durchaus neu aufgelegt werden können. Der Trend scheint jedoch eher in Richtung auf „mehr Konzentration" und „weniger Programme" zu gehen, nähere Informationen dazu werden voraussichtlich ab Ende 2013 veröffentlicht.

Zur weiteren Vertiefung

Ein guter Überblick über die aktuellen Programme der verschiedenen Bundesministerien findet sich in der Förderdatenbank des Bundes (www.foerderdatenbank.de) und unter http://www.esf.de/portal/generator/1410/programmuebersicht.html. Die Mehrzahl der Bundesprogramme verfügt über eigene Internetplattformen, auf denen die wichtigsten Informationen zu den Fördermodalitäten, Antragsfristen, bereits geförderten Projekten und interessanten Ergebnissen und Veranstaltungen abrufbar sind. Dort ist auch ersichtlich, ob ggf. weitere Ausschreibungsrunden eines Programms geplant sind.

3.4 Finanzierung durch Landesprogramme

Das Engagement der einzelnen Bundesländer am ‚Übergang Schule – Beruf' ist sehr vielschichtig ausgeprägt, je nach Ausgangssituation, und politischer Prioritäten. Dies liegt nicht zuletzt darin begründet, dass die Zielgruppe der jungen Menschen am ‚Übergang Schule – Beruf' sehr heterogen ist. Dies lässt sich nicht nur an den unterschiedlichen oder nicht vorhandenen Schulabschlüssen festmachen, sondern auch an den unterschiedlichen Bedarfen (vgl. Werner & Neumann & Schmidt 2008). Die Landesprogramme können in zwei Hauptkategorien unterteilt werden: Sie haben entweder zum Ziel, fehlende Ausbildungsplätze zu kompensieren oder sie richten sich an spezifische Zielgruppen (vgl. ‚Ressort-AG Übergang Schule – Beruf' 2011). Aufgrund der demografischen Entwicklung und der in manchen Berufsfeldern rückläufigen Bewerberzahlen auf Ausbildungsplätze laufen die Programme zur Kompensation fehlender Ausbildungsplätze inzwischen aus.

Einer Übersicht der ‚Ressort-AG Übergang Schule – Beruf' zu Folge existierten allein bis März 2011 insgesamt 142 Landesprogramme, die in den Handlungsfeldern Schule, Berufsvorbereitung und Ausbildung angesiedelt waren. Die Landesprogramme werden wie beim Bund häufig mit Mitteln aus dem ESF finanziert. Auch hier ergibt sich oftmals eine enge Verknüpfung oder Überschneidung mit Bundesprogrammen und teilweise auch mit den Förderinstrumenten nach SGB III/II und nach SGB VIII.

Die Umsetzung auf Landesebene erfolgt von Land zu Land, von Ressort zu Ressort[3] unterschiedlich. Oft sind Dritte mit der fördertechnischen Beratung und Abwicklung betraut: nachgeordnete Behörden wie Landesversorgungsämter, Investitionsbanken der Länder, Landesgesellschaften oder private Projektträger. Und auch hier gilt, dass je nach Programm, in der Regel im Rahmen von Richtlinien, unterschiedliche Förderkonditionen, Laufzeiten und Antragsmodalitäten vorzufinden sind.

Zur weiteren Vertiefung

Einen aktuellen Überblick über die verschiedenen Programme der Länder am ‚Übergang Schule – Beruf' liefert die Internetplattform LänderAKTIV im Rahmen des Good Practice Center des Bundesinstituts für Berufsbildung (www.laenderaktiv.de). Hier können Interessierte bundeslandspezifisch nach entsprechenden Förderprogrammen und Projekten in den unterschiedlichen Handlungsfeldern suchen und erste Informationen (z. B. Förderziel, Laufzeit usw.) erhalten. Eine freie Suche nach Fördermöglichkeiten über Schlagwörter in einschlägigen Suchmaschinen kann sich ebenfalls lohnen, da viele Informationen im Internet zur Verfügung gestellt werden.

3.5 Finanzierung auf kommunaler Ebene

Eine Beschreibung der kommunalen Förderung am ‚Übergang Schule – Beruf' wird im Gegensatz zu den vielen Bundes- und Landesprogrammen dadurch erschwert, dass es eine noch größere Vielfalt an Umsetzungsmöglichkeiten vor dem Hintergrund unterschiedlicher kommunaler Rahmenbedingungen und struktureller Merkmale gibt: „Nicht nur dass Landkreise vs. kreisfreie Städte und ARGEn vs. optierende Kommunen unterschiedliche Ansätze verfolgen und Rahmenbedingungen aufweisen können, auch innerhalb der Kommunen können eine Vielzahl von Akteuren mit Benachteiligtenförderung befasst sein, z. B. Jugendämter, Schulämter oder Wirtschaftsförderung" (Kretschmer & Amann et al. 2009, 39).

Die Kommunen sind in ihren Einnahmen von den Entscheidungen der Bundes- und Landesebene sowie der wirtschaftlichen Entwicklung abhängig (vgl. Bogumil & Holtkamp 2006), und durch sinkende (Steuer-)Einnahmen und steigende Sozialausgaben ist der finanzielle Handlungsspielraum in den meisten Kommunen gering. Eigene Förderprogramme können die wenigsten Kommunen finanzieren, und auch die Förderung von Maßnahmen im Rahmen der Kinder- und Ju-

---

3 Siehe dazu beispielhaft die Aufzählung der verschiedenen Bundesressorts in Abschnitt 3.

gendhilfe nach SGB VIII, hier insbesondere § 13 Jugendsozialarbeit, wird – da es sich um freiwillige Leistungen handelt – vor diesem Hintergrund kaum oder nur wenig angewandt. Dennoch könnten auf dieser Grundlage finanzielle Mittel in den kommunalen Haushalt eingestellt werden, hierfür sind jedoch entsprechende politische Prioritäten der kommunalen Entscheidungsträger und der auf kommunaler Ebene vertretenen Parteien erforderlich.

Die Kommunen sind deshalb eher daran interessiert, sich an Bundes- oder Landesprogrammen zu beteiligen und ggf. Initiativen und Programme aus den ihnen zur Verfügung stehenden Haushaltsmitteln mitzufinanzieren. Dies stellt für viele Projekte eine sehr wichtige Hilfe dar, ohne die sie ihr Vorhaben nicht umsetzen könnten.

3.6 Finanzierung durch EU-Programme

Neben dem Europäischen Sozialfonds (ESF), der im Rahmen der verschiedenen Bundes- und Landesprogramme umgesetzt wird, existiert eine kleinere Anzahl von Programmen, die direkt aus Brüssel von der Europäischen Kommission bzw. damit betrauter Nationalagenturen umgesetzt werden.

Im EU-Programm ‚Lebenslanges Lernen' (2007–2013) sind zwei Unterprogramme für den Bereich ‚Übergang Schule – Beruf' nutzbar: COMENIUS für Schulen und LEONARDO DA VINCI für die berufliche Bildung. Gefördert werden vorrangig Mobilitätsprojekte, aber auch Vorhaben zur Stärkung der Partnerschaften zwischen Einrichtungen verschiedener EU-Mitgliedstaaten und sogenannte Innovationstransferprojekte.

Im EU-Programm JUGEND IN AKTION werden seitens der EU Fördermittel zur Verfügung gestellt, um junge Menschen in ihrem gesellschaftspolitischem Engagement zu stärken und ihnen zu mehr Zusammenarbeit in Europa zu verhelfen. Gefördert werden beispielsweise Jugendbegegnungen, lokale Projekte von selbstorganisierten Jugendinitiativen, Trainings sowie der Europäische Freiwilligendienst. In jedem Jahr gibt es mehrere Antragsfristen, die Fördersummen sind zum Teil relativ niedrig, wie etwa bei dem Teilprogramm „Jugendinitiativen", und dienen vorrangig dazu, zusätzliche Sachkosten u. ä. zu decken.

Zur weiteren Vertiefung

Interessierte können sich an die jeweils zuständige Nationale Agentur in Deutschland wenden, die weiterführende Informationen zu den Programmen, deren Zielen und Fördermodalitäten zur Verfügung stellt. Für COMENIUS: Nationale Agentur im Pädagogischen Austauschdienst

(NA im PAD) der Kultusministerkonferenz www.kmk-pad.org, für LEONARDO DA VINCI: Nationale Agentur beim Bundesinstitut für Berufsbildung (NA BIBB) http://www.na-bibb.de/start.html.
Interessierte am Programm ‚JUGEND IN AKTION' können sich über die Fördervoraussetzungen bei der eingerichteten deutschen Agentur JUGEND IN EUROPA erkundigen und beraten lassen (www.jugend-in-aktion.de).

3.7 Finanzierung durch Stiftungen/Sponsoring

Neben der Vielzahl an Akteuren und Finanzierungsmöglichkeiten des öffentlichen Sektors engagieren sich zunehmend private und privatwirtschaftliche Akteure wie Unternehmen und Stiftungen am ‚Übergang Schule – Beruf'. Unter dem Begriff ‚Corporate Social Responsibility' (CSR) bzw. Unternehmerische Gesellschaftsverantwortung werden freiwillige Aktivitäten der Wirtschaft zusammengefasst, die einen Beitrag zur Lösung bzw. Bewältigung sozialer und ökologischer Probleme in ihrem lokalen Umfeld leisten. Insbesondere große Unternehmen engagieren sich zunehmend und haben nicht selten eigene Stiftungen eingerichtet (z. B. Deutsche Telekom Stiftung, Robert Bosch Stiftung, Audi Stiftung für Umwelt GmbH), die gesellschaftliche Verantwortung im Namen des Unternehmens übernehmen und eigene Programme einrichten.

Die Zahl der Stiftungen ist in Deutschland in den letzten Jahren erheblich gestiegen[4]. Die deutsche Stiftungslandschaft ist sehr vielfältig: Stiftungen unterscheiden sich nicht nur in ihren Bereichen des Engagements, sondern auch hinsichtlich ihrer Vermögensausstattung und ihrer Rechtsformen. Die Thematik der beruflichen Aus- und Weiterbildung ist ein Bereich unter vielen, in denen Stiftungen tätig sind. In einer Untersuchung des BMBF aus dem Jahr 2008 wird sich mit der Bedeutung dieses Handlungsfeldes näher beschäftigt und verdeutlicht, dass sich Stiftungen im überwiegenden Maße auf die Begabten- und Benachteiligtenförderung von jungen Menschen beziehen (vgl. Lücke et al. 2008). Der Vorteil in der Zusammenarbeit mit Stiftungen und Unternehmen liegt unter Umständen im schnelleren und unbürokratischeren Vorgehen gegenüber den staatlichen Finanzierungsinstrumenten. Für Interessierte ist es besonders wichtig, sich über den Stiftungszweck und das Förderprofil einer Stiftung zu informieren, bevor eine Zusammenarbeit angestrebt wird. Nicht jede Stiftung schreibt Förderprogramme aus.

---

4   Allein im Jahr 2011 wurden nach Angaben des Bundesverbandes Deutscher Stiftungen 817 rechtsfähige Stiftungen neu gegründet (vgl. BvDS 2012).

Insbesondere größere und namhafte Stiftungen arbeiten vorrangig operativ und setzen eigene Vorhaben zusammen mit Projektpartnern um. Initiativen und Projekte Dritter werden seltener gefördert – und auch dann nur, wenn sie mit den Stiftungszielen übereinstimmen.

> **Zur weiteren Vertiefung**
>
> Einen ersten Überblick über die vielfältige Stiftungslandschaft bietet das Stiftungsverzeichnis des Bundesverbands Deutscher Stiftungen (www.stiftungen.org). Dort erhalten Interessierte nicht nur eine Auflistung von Stiftungen, sondern auch Tipps anhand welcher Kriterien die passende Stiftung zu finden ist. Zum Thema „CSR" finden sich nützliche Hinweise unter http://www.csr-in-deutschland.de/.

3.8 Ausblick und Empfehlungen

Anhand der verschiedenen Finanzierungsebenen am ‚Übergang Schule – Beruf' wurde deutlich, dass vielseitige Möglichkeiten bestehen, Fördermittel zu beantragen. Die Finanzierungsmodalitäten können sich dabei sehr unterschiedlich gestalten: Während Bundes- und Landesprogramme in der Regel eine Projektförderung über einen zeitlich begrenzten Raum ermöglichen, gibt es auch einzelne Finanzierungsinstrumente, die im Rahmen der Gesetzgebung dauerhaft verankert sind und quasi laufend zur Verfügung stehen. Außerdem ist zu beachten, dass es eine Unterscheidung zwischen Soll- und Kann-Leistungen gibt. Im Einzelfall bedarf es deshalb immer einer Prüfung der individuellen Voraussetzungen, ob tatsächlich eine Leistung zu erbringen ist, und nicht immer ist dies eindeutig festzustellen oder aber es ist eine Ermessensentscheidung der zuständigen Ansprechpartner. Nicht zuletzt spielen hier – gerade auf kommunaler Ebene – die zur Verfügung stehenden Haushaltsmittel eine wichtige Rolle bei der Entscheidungsfindung. Neben den Leistungen auf der Basis von Sozialgesetzbüchern können auch Haushaltsmittel eingesetzt werden, die oft als „freie Förderung" bezeichnet werden und über deren Vergabe z. B. kommunale Verwaltungen und Landesministerien bestimmen können. Anders als bei der „freien Förderung" nach § 16 f. SGB II sind hier keine inhaltlichen Vorgaben, sondern nur haushaltsrechtliche Bestimmungen zu beachten. Auch hier ist entscheidend, ob Mittel vorhanden sind und die vorgetragene „Projektidee" das Interesse der zuständigen Stelle findet.

Hinsichtlich des Finanzierungsbedarfs kann nach zwei Kategorien unterschieden werden:

- Förderangebote für die individuelle Einzelperson
- Förderung eines (Teil-)Projektes im Rahmen der eigenen Arbeit einer Einrichtung oder eines Trägers

Je nachdem, welcher Bedarf zutrifft, sind unterschiedliche Informations- und Beantragungswege zu beschreiben. Für das Handlungsfeld der Schulsozialarbeit ist in diesem Zusammenhang relevant, welche Leistungen und Förderungen insgesamt genutzt werden können und welche Stellen für die Gewährung zuständig sind.

Die folgende Tabelle gibt dazu einen Orientierungsrahmen, hier am Beispiel von Förderungen im Rahmen des SGB III und II, der ein prinzipielles Vorgehen veranschaulicht:

Tabelle 1 Orientierungsrahmen zur Finanzierung von Maßnahmen

Für wen?	Angebot	Finanzierungsgrundlage	Zuständige Stelle	Verfahren
Einzelperson	Einstiegsqualifizierung	§ 54a SGB III	Berufsberatung der Agentur für Arbeit oder bei Hartz IV-Bezug: Jobcenter	Klärung zwischen Berater und Jugendlichem zu Teilnahmeberechtigung und Einsatzstelle, Betrieb kann Antrag auf Zuschuss zur Praktikumsvergütung stellen.
Projekt/Träger	Aktivierungshilfe	§ 45 SGB III	Agentur für Arbeit oder Jobcenter	Ausschreibung einer Maßnahme oder Finanzierung über Gutschein. Dieser wird dem Anspruchsberechtigten ausgestellt, der sich im Anschluss eine passende Maßnahme auswählen kann. In jedem Fall muss der Anbieter einer Maßnahme ein Zulassungsverfahren nach AZAV* durchführen.
Projekt/Träger	Berufseinstiegsbegleitung	§ 49 SGB III	Agentur für Arbeit	Die Vergabeverfahren/Ausschreibungen für Träger sind regional geregelt. Die Antragsfristen und Konditionen können daher variieren.

* Verordnung über die Voraussetzungen und das Verfahren zur Akkreditierung von fachkundigen Stellen und zur Zulassung von Trägern und Maßnahmen der Arbeitsförderung nach dem Dritten Buch Sozialgesetzbuch (Akkreditierungs-und Zulassungsverordnung Arbeitsförderung – AZAV), siehe auch http://www.arbeitsagentur.de/nn_164936/zentraler-Content/A05-Berufl-Qualifizierung/A052-Arbeitnehmer/Allgemein/Akkreditierung-und-Zulassung-ab-2012-04-01.html.

Grundsätzlich empfiehlt sich für an Förderung Interessierte, sich bereits mit einer konkreten Projektidee auf die Suche zu begeben. Es ist wichtig, ein klares Ziel vor Augen zu haben sowie an einer konkreten Fragestellung anzusetzen, zu der bereits Ideen zur Operationalisierung entwickelt worden sind. Nur so können die verschiedenen Finanzierungsebenen nach passenden Förderprogrammen, rechtlich verankerten Finanzierungsinstrumenten oder Haushaltsmitteln durchforstet werden. Zu beachten ist außerdem der jeweilige zeitliche Rahmen von Ausschreibungen. Es ist empfehlenswert, sich über Newsletter und Homepages zu geplanten Ausschreibungsrunden oder neu aufgelegten Programmen kontinuierlich zu informieren.

Die abschließende Darstellung zeigt eine allgemeine Vorgehensweise zur Antragsstellung von Projekten auf und kann als Checkliste genutzt werden:

1. Projektidee entwickeln

☐ An welcher Fragestellung soll angesetzt werden?
☐ Welches Ziel wird mit dem Projekt verfolgt?
☐ Wie begründet sich der Handlungsbedarf?
☐ Welche Maßnahmen sind vorgesehen, um das skizzierte Ziel zu erreichen?
☐ Ist bei der Durchführung des Projektes eine Kooperation mit anderen Partnern sinnvoll?
☐ Wie kann der Transfer guter Ergebnisse gesichert werden und das Projekt im Anschluss an die Förderung ggf. fortgeführt werden?

2. Förderfähigkeit feststellen

☐ Welche Finanzierungsebene am ‚Übergang Schule – Beruf' könnte für die Projektidee von Interesse sein?
☐ Welche Inhalte und Projektvorhaben werden dort derzeit gefördert?
☐ Was sind die formalen Voraussetzungen für eine Förderung? Wer kann Zuwendungsempfänger sein?
☐ Welche Antragsfristen sind zu beachten?
☐ Kommt eine Unterstützung auch durch andere Fördermöglichkeiten in Betracht?
☐ Denn: Manche Förderungen müssen vorrangig eingesetzt werden. Auch wird oft eine Kofinanzierung benötigt.

3. Aus der Projektidee ein tragfähiges Konzept entwickeln

- ☐ Welche Voraussetzungen muss das Projektvorhaben erfüllen, um entsprechend des ausgewählten Finanzierungsinstruments gefördert werden zu können?
- ☐ Können offene Fragen oder Unklarheiten ggf. mit einem Ansprechpartner, der für die fördertechnische Umsetzung zuständig ist, geklärt werden? Gibt es ggf. einen Leitfaden zur Antragsstellung, an dem man sich orientieren kann?
- ☐ Bei der Ausdifferenzierung der Projektidee:
- ☐ Sind die inhaltlichen Angaben zum Projekt schlüssig?
- ☐ Sind Schwerpunkte und Ziele erkennbar?
- ☐ Wird der Mehrwert anhand der dargestellten Ausgangslage/des Handlungsbedarfs deutlich?
- ☐ Kann die fachliche und administrative Eignung des Antragstellers dargelegt werden?
- ☐ Wie gestaltet sich der Arbeits- und Zeitplan?
- ☐ Sind die Arbeitsschritte in sich schlüssig, angestrebte Projektergebnisse und der Umfang von Aktivitäten (z. B. Anzahl an Workshops) erkennbar und realistisch?
- ☐ Erarbeitung eines Finanzierungsplans:
- ☐ Welche Kosten entstehen und welche davon sind förderfähig, ggf. in welcher Höhe? Sind alle anfallenden Ausgaben berücksichtigt (z. B. Bezüge für das eigene Personal, Honorare, eigene Reisekosten, Sachausgaben wie Miete, Reisekosten für Teilnehmende)?
- ☐ Werden alle Kosten durch die Förderung getragen? Ist ggf. eine Kofinanzierung des Projektes zu beachten?

4. Antrag unter Beachtung der Formalien einreichen

- ☐ Vorhandene Formblätter und Kalkulationshilfen nutzen!
- ☐ Rechtzeitig prüfen, welche zusätzlichen (formalen) Unterlagen mit eingereicht werden müssen!
- ☐ Fristen einhalten!

Literatur

Artelt, Cordula & Baumert, Jürgen et al. (2001): *PISA 2000 – Zusammenfassung zentraler Befunde.* Max-Planck-Institut für Bildungsforschung (Hrsg.). Verfügbar unter: http://www.mpib-berlin.mpg.de/Pisa/ergebnisse.pdf (letzter Zugriff: 24.04.2012).
Beicht, Ursula & Granato, Mona (2010): *Ausbildungsplatzsuche: Geringere Chancen für junge Frauen und Männer mit Migrationshintergrund.* In: BIBB Report Heft 15/2010.
BIBB – Bundesinstitut für berufliche Bildung (Hrsg.) (2007): *Aktuelle Tendenzen in der schulischen Berufsvorbereitung. Eine Expertise des Instituts für Berufspädagogik und Erwachsenenbildung – Fachgebiet für Sozialpädagogik – an der Leibniz Universität Hannover für das Good Practice Center zur Förderung von Benachteiligten in der beruflichen Bildung (GPC).* Verfügbar unter: www.good-practice.de/expertise_schulische_berufsvorbereitung.pdf (letzter Zugriff: 17.01.2012).
Bogumil, Jörg & Holtkamp, Lars (2006): *Kommunalpolitik und Kommunalverwaltung. Eine policyorientierte Einführung.* Wiesbaden: VS Verlag für Sozialwissenschaften.
BvDS (Bundesverband Deutscher Stiftungen) (2012): *Stiftungssektor stabil auf Wachstumskurs.* Pressemitteilung vom 02.02.2012. Verfügbar unter: www.stiftungen.org/de/news-wissen/news/detailseite-news.html?tx_leonhardtdyncontent_pi1[cat]=1&tx_leonhardtdyncontent_pi1[mode]=top1&tx_leonhardtdyncontent_pi1[id]=1914 (letzter Zugriff: 06.02.2012).
Kretschmer, Susanne & Amann, Ulrike et al. (2009): *Gutachten zur Systematisierung der Fördersysteme, -instrumente und -maßnahmen in der beruflichen Benachteiligtenförderung.* Bundesministerium für Bildung und Forschung (Hrsg.), Band 3 der Reihe Berufsbildungsforschung. Verfügbar unter: http://www.bmbf.de/pub/band_drei_berufsbildungsforschung.pdf (letzter Zugriff: 16.01.2012).
Lücke, Carina et al. (2008): *Stiftungen im Kontext beruflicher Aus- und Weiterbildung – Status Quo, Entwicklungen und innovative Ansätze.* Bundesministerium für Bildung und Forschung (Hrsg.), Band 7 der Reihe Berufsbildungsforschung. Verfügbar unter: www.bmbf.de/pub/band_sieben_berufsbildungsforschung.pdf (letzter Zugriff 06.02.2012).
Oschmiansky, Frank & Kühl, Jürgen (2011): *Finanzierungskonzepte.* Verfügbar unter: http://www.bpb.de/themen/NVFJDQ,3,0,Debatten_um_Finanzierungskonzepte.html#art3 (letzter Zugriff: 26.03.2012).
‚Ressort-AG Übergang Schule – Beruf' (2011): *Bericht der ressortübergreifenden Arbeitsgruppe zur besseren Abstimmung der verschiedenen Programme und Förderinstrumente für junge Menschen.* Verfügbar unter: www.bmas.de/SharedDocs/Downloads/DE/PDF-Meldungen/bericht-zur-besseren-abstimmung-foerderprogramme.pdf?__blob=publicationFile (letzter Zugriff: 03.02.2012).
Spies, Anke & Pötter, Nicole (2011): *Soziale Arbeit an Schulen. Einführung in das Handlungsfeld Schulsozialarbeit.* In: Spies, Anke & Pötter, Nicole (Hrsg.): Beiträge zur Sozialen Arbeit an Schulen. Band 1. Wiesbaden: VS Verlag für Sozialwissenschaften.

Werner, Dirk, Neumann, Michael & Schmidt, Jörg (2008): *Volkswirtschaftliche Potenziale am Übergang von der Schule in die Arbeitswelt. Eine Studie zu den direkten und indirekten Kosten des Übergangsgeschehens sowie Einspar- und Wertschöpfungspotenzialen bildungspolitischer Reformen. Kurzfassung.* Verfügbar unter: http://www.bertelsmann-stiftung.de/bst/de/media/xcms_bst_dms_26141_26188_2.pdf (letzter Zugriff: 26.03.2012).

4 Kommunale Koordinierung im Übergang in die Arbeitswelt: die Schule als Partnerin

Wilfried Kruse

Dass der Übergang von der Schule in die Arbeitswelt für viele Jugendliche schwierig ist – und dass etwas getan werden muss: dieser Einsicht konnte sich im Verlaufe der lang andauernden Krise auf dem Ausbildungsmarkt nahezu niemand verschließen. Dabei kamen die regionale und immer stärker auch die lokale Handlungsebene in den Blick, der man sich zuwandte, weil sie nah bei den Lebenswelten waren.

In diesem Zusammenhang kamen die Städte und Landkreise ins Spiel, weil nicht gelingende berufliche Integration erhebliche negative Folgen für das Gemeinwesen nach sich zieht. Im Blick waren dabei vor allem nahezu ausschließlich die sogenannten benachteiligten Jugendlichen, deren Schwierigkeiten beim Übergang in die Arbeitswelt zunächst vor allem auf deren Defizite in Leistung und Verhalten zurück geführt wurden. So entstanden an verschiedenen Orten in Deutschland – unterstützt durch eine Reihe von Förderprogrammen vor allem des Bundes, aber auch einzelner Länder – vor ungefähr einem Jahrzehnt Vorläufer dessen, was nun zumeist Kommunale Koordinierung[1] genannt wird.

---

1 Dieser Begriff und seine Popularisierung gehen vor allem auf die *Weinheimer Initiative* zurück, die sich auf Anregung der Freudenberg Stiftung gebildet hatte, und die 2007 mit der *Weinheimer Erklärung* an die Öffentlichkeit trat, in der Grundsätze einer tragfähigen lokalen Übergangsgestaltung formuliert waren. Auf dieser Basis haben sich wenig später ca. 20 Städte und Landkreise, die im Feld der lokalen Übergangsgestaltung *Pioniere* sind, zur *Arbeitsgemeinschaft Weinheimer Initiative* zusammen geschlossen, unterstützt von Stiftungen und Experten.

4.1 Koordinierung des Übergangs Schule – Arbeitswelt: eine kommunale Aufgabe?[2]

Federführende Koordinierung der Aktivitäten im Übergang von der Schule in die Arbeitswelt gehört nach bislang üblicher Definition nicht zu den kommunalen Pflichtaufgaben, sondern wird „freiwillig" von ihnen übernommen. Diese Zuordnung ist besonders kritisch zu bewerten, wenn akute kommunale Finanznot herrscht oder Städte sich sogar unter Haushaltsaufsicht befinden.

Man kann „systemisch" gute Argumente für die koordinierende Rolle der Kommunen bei den Übergängen von der Schule in den Beruf anführen. Zum Beispiel argumentiert Luthe: „Unternehmen sorgen für die Qualifizierung ihrer Mitarbeiter, Schulen für die Grundbildung der Schüler, Fallmanager für die Integration in den Arbeitsmarkt usw. und im Idealfall sorgen Bürgermeister und Landräte dafür, dass all dies besser, schneller und mit spürbaren Auswirkungen auf die Prosperität ihrer Kommune geschieht" (Luthe 2009, 162).

Viele Städte und Landkreise haben sich mittlerweile mit dem Ziel besser gelingender[3] Übergänge von der Schule in die Arbeitswelt für eine Steuerung der Übergangsprozesse entschieden. Sie tun dies in zwei eng miteinander verknüpften Perspektiven: Zum einen aus der Verantwortung für die nachwachsende Generation in „ihrer Kommune", als Aufgabe der Herstellung gleichwertiger Lebensbedingungen der Bürger und Bürgerinnen und zum anderen, weil sie die Bedeutung von Bildung als (auch) ökonomischen Standortfaktor verstanden haben. Dabei verbinden sich also drei kommunale Politikbereiche: Sozialpolitik, Bildungspolitik und Wirtschaftspolitik.

Das Grundgesetz gibt den Kommunen nach Art. 28 Abs. 1 Satz 2 das Recht, „die Angelegenheiten der örtlichen Gemeinschaft eigenverantwortlich zu regeln". Das ist für den Übergang Schule – Arbeitswelt besonders wichtig. Allerdings sind im Rahmen des föderalen Aufbaus der Bundesrepublik Deutschland die Länder für die Gestaltung des Bildungssystems zuständig; dies gilt mit Ausnahme des betrieblichen Teils des „Dualen Systems" der beruflichen Bildung (Greinert 1998). Das vom Gesetzgeber an die Kammern als Körperschaften des öffentlichen Rechts übertragene Recht zur Überwachung der betrieblichen Berufsausbildung rückt demgegenüber die lokale oder regionale Ebene stärker in das Bewusstsein und die Handlungsperspektive, weil auch die Kammern eine regionale Organisations-

---

2 Die Argumentation dieses Abschnittes folgt weitgehend Kruse & Paul-Kohlhoff 2012.
3 Hier wird „gelingender" statt gelungener Übergang verwendet in Anlehnung an Thiersch (1992): „Das Ziel ist nicht der gelungene, sondern der gelingendere Alltag – also nur eine komparatistische Form. (…) Was heute als gelingenderer Alltag verstanden und behauptet werden kann, hat seine Wahrheit nur in der Dialektik von Erfüllung und Perspektive" (36 f.).

struktur haben. Das gleiche gilt für die regionale Verortung und Organisationsstruktur der Arbeitsagenturen[4].

Zwar ist es plausibel und nachvollziehbar, dass auch die Bildungsbiografie von Kindern und Jugendlichen in einer Kommune zu den „Angelegenheiten der örtlichen Gemeinschaft" zählen müssten, weil eben misslingende Bildungsbiografien erhebliche Transferfolgen für die Kommunen haben und auch wesentlich die Lebensqualität der Bürger und Bürgerinnen betreffen. Die Trennung aber in die äußere und innere Schulträgerschaft lässt formal den Kommunen wenig Spielraum der Beeinflussung des Bildungsgeschehens. Auch der Umstand, dass in den Förderprogrammen des Bundes und der Länder der kommunalen Ebene zunehmend mehr Bedeutung zugemessen wird, hat bislang an den Unsicherheiten zur möglichen Reichweite der Steuerung durch kommunale Koordinierung wenig geändert. Denn: „Ausgangs- und Angelpunkt der von der überkommenen Lehre verfolgten Argumentation ist, dass die Bundesrepublik verfassungsrechtlich als zweistufiger Bundesstaat gebildet sei und damit (nur) der Bund und die Länder originäre Staatlichkeit und Staatsgewalt besäßen" (Wollmann 1999, 59). Befugnisse und Reichweite kommunaler Koordinierung beim Übergang von der Schule in die Arbeitswelt, obwohl faktisch in einem fortlaufenden Erprobungs- und Definitionsvorgang, sind also rechtlich und institutionell keineswegs geklärt oder gar eindeutig. Das gilt eben insbesondere auch für den unverzichtbaren Übergangspartner ‚Schule'.

Eine dauerhaft wirksame Wahrnehmung der Koordinierungsaufgabe setzt auch im Inneren der kommunalen Verwaltungen ein Umdenken, wenn nicht voraus, so doch in Gang. Ist es doch erforderlich, auch im Inneren der Kommunen Zuständigkeitsdenken durch das Prinzip der gemeinsam wahrgenommenen Verantwortung zu ersetzen, die berufliche und soziale Integration männlicher und weiblicher Jugendlicher zur Querschnittsaufgabe zu machen und als solche zu koordinieren.

Zugleich sind damit zwei nach Ebenen zu unterscheidende Handlungsbereiche angesprochen: die Steuerung des Einzelfalls als konkretes Unterstützungssystem für den Jugendlichen und die Steuerung der lokalen Rahmenbedingungen für einen gelingenderen Übergang aller Jugendlichen. Diese beiden unterschiedlichen Ebenen finden sich auch als unterschiedliche oder verbundene Orientierungen in den Handlungsperspektiven der beteiligten Kommunen wieder. Wende

---

4   Allerdings ist die Einteilung in Kammerbezirke nicht immer identisch mit den kommunalen Grenzen der Städte, Gemeinden und Landkreisen; dies gilt auch für die Bezirke der Agenturen für Arbeit.

z. B. bezieht dies „auf eine kohärente Ausrichtung der lokal vernetzten (...) Akteursstruktur" als Voraussetzung für gelingende kommunale Koordinierung (Wende 2010).

Die systematische Entfaltung solcher lokaler Partnerschaften im Sinne von „Verantwortungsgemeinschaft" ist also dem Steuerungsverständnis von „Kommunaler Koordinierung" nicht äußerlich, sondern eine ihrer substantiellen Bedingungen: „Kommunale Koordinierung bedeutet, dass Stadt oder Landkreis die Federführung bei der Gestaltung des Übergangs übernehmen. Kommunale Koordinierung bedeutet nicht, dass die Städte oder Landkreise selbst und allein alles das tun, was notwendig ist. Damit wären sie nicht nur überfordert, das wäre auch falsch. Vielmehr ist jeweils derjenige Akteur gefordert zu handeln, der es am besten kann, und zwar in Kooperation mit anderen. Die Formel lautet also: vernünftige Arbeitsteilung plus Kooperation! Koordinierung heißt also vor allem koordinierende Verantwortung auf Basis der lokalen Verantwortungsgemeinschaft (...)" (Kruse 2012, 31).

4.2 Auslaufmodell oder Daueraufgabe?

Nach Jahren einer immer systematischeren Arbeit am Aufbau einer brauchbaren lokalen Gestaltung des Übergangs Schule – Arbeitswelt ist gegenwärtig eine wichtige Wegmarke erreicht: auf der einen Seite sind die „Vorarbeiten" so weit gediehen, dass lokale Übergangsgestaltung zu einer Regelaufgabe werden könnte, auf der anderen Seite steht ihre Notwendigkeit, die ein Jahrzehnt lang nicht bestritten wurde, heute auf dem Prüfstand.

Auslöser hierfür ist die Entspannung auf dem Ausbildungsmarkt in Kombination mit dem vielbeschworenen Fachkräfteengpass, sowie eine zunehmend präventiv ausgerichtete Jugendsozialarbeit. Hier sind insbesondere der Ausbau der (schulischen) Berufsorientierung und diverse Schulstrukturreformen in verschiedenen Bundesländern zu nennen. Ergänzt wird dies durch Länderaktivitäten zur Systematisierung des Übergangs, wie sie sich insbesondere in dem Vorhaben „Übergänge mit System"[5] versammelt haben, das die Bertelsmann Stiftung gemeinsam mit acht Bundesländern und der Agentur für Arbeit betreibt.

Diese gesamte Debatte ist jedoch dadurch gefärbt, dass das aus der Vergangenheit kommende verengte Verständnis von Übergangsgestaltung als Benachteiligtenförderung beibehalten wird.

---

5 Vgl.: www.bertelsmann-stiftung.de/uems

Zwischenzeitlich hat sich aber das Verständnis der Übergangsproblematik und ihrer Gestaltung verändert – zumindest bei den koordinierungsaktiven Städten und Landkreisen.

Im Laufe der Jahre wurde das sozialpolitische Motiv für ein Engagement im Übergang („Niemand darf zurückbleiben") um ein bildungspolitisch eingefärbtes Standortmotiv ergänzt („Jede und jeder wird gebraucht"), das durch die Diskussion um Demografie und Fachkräftesicherung heute eine stärkere Aktualität erhält.

Damit stehen drei Verengungen, die das sogenannte „Übergangsmanagement" bislang charakterisiert hatte, zur Disposition:

- die den Defizitansatz befestigende Beschränkung der Aktivitäten auf die Hinführung der Jugendlichen bis an die 1. Schwelle, zugunsten eines Verständnisses von Übergang, das die Schwellen übergreift und von einem längeren übergangsbiografischen Prozess für die Mehrheit der Jugendlichen ausgeht;
- die auf die Jugendlichen und ihre Voraussetzungen fixierte Sichtweise, zugunsten einer Aufmerksamkeit gegenüber der Interaktion von persönlicher Entwicklung und den förderlichen oder hemmenden, Chancen eröffnenden oder Ausschließung begünstigenden Qualitäten der beteiligten Organisationen, und schließlich
- die dominante Benachteiligtenorientierung, zugunsten eines Verständnisses, nachdem die Übergänge in die Arbeitswelt in einem umfassenden Sinne problematisch geworden sind.

Warum ist davon auszugehen, dass es im Übergang von der Schule in die Arbeitswelt dauerhaft Herausforderungen und Probleme geben wird und nicht nur konjunkturell oder zwischenzeitlich?

Das hat im Wesentlichen fünf Gründe:

Der eine Grund ist: Schule und Arbeitswelt sind zwei ganz unterschiedliche gesellschaftliche Teilsysteme, die eigene Logiken und Entwicklungsdynamiken haben. Von daher gibt es hier immer eine Art Grundspannung, und es ist nicht davon auszugehen, dass man die beiden Teilsysteme in Zukunft passgenau aufeinander wird beziehen können. Von daher wird es am Übergang Schule – Arbeitswelt immer zu Schwierigkeiten kommen. Die Frage ist: Wie groß werden die Schwierigkeiten sein? Wie stark betreffen sie die einzelnen? Und: Welche sozialen Gruppen sind besonders betroffen?

Das Zweite ist: Wenn man neben Abitur und Studium den direkten Weg der Dualen Berufsausbildung für einen wichtigen, möglicherweise für den wichtigsten Weg hält, dann muss immer berücksichtigt werden, dass die Duale Berufsausbildung von ihren wesentlichen Charakteristika her vor allem Teil des Beschäftigungssystems ist und damit an einzelbetrieblichen Entscheidungen gebunden ist, was das Angebot an Ausbildungsplätzen und ihre Besetzung betrifft.

Die früheren „Königswege" des Übergangs, das ist der dritte Punkt, haben an prägender Kraft verloren. Die Jugendlichen und jungen Erwachsenen von heute haben es offenbar subjektiv viel schwerer als in der Vergangenheit, für sich den richtigen Weg zu finden, zugleich stellt sich auch die Sinnfrage stärker als früher: Was mache ich mit meinem Leben?

Viertens hat sich biografisch die Phase von Bildung und Ausbildung verlängert, wenn man als den Endpunkt des Übergangs eine Situation annimmt, in dem eine Person durch Arbeit ein eigenständiges Leben führen kann, sodass der alte Spruch „Erst die Ausbildung, dann das Leben" nicht mehr greift. Die wichtigen Lebensaufgaben reihen sich nicht mehr nacheinander, sondern sind gleichzeitig, was die persönlichen Lagen insgesamt wesentlich krisenanfälliger macht.

Schließlich – fünftens – bringen die veränderten Vorzeichen auf dem Arbeitsmarkt und der im Hintergrund drohende Fachkräftemangel zwar Entspannung, aber sie erledigen für bestimmte Jugendlichengruppen die Schwierigkeit, einen Ausbildungsplatz zu finden, nicht. Denn die Anforderungen, die Betriebe stellen, sind nach unten nicht beliebig elastisch.

In diesem fünffachen Sinne also bleibt Übergangsgestaltung eine Daueraufgabe. Das heißt: die systematische Einflussnahme darauf, dass den jungen Erwachsenen erfolgreiche Einstiege in die Arbeitswelt gelingen, bleibt eine zentrale dauerhafte und damit auch öffentliche Aufgabe. Dies kann die öffentliche Hand allerdings nicht allein, sondern nur in Kooperation mit Anderen bewältigen.

Die skizzierte Erweiterung und Differenzierung des Verständnisses von Übergang und demzufolge auch der Übergangsgestaltung kann immer noch vor allem aus der Perspektive von Arbeitsmarktpolitik gelesen werden, die sich nun aber immer stärker präventiv orientiert und hierfür stabile Kooperationsbezüge aufbaut. Neben dieser vom Arbeitsmarkt herkommenden Perspektive findet sich im Diskurs „vor Ort" eine andere Sichtweise, die das Übergangsgeschehen von den Bildungsbiografien her betrachtet, und demzufolge das Übergangsgeschehen als einen arbeitsmarktnahen Bildungsbereich versteht. Diese beiden Perspektiven schließen sich gegenseitig nicht aus; ihre Vermittlung im Zuge der Gestaltung der Übergänge Schule – Arbeitswelt stellt aber eine erhebliche Herausforderung dar – und eine wichtige Koordinierungsaufgabe vor Ort.

4.3 Benachteiligungssensible Übergangsgestaltung

Exklusiv auf Benachteiligung bezogene Sonderförderkreise und Sondermanagementsysteme werden zunehmend einer kritischen Überprüfung unterzogen, ohne dass das Ziel, Benachteiligung zu vermeiden, ihre Verfestigung zu verhindern, entstandene Benachteiligung abzubauen und die Ursachen für Benachteiligung zu beseitigen, aufgegeben wird. In einem solchen integrativen oder inklusiven Ansatz weicht Benachteiligtsein im Sinne eines fest zugeschriebenen Merkmals einem Verständnis von Benachteiligung als einem sozialen Prozess.

Deshalb stellt die benachteiligungssensible Gestaltung der Übergänge eine besondere Herausforderung dar: Auf der einen Seite darf sich das Übergangsmanagement also nicht auf die Benachteiligtenförderung reduzieren, auf der anderen Seite darf sich aber eine Übergangsgestaltung, die sich prinzipiell auf alle Jugendlichen bezieht, die Benachteiligtenproblematik nicht aus den Augen verlieren (vgl. hierzu auch Kruse & Paul-Kohlhoff 2011, 146 ff.).

Dabei muss insbesondere vermieden werden, dass sich der Benachteiligtenfokus starr auf bestimmte Gruppen von Jugendlichen richtet, weil es sich bei der Entstehung von Benachteiligungen um einen komplexen sozialen Prozess handelt, der unterschiedliche soziale Gruppen von Jugendlichen betreffen kann. Benachteiligung „wandert" und verändert sich auch im Laufe der sozialen Entwicklung einer Gesellschaft.

Ein ständiger kompetenter „Benachteiligungsfokus" wäre also auf die gesamte Entwicklung zu richten; er müsste alle Handlungsfelder beleuchten, und braucht eine entsprechende fachlich-strategische Kompetenz, also eine Art „Agentur". Dies kann man sich vor Ort im Grunde nur kooperativ vorstellen. Neben den Jugend- und Sozialämtern wären es vor allem die Träger der Jugendsozialarbeit, die Komponenten einer solchen „kooperativen Fokusagentur" oder eines „lokalen Kompetenzzentrums Benachteiligung" sein müssten. Sondierungen und Konzeptentwicklungen stünden also in einer engen Wechselwirkung zueinander. Der Typ von Wissen, um den es hier geht, reduziert sich nicht auf Bestandszahlen, sondern es geht vor allem um Prozesswissen, also um das Wissen über die Entstehung, Verfestigung, Lockerung und Beseitigung von sozialer Benachteiligung beim Zugang zu und im Bildungs- und Berufsbildungssystem, und um dessen praktische Konsequenzen.

4.4 Übergang als Lehrstück

Im Zuge von Systematisierung und Instrumentierung des Übergangsgeschehens (Stichworte: „Übergangsmanagement" oder „Bildungsketten") gerät leicht aus dem Blick, welche Erfahrungen Jugendliche im Übergang machen und damit die subjektive Seite des Geschehens. Gerade dort, wo man sich aktiv und intensiv auf die Schwierigkeiten des Übergangs einlässt, werden die Jugendlichen und jungen Erwachsenen im Übergang häufig vor allem als Adressaten von Maßnahmen betrachtet. Aber: Im Zentrum des Übergangsgeschehens stehen junge Erwachsene, die mit der Entscheidung für einen beruflichen Weg oder einen Bildungskorridor eine zentrale Weichenstellung in ihrer eigenständigen Lebensplanung vornehmen. Entscheidungen setzen dabei wählbare Optionen und Entscheidungsfähigkeit und eine persönliche Situation der Entscheidungsfindung ohne Nötigung voraus.

Hierzu heißt es z. B. in der „Hoyerswerdaer Erklärung" der Arbeitsgemeinschaft Weinheimer Initiative aus dem Jahr 2011: „Die Arbeitsgemeinschaft ‚Weinheimer Initiative' (…) sieht den jungen Erwachsenen als Subjekt des Übergangsgeschehens nicht nur als künftigen Auszubildenden oder Arbeitnehmer, sondern ganz wesentlich auch als junge Mitbürgerin bzw. als jungen Mitbürger. Die Erfahrungen, die die jungen Erwachsenen im Übergang machen, sind von daher zugleich und ganz wesentlich auch als Erfahrungen mit unserer Gesellschaft und ihren Umgang mit zentralen Werten zu verstehen. Der Umgang mit den jungen Menschen im Übergang muss deshalb von Anbeginn an und durchgehend durch Respekt vor ihrer eigenständigen Persönlichkeit und durch Solidarität geprägt sein.

Respekt und Wertschätzung übersetzen sich im Übergangsgeschehen vor allem darin, ein realistisches Bild des Arbeitslebens und der in ihm vorhandenen Perspektiven erfahrbar zu machen und zu vermitteln und den jungen Leuten deren eigene Startbedingungen und Voraussetzungen und deren Optimierungsmöglichkeiten kritisch zu spiegeln, ohne sie zu bedrängen, zu nötigen oder in Panik zu versetzen. Sich Ausprobieren schließt ein, dass Entscheidungen auch ohne unangemessene persönliche Kosten revidierbar sein müssen.

Die Arbeitsgemeinschaft geht davon aus, dass es angesichts der raschen und dynamischen Wandlungsprozesse in Wirtschaft und Gesellschaft weder den ‚Königsweg' in das Arbeitsleben gibt, noch es sinnvoll und legitim wäre, bestimmte Wege sozialen Gruppen von jungen Leuten – z. B. aufgrund ihrer Herkunft, ihres Geschlechts oder aufgrund ihrer offiziellen schulischen Leistungsprofile – besonders nahezulegen" (Weinheimer Initiative 2011).

4.5 Schulsozialarbeit als Partnerin im Übergang?

In dem Maße, wie sich der Übergang von der Schule in die Arbeitswelt für größere Gruppen von Jugendlichen als problematisch und risikoreich erwies, die Gründe dafür vor allem aber in deren Defiziten gesehen wurden, geriet auch die Schulsozialarbeit für dieses Handlungsfeld zunehmend in den Blick. Zu diskutieren ist die Rolle der Schulsozialarbeit als Akteurin im Übergang von der Schule in die Arbeitswelt. Damit sind zunächst zwei Fragen ausgeworfen, nämlich erstens, ob es und wenn ja, in welcher Weise im Rahmen von Schule und zusätzlich etwa zur

Berufsberatung durch die Agentur für Arbeit, eines weiteren Akteurs bedarf, und zweitens ob und wie sich die Unterstützung des Übergangs in Ausbildung und Arbeitswelt in das berufliche Rollenverständnis von Sozialarbeit einfügt.

Die erste Frage betrifft das Verhältnis von Sozialarbeit und Schule in grundsätzlicher Weise, weil mit dem Einsatz von Schulsozialarbeit ganz generell und nicht nur bezogen, auf den Übergang Schule – Arbeitswelt, vorausgesetzt wird, dass das System Schule eine Reihe in ihr auftretender Herausforderungen allein, also mit der pädagogischen Kompetenz ihrer Lehrerschaft, nicht oder nicht zureichend bewältigen kann. Viele der heute aktuellen Handlungskonzepte, wie z. B. die „Öffnung der Schulen zum Leben und zur Arbeitswelt" oder Konzepte zu schulbezogenen Unterstützungsnetzwerken (Brülle et al. 2012) gehen von dieser Annahme aus, die implizit oder explizit eine Kritik an der mangelnden Integrations- und Orientierungskraft des überkommenen Schulwesens enthält. Viele ergänzende Aktivitäten, sei es durch Netzwerke, sei es durch Beratungsangebote, sei es durch Sozialarbeit, gleichen in diesem Sinne verstandene schulische Defiziten und Lücken aus. So wichtig für die Schulen die Kooperation mit Externen ist, so übernehmen diese auch ersatzweise Aufgaben und verdecken damit zugleich, dass Schulen sich einer inneren, vor allem schulpädagogischen Reform unterziehen müssten.

Was nun die Rolle der Schulsozialarbeit im Übergang Schule – Arbeitswelt betrifft, so unterstreicht z. B. Enggruber (2012), dass es sich hierbei um ein „Spannungsfeld zwischen Lebenswelt- sowie Berufs- und Arbeitsmarktorientierung" handele[6]. Das Spannungsfeld, das sie sieht, bewegt sich zwischen einer verständigungsorientierten individuellen Förderung gemäß der subjektiven Bedürfnisse, Interessen und Wünsche der Jugendlichen, und einer direkten Unterstützung bei der Einpassung von Jugendlichen in Berufsausbildung und Erwerbstätigkeit.

Welche Gefahren können damit verbunden sein, wenn die Einpassung der Jugendlichen in die gegebene Arbeitswelt dominiert? Genannt werden:

- „die Vernachlässigung lebensweltlicher Bedürfnisse und Bezüge der Jugendlichen,
- die Individualisierung wirtschaftlich-struktureller und -konjunktureller Probleme am Ausbildungs- und Arbeitsmarkt und damit die Gefahr, das Probleme und Scheitern als „individuelle Schuld" den einzelnen Jugendlichen zugeschrieben werden,
- Verengung des ganzheitlichen Ansatzes der Sozialarbeit auf individuelle Kompetenzentwicklung und Verhaltenstrainings,

---

6 Auch im Folgenden beziehe ich mich auf Enggruber 2012.

- und damit auch: „keine ganzheitliche Förderung – weder bezogen auf die Problem- und Aufgabendefinition noch auf die Methodenwahl" (Folie 16).

Der letzte Punkt bezieht sich auf ein Verständnis von Sozialer Arbeit, nach der diese einen dreifachen Analyse- und Handlungsbezug aufweisen soll, nämlich

1) die direkte Unterstützung und Förderung der Adressaten,
2) Verbesserung ihrer Lebensbedingungen und
3) übergreifende kontinuierliche Verbesserung der gesamten sozialen Infrastruktur (Heiner, zit. in Enggruber 2010, 31 f.).

Letztlich folgt aus diesen Überlegungen, die Schulsozialarbeit im Übergang von der Schule in die Arbeitswelt insofern als ein eigenständiges Handlungsfeld zu konzipieren, als sie sich im Interesse der Jugendlichen einer Engführung ihrer Arbeit auf Arbeitsmarktanpassung und rasche Einpassung widersetzt, zugunsten einer Stärkung der subjektiven Orientierungs- und Entscheidungsfähigkeit und in respektvoller, aber gleichwohl beharrlicher lebensweltlicher Flankierung.

Dass dem erhebliche strukturelle Grenzen entgegen stehen, betont nicht nur Enggruber. Außerdem wird man – kurioser Weise – damit rechnen müssen, dass der sich entspannende Ausbildungsmarkt und die prioritär gesetzte Sorge um Fachkräftesicherung eine solche subjektorientierte Arbeitsperspektive für den Personenkreis, auf den sich Schulsozialarbeit richtet, nicht leichter macht, sondern möglicher Weise sogar erschwert. Denn der Druck, nunmehr zügig und ohne weitere sogenannte Umwege direkt in Berufsausbildung einzusteigen, nimmt zu, und zwar gerade auch bei jenen, die noch eine längere Zeit der Orientierung und Annäherung und vor allem die Chance, positive Erfahrungen mit der Arbeitswelt zu machen, bräuchten.

Es liegt auf der Hand, dass die Vereinzelung von Schulsozialarbeiterinnen und Schulsozialarbeitern sie in besonderer Weise der Gefahr aussetzt, sich „funktionalisieren" zu lassen, sei es durch die Schule im Sinne von „Ersatz- und Hilfslehrern", sei es im Sinne einer starken Unterordnung unter den Mainstream übereilter arbeitsmarktlicher Einpassung. Dem kann entgegen gewirkt werden, wenn die Schule über ein eigenes Berufsorientierungs- und Übergangskonzept verfügt, das fest in das Schulprogramm integriert ist und kooperative Strukturen kennt. Hierzu hat das SWA-Programm mit seiner Konzeption der Berufsorientierung als Aufgabe der ganzen Schule wichtige Empfehlungen formuliert (www.swa-programm.de). Im Rahmen eines solchen Schulprogramms müsste die Rolle der Schulsozialarbeit bei der Vorbereitung des Übergangs von der Schule in die Arbeitswelt explizit reflektiert sein.

4.6 Die einzelne Schule und das lokale Sekundarschulsystem

Im Fachdiskurs wird immer wieder die Notwendigkeit betont, um die einzelne Schule herum Netzwerke aufzubauen, die die Schulen in ihrer Aufgabe einer kompetenten Vorbereitung der Schülerinnen und Schüler auf die Arbeitswelt unterstützen und insbesondere jene fördert, die hierbei besondere Schwierigkeiten haben. Regelmäßig spielt die Sozialarbeit als innerschulischer Knotenpunkt für Unterstützungsnetzwerke eine wichtige Rolle; besonderer Wert wird dabei auf Vereinbarungen zwischen den beteiligten Akteuren und eine professionelle Koordinierung gelegt (so z. B. Schulbezogene Unterstützungsnetzwerke, Brülle et. al 2012). Allerdings fehlt in vielen Fällen der explizite Bezug auf das schulische Kernfeld, nämlich den Unterricht.

Charakteristisch für die meisten Ansätze bleibt, dass die einzelne Schule im Zentrum steht und von der einzelnen Schule aus gedacht wird. So erscheint die einzelne Schule als eine Art „Welt für sich". Die Idee, auch die Netzwerke über die einzelne Schule hinaus zu denken, findet sich manchmal angedeutet (Brülle 2012), selten so explizit formuliert wie im Koordinierungsansatz der Stadt Dortmund. In Dortmunder Schulen sind 2012 143 Stellen für Schulsozialarbeit unterschiedlicher Träger platziert worden, für die es einen gemeinsamen kommunal abgestimmten Handlungsrahmen gibt. Beim Bildungsbüro der Stadt Dortmund ist eigens für die Schulsozialarbeit eine Koordinierungsstelle eingerichtet worden, die professionell besetzt ist (vgl. Regionales Bildungsbüro Dortmund 2012).

In diesem Fall soll also der normaler Weise bei der Schulsozialarbeit anzutreffenden großen Dominanz der Einzelschule durch einen stadtweiten Handlungsrahmen und durch eine Koordinierungsstelle entgegen gewirkt werden. Damit bietet sich auch die Chance, die spezifische eigene Rolle der Schulsozialarbeit für die Unterstützung beim Übergang Schule – Arbeitswelt zu akzentuieren. Allerdings fällt auf, dass die vorliegende Präsentation der Koordinierungsstelle Schulsozialarbeit keinerlei Bezug zum Vorhaben „Zeitgewinn", dem einschlägigen und schon langjährig arbeitenden Vorhaben zur Gestaltung des Übergangs Schule – Arbeitswelt, also der Kommunalen Koordinierung, aufweist, obwohl auch dieses im Bildungsbüro angesiedelt ist.

Auch dort, wo sich die Einsicht verbreitet, dass der ausschließlich einzelschulischen Einbindung der Schulsozialarbeit zugunsten einer kommunalen Abstimmung entgegen gewirkt werden muss, bleiben Schulsozialarbeit und Kommunale Koordinierung des Übergangs Schule – Arbeitswelt oftmals noch zwei miteinander nicht verbundene Handlungsstränge. Die Perspektiven, die sich aus Kommunaler Koordinierung auch für die Sicherung von Schulsozialarbeit als „eigenständiges Handlungsfeld zwischen Jugendhilfe und Schule" ergeben könnten, sind offenbar in der ‚scientific community' noch nicht in die konzeptionellen Überlegungen aufgenommen worden.

4.7 Schulen zum Lokalen hin öffnen[7]

Die Veränderungen im Übergang und im Übergangssystem müssten zum Bezugspunkt dessen werden, was an der Schule an Berufsorientierung passiert. Berufsorientierung muss kritisch daraufhin befragt werden, ob sie sich von ihren Zielen, ihrer Methodik, ihrer Pädagogik her auf die Vorbereitung auf den klassischen Weg dualer Ausbildung beschränken darf oder ob sie sich nicht stärker darauf konzentrieren muss, wie Jugendliche darauf vorbereitet werden, sich in einem relativ komplexen Übergangssystem zurecht zu finden, damit sie in die Lage versetzt werden, Optimierungsstrategien zu entwickeln, Entscheidungen zu treffen, die ihren persönlichen Perspektiven, Fähigkeiten und Wünschen entsprechen.

Eine einzelne Schule kann hier herausragend sein, wenn sie diese Art von Berufsorientierung in ihr Schulprogramm aufnimmt, wenn sie um sich herum Satelliten von Betrieben hat, wenn sie selbst einsteigt in die Verbesserung des Managements für den Übergang in die Arbeitswelt. Aber sie tut dies vor allem unter der Prämisse, für ihre eigenen Schülerinnen und Schüler optimale Bedingungen herzustellen, und de facto in Konkurrenz zu anderen Schulen, insbesondere, was das „knappe Gut" Zugang zu Betrieben betrifft.

Wenn ein Übergangssystem allen Jugendlichen Chancen eröffnen soll und will, muss Schule sich auf der lokalen Ebene nicht nur als individuelle Schule, sondern zugleich als Teil des Sekundarschulsystems verstehen. Von daher müssen Lösungen für jede Schule als Teil des Sekundarsystems vor Ort gefunden werden.

Ein Ansatz wäre, dass einzelne Schulen selbst zu Referenzschulen werden und in kooperativen Zusammenhängen mit anderen Schulen das, was sie gemacht und erreicht haben, öffnen, austauschen, weiter entwickeln und zu Vereinbarungen und Pakten kommen. Gemeint ist nicht nur der vertikale Pakt mit Partnern in der Arbeitswelt, sondern auch horizontale Pakte zwischen verschiedenen Schulen des Sekundarsystems, um gemeinsam nach guten Lösungen zu suchen und ggf. gemeinsam auch auf die Strukturierung des Übergangssystems qualitativ Einfluss zu nehmen.

Eine solche Öffnung der Schule zum Lokalen hin, ist aber in den Richtlinien der zuständigen Landesministerien bisher nicht vorgesehen. Zwar wird seit geraumer Zeit von den Schulen zunehmend erwartet, dass sie sich im Bereich von Berufsorientierung und Übergang einschlägig engagieren, aber gewissermaßen

---

[7] Die beiden folgenden Abschnitte nehmen Argumentation aus Kruse 2006 auf.

„jede für sich" und für ihre jeweilige Schülerschaft, ohne ihnen nahe zu legen oder gar sie dazu zu veranlassen, mit dem lokalen Übergangsmanagement – zumindest dort, wo es existiert – zusammen zu arbeiten.

4.8 Schule muss sich der kommunalen Koordinierung zuordnen

Wenn Schule sich in einen lokalen oder kommunalen Koordinierungszusammenhang einbringen will und soll, dann muss sie sich eben auch der kommunalen Koordinierung zuordnen, muss sozusagen aus der Perspektive einer nur individuellen Performance heraustreten und sich die Frage stellen: Was ist eigentlich unser schulischer Beitrag zum Übergangssystem insgesamt und wie nutze wir als Schule umgekehrt die Effekte, Wirkungen, Prozesse im Übergangssystem?

Im Übrigen geht es bei der kommunalen Koordinierung ohnehin nicht primär darum, z. B. ein Bildungsinformationsbüro oder ähnliches einzurichten, sondern es geht darum, eine Stelle zu haben, die zwei Dinge vereinigend betreibt: erstens in Bezug auf das Übergangssystem vor allen Dingen dessen Gestaltung ins Zentrum setzen, d. h. sie muss das Bewusstsein geteilter Verantwortung für die Qualität des Übergangssystems voran bringen, und zweitens ganz systematisch als Qualitätstreiber wirksam sein. Vor diesem Hintergrund wäre eine Öffnung der Schule zum Lokalen hin zu verstehen als eine wechselseitige Verantwortungsübernahme: die Schule für die lokale Gemeinschaft und die lokale Gemeinschaft für die Schule.

Es gibt (mindestens) sechs Perspektiven, die Schule mit einem lokalen Übergangssystem verbindet und verbinden müsste:

1) Die Veränderungen im Übergangssystem selbst müssen zum Ausgangspunkt aller schulischen Gestaltung von Berufsorientierung werden.
2) Schule muss sich selbst als individuelle Schule ein Übergangsmanagement zulegen.
3) Das schuleigene Übergangsmanagement darf nicht als ein weiterer Konkurrenzmechanismus im Übergang funktionieren, sondern es muss gleichzeitig kooperativ eingebunden sein in eine Öffnung der Schule zum Lokalen hin.
4) Die Öffnung hin zum Kommunalen und Lokalen muss sich auch vertikal weiter fortsetzen in der Weise, dass Schule und jene, die ihr gut wollen, dafür sorgen, dass in den einschlägigen Richtlinien, die Schulhandeln bestimmen, die Öffnung zum Kommunalen oder Lokalen hin enthalten ist, und nicht mehr wie bisher gewissermaßen unterschlagen wird.
5) Die kommunale Koordinierung muss in der Weise erfolgen, dass man gemeinsam an der Qualität des lokalen Übergangssystems arbeitet.

6) Es geht darum, das Verhältnis von Schule und Kommune oder Lokalität zunehmend in der Perspektive einer wechselnden Verantwortungsübernahme zu denken.

4.9 Das Land als Rahmensetzer

Im Zuge der Ausreifung der Ansätze kommunaler Koordinierung, also auch der progressiven Nutzung der vor Ort vorhandenen Spielräume, wird immer deutlicher, dass es lokal weder möglich ist, „autonom" den Übergang von der Schule in die Arbeitswelt zu steuern, noch unter dem Aspekt der Gleichwertigkeit von Lebensverhältnissen überhaupt wünschenswert ist. Demzufolge kommen die weiteren Ebenen, die für das kommunale Handeln rahmensetzend sind, verstärkt in den Blick. Vor allem geht es um die Zusammenarbeit zwischen der kommunalen Ebene und der Landesebene, die weitgehend das „innere" Schulgeschehen bestimmt, und damit entscheidenden Einfluss auf die Gestaltung schulischer Berufsorientierung nimmt, aber auch ansonsten zentraler Rahmensetzer für kommunales Handeln ist.

Die Diskussion um die lokale Gestaltung von Übergängen war in der Vergangenheit sehr stark auf Großstädte und Ballungszentren orientiert; die Situation in kreiszugehörigen Städten und Gemeinden fand weniger Beachtung – und damit auch die Ebene der Landkreise.

Für eine erfolgreiche Umsetzung kommunaler Koordinierung beim Übergang Schule – Beruf ist sowohl die Rahmensetzung durch das Land, wie aber auch das Verhältnis von Kreis und Stadt von zentraler Bedeutung für die Arbeit vor Ort. Deshalb kann man Kommunale Koordinierung ohne Arrangements zwischen diesen verschiedenen politischen Ebenen nicht dauerhaft erfolgreich etablieren. Umrisse einer Mehr-Ebenen-Politik der Übergangsgestaltung werden sichtbar.[8]

Die Gestaltung des Übergangs Schule – Arbeitswelt berührt in verschiedener Hinsicht erheblich die Beziehungen zwischen dem Land und den im Land ansässigen Städten und Landkreisen; vor allem in der Bildungspolitik, aber mit erheblichen Schnittmengen zur Arbeits(markt)- und Beschäftigungspolitik, zur Sozial- und Integrationspolitik und zur Wirtschafts- und Regionalentwicklungspolitik.

Die Art und Weise, wie sich die Übergangsproblematik heute stellt, macht eine Partnerschaft zwischen Land und Kommunen erforderlich. Partnerschaft meint

---

8 Vgl. hierzu Positionspapiere der Arbeitsgemeinschaft Weinheimer Initiative zu „Das Land als Partner für die kommunale Koordinierung des Übergangs Schule – Arbeitswelt" (2010/2011) und „Landkreise – kreiszugehörige Städte und Gemeinden" (2011b), auf: www.weinheimer-initiative.de.

in diesem Zusammenhang vor allem die Anerkennung der besonderen Verantwortung der Kommunen bei der Gestaltung des Übergangs Schule – Arbeitswelt, auch jenseits der formalen Unterscheidung zwischen innerer und äußerer Schulträgerschaft, und die ausgehandelte faire und förderliche Ausgestaltung der landesseitig beeinflussbaren Rahmenbedingungen für Kommunale Koordinierung.

Diesem partnerschaftlichen Prinzip widersprechen Programmförderungen, die landesseitig die Gewährung von Fördermitteln für kommunale Koordinierung oder sogenanntes Übergangsmanagement von einseitig gesetzten Förderkriterien abhängig macht.

4.10 Ausblick

Ein erweiterter Blick auf Übergänge, Fachkräftesicherung, Familien- und Elternbeteiligung usw. macht deutlich, dass zukünftig die „Koordinierung im Übergang Schule – Arbeitswelt" in eine kommunale Bildungskoordinierung eingefügt werden müsste, die explizit an Bildungsbiografien zu orientieren ist. Die Gestaltung des Übergangs Schule – Arbeitswelt bleibt als „Passage" zur Arbeitswelt einer der Dreh- und Angelpunkte kommunaler Bildungskoordinierung. Sie öffnet sich aber zugleich zur Bildung von früher Kindheit und erweitert sich auch auf die Periode des „Ankommens in der Arbeitswelt" und der Bildung für Erwachsene und/oder in Mehrgenerations-Zusammenhängen.

Da Kommunale Koordinierung als Daueraufgabe gesehen werden muss, wenn sie wirksam sein soll, kann die Finanzierung nicht als zeitlich befristete Projektfinanzierung angelegt werden, sondern es werden dauerhafte Konzepte entwickelt werden müssen, die diese Koordinierung vor Ort stabilisieren. Es kommt darauf an, auf den verschiedenen Politikebenen Wege zu finden, die kommunale Koordinierung als Daueraufgabe in einer Weise definieren, die weder als eine freiwillige Leistung noch als eine Aufgabe an die Kommunen delegiert wird. Erforderlich ist für dieses Handlungsfeld ein neues Ausbalancieren von Arbeitsteilung und Kooperation. In einigen Bundesländern zeichnen sich für eine solche Perspektive neue Ansätze ab.

Kommunale Koordinierung braucht finanzielle und personelle Ressourcen. Viele Städte und Landkreise haben in den vergangenen Jahren von Projektförderungen profitiert, die aus einschlägigen Programmen des Bundes und der Länder stammten, und in der Regel durch den Europäischen Sozialfonds kofinanziert waren, dies gilt auch für den Bereich der Schulsozialarbeit.

Verbindlichkeit der Zusammenarbeit zwischen allen Akteuren im Übergang Schule – Arbeitswelt wird zu einer zentralen Frage guter Übergangsgestaltung, und dies gerade an der jetzt sichtbar werdenden Schwelle zu Alltag und Routine.

Diese Zwischensichtung kommt also zu einem zwiespältigen Schluss: Kommunale Koordinierung als kooperative Qualitätsstrategie für eine chancenreiche Gestaltung der Übergänge von der Schule in die Arbeitswelt vor Ort etabliert sich faktisch und ist im entsprechenden fachöffentlichen Diskurs stark verankert. Schulsozialarbeit muss in diesem Kontext ihren Platz finden. Auf der anderen Seite befinden sich viele Koordinierungen konkret und empirisch in einer schwierigen Etappe ihrer Entwicklung, weil ein doppelter „Übergang" von einer sozialpolitischen Notmaßnahme zu einer integrativen Daueraufgabe und von Modellförderung zu regelhafter Finanzierung ansteht, bei anhaltender Unsicherheit über die rechtliche und institutionelle Fassung dieser Aufgabe.

Literatur

Brülle, Heiner, Christe, Gerhard, Melzer, Ragna & Wende, Lutz (2012): *Schulbezogene Unterstützungsnetzwerke. Gestaltungsansätze der Jugendhilfe zur Bildungsförderung armer Jugendlicher im Übergang Schule – Beruf*, Institut für Sozialarbeit und Sozialpädagogik e. V. Frankfurt/Main.

Enggruber, Ruth (2012): *Zwischen Schule und Beruf – Schulsozialarbeit an Berufsschulen und im Übergangssystem*. Beitrag zur Fachtagung „Schulsozialarbeit als eigenständiges Handlungsfeld zwischen Jugendhilfe und Schule" am 1. Februar 2012 (Foliensatz).

Greinert, Wolf-Dietrich (1998): *Das „deutsche System" der Berufsausbildung. Tradition, Organisation, Funktion*. 3. Auflage Baden-Baden: Nomos Verlag.

Heide von der, Hans-Jürgen (1999): *Stellung und Funktion der Kreise*. In: Wollmann, Helmut & Roth, Roland (1999). Kommunalpolitik. Politisches Handeln in den Gemeinden. Opladen: Leske + Budrich. S. 123–132.

Kruse, Wilfried (2006): *Schule und dann? Der Übergang in Ausbildung und Arbeit als kooperative Aufgabe*. Dokumentation des SWA – Workshops am 27. November 2006, Bielefeld.

Kruse, Wilfried & Paul-Kohlhoff, Angela (2011): *Benachteiligtensensibles Übergangsmanagement – die Arbeitsgemeinschaft Weinheimer Initiative*. In: Biermann, Horst & Bonz, Bernhard (Hrsg.): Inklusive Berufsbildung. Didaktik beruflicher Teilhabe trotz Behinderung und Benachteiligung. Berufsbildung konkret, Band 11. Baltmannsweiler: Schneider Hohengehren. S. 146–150.

Kruse, Wilfried & Paul-Kohlhoff, Angela (2012): *Kommunale Koordinierung im Übergang von der Schule in den Beruf: eine Zwischensichtung*, in: Recht der Schule und des Bildungswesens 3/2012.

Kruse, Wilfried (2012): *Lokale Verantwortungsgemeinschaften und Kommunale Koordinierung*, in: G.I.B-INFO, 1 – 12 , Bottrop.

Luthe, Ernst-Wilhelm (2009): *Kommunale Bildungslandschaften. Rechtliche und organisatorische Grundlagen*. Berlin: Schmidt Verlag.

Paul-Kohlhoff, Angela & Weigele, Melanie (2010): *Zur Bedeutung bürgerschaftlichen Engagements*, in: Kruse, Wilfried & Expertengruppe, Jugend: Von der Schule in die Arbeitswelt, Stuttgart: Kohlhammer Verlag. S. 82–102.

Regionales Bildungsbüro Dortmund (2012) – *Schulsozialarbeit: Koordinierung Schulsozialarbeit und Bildung & Teilhabe* (Foliensatz) unter: www.dortmund.de/regionales_bildungsbuero/ (letzter Zugriff: 02. 06. 2013).

Schulsozialarbeit Wiesbaden (2008): *Kompetenz-Entwicklungs-Programm im Übergang Schule – Beruf. Ein Programm zur Verbesserung der Perspektiven von Hauptschülerinnen und Hauptschülern*, in: Beiträge zur Sozialplanung Nr. 29, Wiesbaden. S. 9–27.

Thiersch, Hans (2007): *Erlebnispädagogik zwischen Teilhabe am Erlebnismarkt und Lebensbewältigung*. www.bsj-marburg.de/fileadmin/pdf_fachbeitraege (letzter Zugriff: 02. 06. 2013).

Wende, Lutz (2010): *Kommunale Koordinierung im lokalen Übergangsmanagement: Konzepte und Beispiele*, in: Kruse, Wilfried & Expertengruppe, Jugend: Von der Schule in die Arbeitswelt, Stuttgart. S. 41–65.

Weinheimer Initiative (2010/2011): *Das Land als Partner für die kommunale Koordinierung des Übergangs Schule – Arbeitswelt*. www.weinheimer-initiative.de (letzter Zugriff: 02. 06. 2013).

Weinheimer Initiative (2011): *Hoyerswerdaer Erklärung*. In: Arbeitsgemeinschaft Weinheimer Initiative (Hrsg.) (2013). Lokale Bildungsverantwortung. Kommunale Koordinierung beim Übergang von der Schule in die Arbeitswelt. Stuttgart: Kohlhammer Verlag, S. 398–401.

Weinheimer Initiative (2011b): *Landkreise – kreiszugehörige Städte und Gemeinden*. www.weinheimer-initiative.de (letzter Zugriff: 02. 06. 2013).

Wilke, Hellmut (2012), *Macht ist ein begrenztes Steuerungsmittel*, in: G.I.B. Info 1/2012, Bottrop.

Wissenschaftliche Begleitung des SWA – Programms (2008): *Zusammenfassende Handlungsempfehlungen aus acht Jahren SW-Arbeit*, www.swa-programm.de

Wollmann, Helmut & Roth, Roland (1999): *Kommunalpolitik. Politisches Handeln in den Gemeinden*. 2. Aufl. Opladen: Leske + Budrich.

Qualifizierung für die Netzwerkkoordination – am Beispiel der „Netzwerkstellen gegen Schulversagen" in Sachsen-Anhalt

5

Herbert Schubert

Lokale Bildungslandschaften repräsentieren gegenwärtig den Orientierungsrahmen der Netzwerkstrategie im kommunalen Bildungsbereich. Um Kinder und Jugendliche besser fördern zu können, wird die Vielfalt der örtlichen Bildungsangebote unter diesem Leitkonzept systematisch vernetzt (vgl. Bleckmann & Schmidt 2011). Eine Bildungslandschaft zeichnet sich u. a. dadurch aus, dass kommunalpolitisch gewollte Netzwerke entstehen, dass formelle und non-formelle Bildungs- und Betreuungseinrichtungen in einem lokalräumlichen Kontext zusammenarbeiten und dass immer vom lernenden Subjekt ausgegangen wird (Bleckmann & Durdel 2009, 12). Bei der Umsetzung der Netzwerkstrategie werden zwei Ziel- und Handlungsebenen unterschieden: einerseits die Vernetzung lokaler Organisationen und Ressourcen (Systemebene der sekundären Unterstützungsprozesse), andererseits die bessere individuelle Lernwegbegleitung von Kindern und Jugendlichen entlang ihrer Biographie (operative Ebene des primären Bildungsprozesses).

In der Steuerung auf der Systemebene sind alle lokalen Anspruchsgruppen (Stakeholder) vertreten, damit der Austausch über den Bedarf und die Kopplung der verschiedenen fachlichen Kompetenzen gelingen kann. Die Steuerungsgruppe auf der Gemeindeebene ist in einer verzweigten Netzstruktur mit verschiedenen thematischen Arbeitsgemeinschaften, politisch unterstützenden Ausschüssen und fachlichen Beraterkreisen verbunden. Das dabei aufgespannte Netzwerk fungiert als fachliche und inhaltliche Klammer zwischen den Beteiligten von Schulen, Schulträgern, Schulsozialarbeit, freien Trägern, Kommunalverwaltung, Kommunalpolitik sowie Eltern- und Schülervertretungen. Nicht selten werden auf diesem Wege frühzeitig die Voraussetzungen für Ganztags(grund-)schulen, für die Implementierung von Schulsozialarbeit und für fachlich begründete Kooperationsvereinbarungen zwischen Kindertagesstätten, Grund- und Sekundarschulen geschaffen. Durch die Verklammerung von strategischen und operativen Handlungsfeldern wird die Überzeugungskraft der verfolgten Reformen im Bildungsbereich in die operativ tätigen Institutionen hinein erhöht. Die Leitungskräfte der beteiligten Einrichtungen fungieren dabei als Multiplikatoren und Koordinatoren, über die die beiden Ebenen vermittelt werden. Sie wirken einerseits an der Koordination der operativen Vernetzungen in den Sozialräumen der Stadtteile mit und reflektieren andererseits im kontinuierlichen Kontakt mit der zentralen Steuerungsgruppe, was vor Ort passiert, und transportieren danach die Erkenntnisse in das lokale Netzwerk zurück.

Auf der operativen Ebene der Einrichtungen vor Ort gehört dazu auch die aktive Einbindung sowohl von Adressaten der Bildung als auch der verschiedenen Professionellen. Dies erfordert Beteiligungsstrukturen, die den Adressaten (wie Kinder, Jugendliche und deren Familien) und anderen zivilgesellschaftlichen Akteuren die Möglichkeit gibt, ihre Interessen und Bedarfe einzubringen. Außerdem müssen Beteiligungsformen gefunden werden, die den Mitarbeiterinnen und Mitarbeitern der Institutionen formeller, non-formeller und informeller Bildung Chancen der Mitgestaltung eröffnen. Das Finden einer „gemeinsamen Sprache" ist eine wichtige Voraussetzung für das Gelingen der Zusammenarbeit zwischen den heterogenen Kreisen.

Der erfolgreiche Aufbau einer Bildungslandschaft korrespondiert auch mit einer Anpassung der Verwaltungsstrukturen, damit die örtliche Fragmentierung und Versäulung überwunden werden kann. Dabei werden kommunale Verwaltungseinheiten miteinander verknüpft und auf Anforderungen der Bildungslandschaft zugeschnitten, damit das Prinzip der „Bildung aus einer Hand" gewährleistet werden kann. So fusionieren mancherorts die getrennt operierenden Ämter für Jugendhilfe und Schulverwaltung innerhalb der Kommunalverwaltung zu einer integrierten Organisationseinheit – werden beispielsweise zum Fachbereich Kinder, Jugend und Bildung aufgewertet. Die Fusion zuvor isolierter Einheiten und die Verkürzung von Dienstwegen fördern die Entschlussfähigkeit strategischer Gremien, weil Bildung nicht mehr fragmentiert, sondern in einem Gesamtzusammenhang wahrgenommen wird. Die neuen, vereinfachten Kommunikationswege ermöglichen den unmittelbaren Austausch zwischen den beteiligten Organisationseinheiten.

Bildungsvernetzung stellt das Kernprinzip der Bildungslandschaft dar; das erfordert eine Koordination der Zusammenarbeit zwischen formellen und non-formellen Bildungsträgern sowie der Einbindung der informellen Lernwelten. Auf der operativen Ebene ist die Ganztagsgrundschule als Zentrum der Koordination gut geeignet, weil die Übergänge von der Kindertagesstätte zur Grundschule, von der Grundschule zur weiterführenden Schule und von der Sekundarstufe in den

Beruf dort grundlegend beeinflusst werden können. Wird an diese Koordinationsaufgabe auch die schulformübergreifende Schulsozialarbeit „angedockt", so können positive Effekte für alle Übergangssituationen erzielt werden.

5.1 Netzwerkdimensionen

Die Inflation der Netzwerkrhetorik verdeckt, dass es unterschiedliche Formen von Netzwerken gibt (vgl. Abbildung 1). Im Allgemeinen wird zwischen „natürlichen" und „künstlichen Netzwerken" unterschieden (vgl. Straus 1990): In den natürlichen Netzen werden überwiegend soziale Ressourcen gebündelt; im Zentrum des natürlichen Netzes steht das primäre Beziehungssystem von Personen, das nicht organisiert ist und einen informellen Charakter aufweist. Zu nennen sind beispielsweise die Familie, der Freundeskreis und vertraute Kollegencliquen, bei denen Vermittlung von Gefühlen, Aufbau von Vertrauen und Mobilisierung von Hilfe und Unterstützung eine Rolle spielen. Daneben gehören die sekundären Netzwerke zu den natürlichen Verflechtungen: Während die primären Netzwerke von starken Bindungen geprägt sind, herrschen in den sekundären Netzen eher schwache Bindungen vor. Die Grundlage der Vernetzung bilden die Zugehörigkeit (z. B. zur Schulklasse) oder die Mitgliedschaft (z. B. im Lehrkollegium).

Die sekundären Netzwerke repräsentieren das zivilgesellschaftliche Sozialkapital – z. B. in der Organisation Schule (vgl. Jansen 2002, 35 ff.). Im Unterschied zu physischem Kapital und zu Humankapital ist Sozialkapital nicht an den einzelnen Akteur gebunden, sondern resultiert aus den Beziehungen zwischen den Akteuren. Sein Vermögenscharakter besteht darin, dass soziale Strukturen genutzt werden können, um individuelle Interessen und Ziele zu verwirklichen. Pierre Bourdieu definiert Sozialkapital in den sekundären Netzwerken als „die Gesamtheit der aktuellen und potenziellen Ressourcen, die mit dem Besitz eines dauerhaften Netzes von mehr oder weniger institutionalisierten Beziehungen gegenseitigen Kennens oder Anerkennens verbunden sind", die also auf sozialer „Zugehörigkeit" beruhen (1983, 190).

Den primären und sekundären Netzen stehen die künstlichen Netzwerke gegenüber, in denen überwiegend professionelle Ressourcen zur Bildung von Koalitionen und zur Koordination von Aktivitäten gebündelt werden, wobei die professionellen Potenziale auch eine spezifische Form von Organisationskapital generieren. Sie werden auch als tertiäre Netzwerkform bezeichnet und sind insbesondere in zwei Ausprägungen vorzufinden (vgl. Schubert 2008a): Einerseits geht es um marktbasierte Kooperationen, wie sie beispielsweise in Produktions- und Dienstleistungsnetzen von profitorientierten Unternehmen und ihren Zulieferern zur Anwendung kommen (Marktnetzwerke). Andererseits handelt es sich

Abbildung 1 Soziale und professionelle Ressourcen als Sozialkapital von Netzwerken

Natürliche Netzwerke Soziale Ressourcen			Professionelle Netzwerke Fachliche Ressourcen	
Basis- Netzwerke	Informelle Netzwerke Persönliche Beziehungen		Formelle Netzwerke Organisationale Kooperation	
Nicht organisiert	Gering organisiert	Stark organisiert	Gemeinnütziger Sektor	Märkte
Enge Nah- beziehungen	Kleine Netze	Größere Netze Interessenbezug	Institutionelle Kooperation	Marktbezogene Kooperation
z.B. Familie Verwandte Freunde/-innen	z.B. Selbsthilfe- kreise, Nach- barschaftsnetze Kollegenclique	z.B. Vereine, Parteien, Organisationen	z.B. Präventionsnetz für Kinder (Ressorts übergreifend: Jugend Schule Gesundheit…)	z.B. Produktions- netze Industrie, Händlerverbund, Freiberuflernetz

Zivilgesellschaftliches Sozialkapital   Professionelle Potenziale

Quelle: verändert nach Straus (1990, 498)

um Vernetzungen von öffentlichen, sozialwirtschaftlichen und zivilgesellschaftlichen Akteuren im Non-Profit-Sektor (Governance-Netzwerke wie zum Beispiel Bildungslandschaften).

In der jüngeren Geschichte der kommunalen Daseinsvorsorge wurden (insbesondere durch die soziale Arbeit) eine Reihe von Konzepten der Netzwerkarbeit und Netzwerkintervention für primäre und sekundäre Netzwerke entwickelt. Etabliert sind die Konzepte der „Netzwerk-Beratung", der „Selbsthilfeunterstützung", des „Empowerments" und der „Gemeinwesenarbeit" (vgl. Bullinger & Nowak, 1998, 139 ff.; Straus 1990, 496 ff.). Konzepte der Netzwerkarbeit und Netzwerkintervention für tertiäre Netzwerke finden inzwischen Anwendung beim Aufbau lokaler Bildungslandschaften und bei der Sozialraumorientierung und reichen bis hin zu interprofessionellen Kooperationen auf der Grundlage des Bundeskinderschutzgesetzes (vgl. Schubert & Puskeppeleit 2011; Schubert 2009).

Künstliche – also institutionell und organisational initiierte – Netzwerke gelten als neue Organisations- und Koordinationsform, deren Steuerung schwierig ist, weil auf zwei Ebenen zugleich agiert wird: Beim intraorganisationalen Arrangement werden die Beziehungen zwischen Personen und Einheiten innerhalb jeder einzelnen Organisation gestaltet; in der interorganisationalen Verflechtung überschreiten die Beziehungen die Organisationsgrenzen. Das heißt: Interorganisational betreffen die Managementaufgaben die (kooperative oder kompetitive)

Steuerung von Netzwerken und intraorganisational sind zugleich die beteiligten Organisationen in den Netzwerken angemessen korrespondierend zu steuern. Das Aufstellen von Regeln der Kooperation, der Abschluss von Verträgen unter mehreren Netzwerkpartnern, das Treffen von gemeinsamen Übereinkünften oder die kombinierte Nutzung von Ressourcen bewegen sich beim Netzwerkmanagement immer in dem Spannungsfeld von Aushandlung, Kooperation und Wettbewerb in und zwischen Organisationen.

5.2 Managementperspektiven künstlicher Netzwerke

Die Konstruktion und Gestaltung künstlicher Netzwerke erfordert ein angemessenes Management, das drei Funktionen erfüllen soll: Planung, Organisation und Führung. Die Planungsfunktion dient der Klärung, was erreicht werden soll, wer dafür als Kooperationspartner gebraucht wird und wie es am besten erreicht werden kann. Es geht dabei um die sachbezogene Festsetzung von Zielen und Verfahrensweisen. Die Organisationsfunktion dient der institutionellen Schaffung einer überschaubaren Struktur des Netzwerks, wobei die Schnittstellen für das Zusammenwirken der beteiligten Akteure nach Kompetenzen und Ressourcen definiert werden müssen. Netzwerkkooperation findet im Bildungsbereich eher im Rahmen einer „organischen" Organisationsstruktur mit nur wenigen Hierarchieebenen und mit einem hohen Maß an Eigenverantwortung der operativen Einheiten statt. In diesem Kontext ist auch für ein wirkungsvolles Kommunikations- und Informationssystem zu sorgen, dass beispielsweise auch moderne Kreativitätstechniken und innovationsorientierte Lernmethoden umfasst. Die Führungsfunktion betont den Personal- und Koordinationsbezug und nimmt eine zentrale Stellung in der Praxis des Netzwerkmanagements ein. Motivation, Kommunikation und Führungsstil innerhalb der beteiligten Organisationen sowie die Koordination der interorganisationalen Interaktion sind die Einflussgrößen, durch die der Netzwerkzusammenhang veranlasst und gesteuert werden kann. Dies setzt ein fortlaufendes sachbezogenes Berichtssystem (Controlling) voraus.

Die Grundstruktur der Managementaufgaben für die Netzwerkarbeit lässt sich aus dem Freiburger Managementmodell (vgl. Schwarz et al. 2002) ableiten, in dem Verfahren des Managements – von Methoden der Problemlösung über die Gestaltung der Willensbildung, Entscheidungsfindung und Entscheidungsdurchsetzung sowie über Aufgaben der Planung und der Steuerung bis hin zu strukturellen Querschnittsaufgaben der Informationsbeschaffung, der Situationsanalyse und der Kontrolle – geordnet werden. In dem Modell werden drei Management-Säulen der (I) Informationsverarbeitung, (II) ergebnisbezogenen Steuerung und (III) Qualitätssicherung unterschieden und nach den drei Logiken des System-

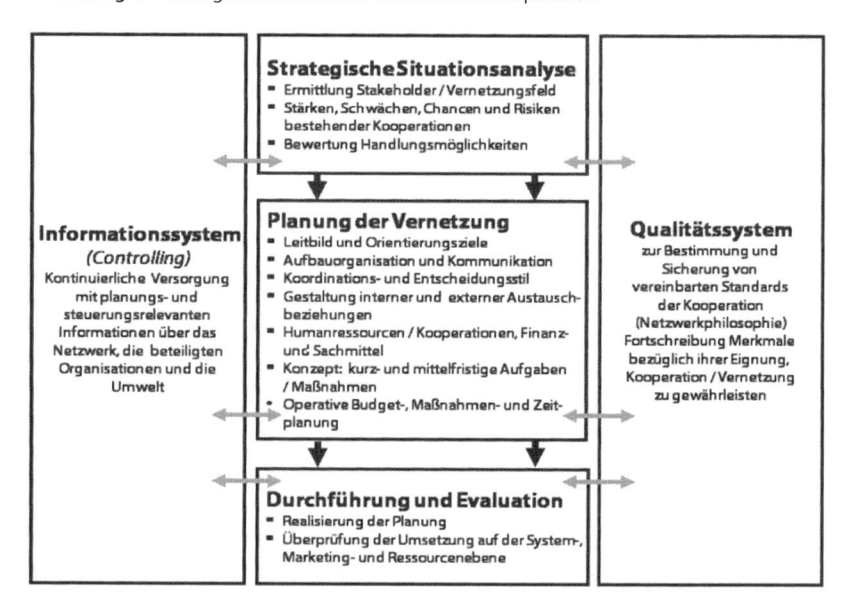

Abbildung 2 Managementmodell für die Netzwerkkooperation

	Strategische Situationsanalyse • Ermittlung Stakeholder / Vernetzungsfeld • Stärken, Schwächen, Chancen und Risiken bestehender Kooperationen • Bewertung Handlungsmöglichkeiten	
Informationssystem *(Controlling)* Kontinuierliche Versorgung mit planungs- und steuerungsrelevanten Informationen über das Netzwerk, die beteiligten Organisationen und die Umwelt	**Planung der Vernetzung** • Leitbild und Orientierungsziele • Aufbauorganisation und Kommunikation • Koordinations- und Entscheidungsstil • Gestaltung interner und externer Austauschbeziehungen • Humanressourcen / Kooperationen, Finanz- und Sachmittel • Konzept: kurz- und mittelfristige Aufgaben / Maßnahmen • Operative Budget-, Maßnahmen- und Zeitplanung	**Qualitätssystem** zur Bestimmung und Sicherung von vereinbarten Standards der Kooperation (Netzwerkphilosophie) Fortschreibung Merkmale bezüglich ihrer Eignung, Kooperation / Vernetzung zu gewährleisten
	Durchführung und Evaluation • Realisierung der Planung • Überprüfung der Umsetzung auf der System-, Marketing- und Ressourcenebene	

Managements, des Marketing-Managements und des Ressourcen-Managements differenziert.

Für die Netzwerkarbeit im Bildungsbereich kann dieses Modell zugespitzt werden (vgl. Abbildung 2): Die drei Säulen betonen das Management eines (1) Informationssystems, der (2) Steuerung und des (3) Qualitätssystems (vgl. Schubert 2010):

Ad (1): Das Informationssystem muss ein angemessenes Netzwerkcontrolling sicherstellen. Dazu sind kontinuierlich planungs- und steuerungsrelevante Informationen über das Netzwerk, die beteiligten Organisationen und die Umwelt zu erheben, auszuwerten und in den Prozess der Netzwerkarbeit als Eckpunkte (für den Soll-Ist-Vergleich) einzuspeisen (vgl. Schubert 2012b).

Ad (2): Die zentrale Managementsäule der Steuerung umfasst die strategische Vorbereitung, Planung, Durchführung und Evaluation der Vernetzung. Auf der Grundlage von strategischen Situationsanalysen und Stakeholderanalysen werden die Anspruchsgruppen im Vernetzungsfeld ermittelt, die Stärken, Schwächen, Chancen und Risiken bestehender Kooperationen bewertet und neue

Handlungsmöglichkeiten abgeleitet. Im Rahmen der Planung wird sichergestellt, dass konzeptionelle Grundlagen geschaffen werden. Die daran anschließenden Steuerungsaufgaben betreffen die Durchführung und Evaluation der Netzwerkarbeit. Der Fokus des Managements liegt darauf, die Planung zielorientiert zu realisieren und die Umsetzung auf der System-, Marketing- und Ressourcenebene zu überprüfen und bei Abweichungen gegebenenfalls Korrekturen zu veranlassen (vgl. Schubert 2012a).

Ad (3): In einer Querschnittsperspektive verläuft das Qualitätssystem als dritte Managementsäule. Sie dient der Bestimmung und Sicherung von vereinbarten Standards der Kooperation (Netzwerkphilosophie). Für die Fortschreibung werden die verschiedenen Merkmale bezüglich ihrer Eignung bewertet, Kooperation und Vernetzung zu gewährleisten.

Undeutliche Grenzen und eine relativ schwache Formalisierung erschweren oft das Management von Netzwerken. Die drei Säulen werden daher durch ein Kommunikationssystem verbunden, das den „Sinn" (Luhmann 2002, 15) des Netzwerkes produziert. Weil Netzwerke in besonderer Weise auf Vertrauen und Aushandlung beruhen, haben Baitsch und Müller den Begriff der „Moderation" gewählt, um die Kommunikation zu konkretisieren (2001, 23 ff.), über die Vertrauen im Netzwerk generiert und der netzinterne Austausch offen gestaltet werden kann. Für das Management von Netzwerken bei der kontinuierlichen Bearbeitung der Problemgegenstände haben sie folgende Leitlinien aufgestellt:

a) Balance von Zuständigkeit und Verantwortlichkeit,
b) Ermöglichen gemeinsamer Erfahrungen und Erfolge,
c) Herstellen von Ordnung bei gleichzeitigem Zulassen von Unordnung,
d) Bearbeitung und Eingrenzung der Konflikte,
e) Transparenz der gegenseitigen Erwartungen und
f) Offenhalten der Anschlüsse nach außen.

Die Funktion der Moderation besteht darin, unterschiedliche Interessen nach dem Win-Win-Prinzip auszugleichen, Machtasymmetrien konstruktiv zu bearbeiten, den Kooperationsprozess der Akteure zu strukturieren und die fachlichen Inputs zu sichern. In der Moderationsaufgabe werden somit die inhaltliche Arbeit und die Kommunikation der Akteure in einer Prozessperspektive kombiniert.

5.3 Netzwerke im Kontext der Schulsozialarbeit – Erfahrungen aus Sachsen-Anhalt

In Sachsen-Anhalt wird im Rahmen des ESF-Landesprogramms „Projekte zur Vermeidung von Schulversagen und zur Senkung des vorzeitigen Schulabbruchs" (2008–2013) ein innovativer Netzwerkansatz verfolgt, in dem die Schulsozialarbeit eine Schlüsselrolle spielt (vgl. Kleint & Schubert 2011). Mit der Einrichtung von 14 „regionalen Netzwerkstellen" in den Kreisen und kreisfreien Städten wird versucht, lokal und regional organisierte Kooperationsnetze aufzubauen, durch die die Rahmenbedingungen für den Schulerfolg der Kinder und Jugendlichen verbessert werden (vgl. Sachsen-Anhalt 2008). Rund 60 freie Träger der Jugendhilfe unterstützen circa 200 Schulen in Sachsen-Anhalt durch eine kontinuierliche „Schulsozialarbeit" und durch abgestimmte „bildungsbezogene Angebote". Als begleitende Infrastruktur wurden „Beratungslehrkräfte", „Themenmultiplikatoren" und „regionale Netzwerkstellen" in den Landkreisen und Städten implementiert, damit die Attraktivität und Integrationskraft von Schulen und von deren non-formellem Umfeld (der Jugendhilfe) gezielt verbessert werden kann. Als Ziel wurde formuliert, in Anlehnung an die Lissabon-Strategie die Zahl der 18- bis 24jährigen, die lediglich über einen Abschluss der Sekundarstufe I verfügen und keine weiterführende Schul- oder Berufsbildung durchlaufen, zu halbieren. Im Schuljahr 2004/2005 lag die Quote von Schülerinnen und Schüler, die in Sachsen-Anhalt keinen Hauptschulabschluss erreichen, bei 12,0 % und im Schuljahr 2005/2006 bei 11,1 %. Vor diesem Hintergrund soll durch die Netzwerkarbeit ein Prozess ausgelöst werden, in dem die Quote maßnahmeninduziert auf 5 bis 6 % verringert wird.

5.3.1 Netzwerkarbeit

Die Netzwerkarbeit der Netzwerkstellen repräsentiert das zentrale Element des Programms: Die Kommunen und Landkreise sollen befähigt werden, wirkungsvolle Netzwerke als Infrastruktur um die Schulen herum aufzubauen. Die „Netzwerker(innen)" haben den Auftrag, die in den Kreisen, Städten und Gemeinden jeweils bestehenden Ressourcen systematisch zu ermitteln und schulformübergreifend nutzbar zu machen. Die lokalen und regionalen Gremien der Kommunalpolitik sowie die Verantwortlichen der zuständigen Verwaltungsressorts werden gezielt über Optimierungspotenziale im formellen und non-formellen (bis hin zum informellen) Bildungsbereich informiert und für innovative Ansätze zu gewinnen versucht. Dabei zeigen die Netzwerkkoordinatorinnen und -koordinatoren beispielsweise auf, welche Entwicklungsbedingungen bei Kindern und Jugendlichen zu resignativen Lebenshaltungen führen, wie dadurch die Entwicklung in der Region und in den Kommunen beeinträchtigt wird und durch welche Maßnahmen diesen Beeinträchtigungen wirkungsvoll begegnet werden kann. Die Netzwerkkoordination weist auf Engpässe oder Überangebote in der Sozial-, Erziehungs- und Bildungsarbeit hin und identifiziert die Bereiche, wo Bedarf besteht und regionale Ressourcen mobilisiert werden können. Beim Kontaktaufbau zwischen den lokalen Schulen und non-formellen Bildungsakteuren sowie zwischen Fachleuten der Sozial- und Schulpädagogik, der Kultur und des Sports arbeiten die Netzwerkstellen auch eng mit der Schulsozialarbeit zusammen.

Für die Bewältigung von Aufgaben der Netzwerkkoordination ist es erforderlich, sich an den Grundlagen professionellen Netzwerkmanagements zu orientieren. Beispielsweise sind primäre Kooperationsformen, in deren Kontext bestimmte Dienstleistungen im Sozial- oder Bildungsbereich erbracht werden, von sekundären Kooperationsformen zu unterscheiden, die keine Bildungsleistungen hervorbringen, sondern in denen Interessen gebündelt und Absprachen für eine künftige Leistungserstellung getroffen werden. Die Netzwerkkoordination muss daher auf mehreren Verantwortungsebenen zugleich wirksam sein: Auf operativer Ebene sind Impulse für die Kombination von Lerninputs im Schulunterricht, bei der Hausaufgabenhilfe und beim Musikunterricht oder bei den Sportaktivitäten zu geben, die zusammengenommen die Kette der „Wertschöpfung" für die Persönlichkeitsentwicklung von Schülerinnen und Schüler bilden (vgl. Schubert 2011). Dies repräsentiert die Netzwerkarbeit der Schulsozialarbeit. Die Netzwerkstellen bringen sich in Sachsen-Anhalt demgegenüber weniger in die „Primärprozesse" der Bildung ein, sondern unterstützen vor allen die administrativen „Sekundärsysteme", die den Rahmen für die Bildungsprozesse setzen. Außerdem kontaktieren die Netzwerkstellen die politisch Verantwortlichen, damit diese die Verwaltungsressorts mandatieren, Chancengerechtigkeit für benachteiligte Kinder und Jugendliche strukturell zu ermöglichen. Alles in allem geht es darum, den jeweiligen Entscheidungsträgern in den Kreisen und Städten gangbare Wege aufzuzeigen, wie einzelne isolierte Aktivitäten des Sozial- und Bildungsbereichs zu „Wertketten" verbunden werden können, die den Schulerfolg von Kindern und Jugendlichen sichern. Die Betonung des Wertbegriffs in diesem – auch „Bildungskette" genannten – Prozess unterstreicht, dass die jeweilige Wertgröße eines einzelnen Bildungsergebnisses in der Kette (sogenannter Output) den Input übersteigt. Der abschließende Wert stellt sich bei den Kindern und Jugendlichen unter der Voraussetzung ein, dass ihre Bedürfnisse bzw. der ihnen zugerechnete Bedarf durch die Aufeinanderfolge der abgestimmten Bildungsaktivitäten in zufriedenstellender Weise erfüllt werden – die pädagogischen Leistungen der Bildungskette transformieren die Individuen zu Kompetenzträgern mit einem höheren gesellschaftlichen Wert.

5.3.2 Koordination als Erfolgsfaktor

Die Netzwerkkoordinatoreninnen und -koordinatoren beziehen sich weniger auf einzelne Schulen, sondern knüpfen interprofessionelle und interinstitutionelle Netze in den Kreisen und Städten; sie führen die verschiedenen Akteure zusammen und befähigen sie, quer über die Ressorts und Praxisfelder zu denken und zu handeln und gemeinsam eine gesamtpädagogische Vorgehensweise zu verfolgen. Unter einem netzwerktheoretischen Blickwinkel geht es darum, durch die multidisziplinäre Kooperation „professionelles Sozialkapital" zu erzeugen. Die Beziehungen zwischen den verschiedenen Partnern (wie Schulen, freie Träger der Jugendhilfe, Verwaltungsressorts, Kommunalpolitik, Unternehmen, Volkshochschulen und zivilgesellschaftlichen Vereinigungen) stellen Ressourcen dar, die über ein Kooperationsnetz in den Bereichen Erziehung, Bildung, Ausbildung, soziale Arbeit, Sport und Kultur auf lange Sicht vielfältige Synergieeffekte – wie z. B. die Erhöhung des Schulerfolgs sozial und emotional benachteiligter Kinder und Jugendlicher – bringen können.

Der Erfolg der Netzwerkarbeit hängt somit von den Koordinationskräften als „Gatekeeper" ab. Ein Gatekeeper ist beispielsweise der Hausarzt, wenn er Patienten bei einer spezifischen gesundheitlichen Problematik den Weg zum Facharzt weist. Auch eine Grundschullehrkraft fungiert als Gatekeeper, wenn sie mit einer Schulformempfehlung nach der Primarstufe Bildungszugänge öffnet oder verschließt. Beim Gatekeeping in der Netzwerkarbeit werden die Verknüpfungen nicht allein danach gestaltet, Zugänge zu ermöglichen, sondern vor allem auch danach, Kompetenzen aufeinander zu beziehen. Der Einbezug der über die verschiedenen Institutionen und Organisationen verteilten fachlichen Kompetenzen in die Koordinationsaufgaben kann zu einem höheren Wirkungsgrad des Netzwerkes führen.

Das visuelle Beispiel (vgl. Abb. 3) zeigt eine „Zwei-Ebenen-Koordination". Auf der ersten Koordinationsebene agiert eine zentrale Koordinationskraft ohne Systembindung, d. h. ohne Zugehörigkeit zu einem Funktionssystem. Auf der zweiten Koordinationsebene beteiligen sich die Funktionssysteme – wie hier die Beispiele Schule, Jugendhilfe, Sport, Kultur, Gesundheit – an der Koordination. Sie verfügen in der Regel über starke innere Teilvernetzungen, sind aber voneinander relativ isoliert. Die Koordination findet über „Gatekeeper" statt, die als Mitglieder eines jeweiligen Funktionssystems mitwirken, zwischen den fragmentierten funktionalen Teilnetzen zu vermitteln. Gatekeeper aus den jeweiligen Systemen Jugendhilfe, Schule, Sportvereine und Kindertagesstätten übernehmen somit im Koordinationskonzept Aufgaben und verstärken so die intersystemischen Zugänge. Beispielsweise kann der Zugang der Schulsozialarbeit ins Schulsystem – neben einer zentralen Bildungskoordination – über eine Lehrerin mit Stundenminderung als Gatekeeper erfolgen, über die indirekt ein Beziehungspfad

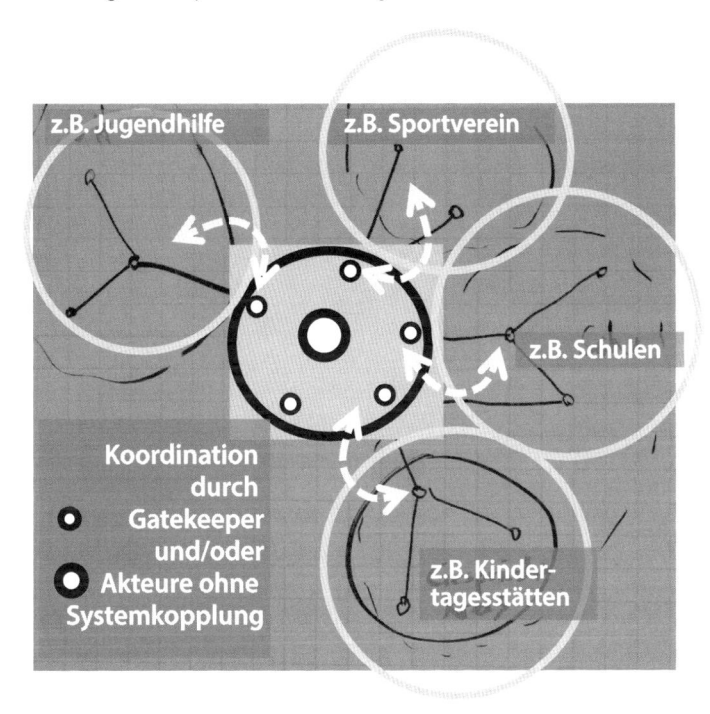

Abbildung 3 Kompetenzenfokus als Logik der Koordination

[Abbildung: z.B. Jugendhilfe, z.B. Sportverein, z.B. Schulen, z.B. Kindertagesstätten; Koordination durch Gatekeeper und/oder Akteure ohne Systemkopplung]

zur Schulleitung besteht, die die Aktivitäten der Lehrerin als Gatekeeper absichert. In ähnlicher Weise gewinnt die Sozialarbeit Zugang ins Gesundheitswesen über Hebammen als Gatekeeper, wodurch die Ärzte als einflussreiche Akteursgruppe indirekt erreicht werden; zu ihnen sind Direktbeziehungen für die Sozialarbeit kaum herstellbar.

Durch die Zwei-Ebenen-Koordination können „Flaschenhals"-Engpässe vermieden werden, die aus der Ein-Ebenen-Koordination resultieren können, d. h. die allein auf der Einzelkoordination einer zentralen Koordinationskraft ohne Systembindung basiert. Die Zwei-Ebenen-Koordination unter Einbezug der vermittelnden Gatekeeper erlaubt einen Mix der fokalen (mit nur einer – und dadurch schnell überforderten – Koordination im Zentrum) mit einer heterarchischen Koordinationsweise (mit einer Vielzahl dezentral verteilter Koordinationsrollen – in einer Heterarchie stehen die Akteure gleichberechtigt nebeneinander; ein heterarchisches Netzwerk basiert stärker auf einer Selbststeuerung als ein zentralisierthierarchisches.) Die heterarchische Mitgestaltungsmöglichkeit der Netzwerkarbeit aus den Sektoren heraus erhöht die Akzeptanz in den Teilsystemen und sichert die effiziente Verknüpfung der notwendigen Kompetenzen.

5.4 Qualifizierung für die Netzwerkkoordination

Die beteiligten Akteure verfügen in der Regel nicht über Arbeitserfahrungen, erprobte Handlungsschemata oder erfolgreiche Routinen für die Netzwerkarbeit und Netzwerkkoordination. Ein zentraler Baustein ist deshalb die Vermittlung der Grundlagen des Netzwerkmanagements. In Sachsen-Anhalt wurden die Netzwerkstellen deshalb im Rahmen einer Fortbildungsreihe qualifiziert, die aus vier Modulen besteht:

- Grundlagen der Netzwerkarbeit
- Probleme der Netzwerkkoordination
- Koordination von Netzwerken auf mehreren Ebenen
- Projektmanagement für die Koordination von regionalen Netzwerken auf mehreren Ebenen.

5.4.1 Grundlagen der Netzwerkarbeit

Im Mittelpunkt des ersten Fortbildungsmoduls steht die Frage, welche Schlüsselmerkmale eine Netzwerkstelle zu erfüllen hat. Nach der Erörterung von grundlegenden Kriterien der Netzwerkarbeit müssen die Koordinationskräfte lernen, Beratungspläne zu konzipieren, um schulische Fachkräfte in kooperativen Schulentwicklungsprozessen zu unterstützen. Eine gut vernetzte Schulsozialarbeit kann attraktive Angebote für Schülerinnen und Schüler entwickeln und wirkt souverän sowie impulsgebend auf die Lehrkräfte. Die leitende Fragestellung lautet, wie sich pädagogische „Primärprozesse" in Schulen und ihrem Umfeld gezielter aufeinander beziehen lassen und wie der Aufbau „operativer Schulnetzwerke" strukturell zu befördern ist. Die Koordinationskräfte lernen, an welchen konkreten Primärprozessen die Netzwerkarbeit anzukoppeln ist, welcher „komplementäre Leistungsaustausch" als „professionelles Sozialkapital" aus der Vernetzung herauskommen soll, welche „Schlüsselpersonen" von Organisationen aus Sicht der Schule für den Vernetzungsprozess gebraucht werden, welche Barrieren den Brückenschlag zwischen Personen und Organisationen bislang verhindert haben, durch welche „Kommunikationsereignisse" das gegenseitige Vertrauen zwischen Schule und den beteiligten Institutionen, Organisationen, Vereinen und anderen zivilgesellschaftlichen Akteuren gebildet werden kann und wie die interinstitutionellen Primärprozesse in einer „integrierten operativen Bildungskette" zu koordinieren sind.

Anschließend wird der Blick auf die „Sekundärprozesse" gerichtet. Die Leitfragen lauten hier, wie es gelingen kann, kommunalpolitische Gremien, Verwaltungsressorts und Schlüsselakteure weiterer lokaler Institutionen, Organisationen und Vereine nicht nur punktuell und temporär, sondern auch dauerhaft in die Netzwerkarbeit mit einzubeziehen. Die Koordinationskräfte sollen ein Verständnis für die Aufgabe bekommen, durch übergeordnete Kooperationsbeziehungen die beabsichtigten Schulentwicklungsprozesse anzustoßen und abzusichern. Dazu gehört die Auseinandersetzung, welche Institutionen in der Region zusammenzuführen sind, um unmittelbaren Leistungen in der Primärprozesskette abzusichern, und wie eine übergeordnete Kooperationsebene langfristig als Unterstützungs- und zugleich als temporäre Interventionsarchitektur organisiert und koordiniert werden kann.

5.4.2 Entwicklung von Netzwerkstrategien

Im zweiten Fortbildungsmodul steht die Frage im Mittelpunkt, wie zur Absicherung der Kooperationspraxis in und um Schulen stabile strategische Vernetzungsprozesse zu gestalten sind. In diskursiven Problemanalysen an konkreten regionalen und kommunalen Beispielen wird geklärt, welche Akteure beziehungsweise Institutionen auf strategischer Ebene relevanten Einfluss auf die Zusammenarbeit zwischen Jugendhilfe und Schulen haben, welche Einstellungen diese Ansprechpartner bisher gegenüber der Netzwerkarbeit gezeigt haben und welche Netzwerke oder netzwerkähnlichen Arbeitszusammenhänge zu der Thematik vor Ort oder in der Region bereits existieren und was die entscheidenden Differenzen (in den Zielen, in der Arbeitsweise, in der Zusammensetzung etc.) ausmachen. Dabei lässt sich auch herausarbeiten, wie mit Trägern der Schulsozialarbeit erfolgreich kooperiert werden kann. In der Folge solcher exemplarischen Auseinandersetzungen lassen sich spezifische Strategien für das Netzwerkmarketing und Verfahren zur projektunterstützenden Vernetzung auf Kreisebene – zum Beispiel zwischen den Trägern der Schulsozialarbeit – und zum Umgang der Netzwerkkoordination mit Schlüsselpersonen ableiten.

5.4.3 Koordination von Netzwerken auf mehreren Ebenen

Im dritten Fortbildungsmodul wird gefragt, wie eine Koordinierung von regionaler Netzwerkarbeit auf mehreren Ebenen zugleich gelingen kann. Zugrunde gelegt wird ein Mehrebenen-Modell für die Koordination der Vernetzungen auf drei Ebenen:

- Operative Schulnetzwerke
- Strategische Kommunal-/Regionalnetzwerke
- Funktionales Landes- und Landkreis-Netzwerk.

Die Bezeichnung „funktionales Landes- und Landkreisnetzwerk" ist systemtheoretisch begründet: Luhmann prägte den Begriff der „Funktionssysteme", die sich in der Gesellschaft durch funktionale Differenzierung zu Teilsysteme entwickelt haben und spezifische gesellschaftliche Funktionen – zum Beispiel als Wirtschaftssystem, Rechtssystem, politisches System und Erziehungssystem – übernehmen (vgl. 2002, 13 ff.). So werden das schulische Erziehungssystem, das sozialarbeiterische Hilfe- und Integrationssystem und das Kultursystem (inkl. Sport) sowohl in den Landesministerien als auch in der Landkreis- bzw. Kommunalverwaltung von unterschiedlichen Ressorts „funktional" getrennt behandelt. Die jeweiligen Funktionsakteure sind daher auf den übergeordneten Ebenen des Landkreises und des Bundeslandes zu vernetzen, damit die Vernetzungsaktivitäten vor Ort aus diesen Sektoren angemessen unterstützt werden können.

Bei der Vermittlung zwischen den Ebenen „strategische Kommunalnetzwerke" und „funktionales Landes- und Landkreis-Netzwerk" können wirkungsvolle Koordinationsleistungen erbracht werden, wenn im Landkreis oder in einzelnen Städten und Gemeinden bereits eine ausgeprägte Struktur thematisch fokussierter Arbeitskreise und Gremien vorhanden ist. Der Beitrag der Netzwerkstellen besteht darin, gezielte Querverbindungen zwischen einzelnen Netzwerkakteuren herzustellen, bestehende Netzwerkstrukturen zu evaluieren, Informations- und Serviceleistungen anzubieten und Ergebnisse der Netzwerkarbeit in politischen Gremien und in der Öffentlichkeit publik zu machen. Den Netzwerkstellen muss es gelingen, die Schlüsselakteure in den verschiedenen funktionalen Ressorts auf der Landkreisebene mit den strategischen Kommunalnetzwerken anhand spezifischer Sachfragen zu verbinden. Von zentraler Bedeutung ist die Beziehung zur staatlichen Schulaufsicht, da diese Fachkräfte als „Gatekeeper" den Zugang zu den Schulleitungen eröffnen können. Sie sind als Fachkräfte der Landesebene anzusehen. Zu bieten sind ihnen Informationen zum regionalen Bedarf sowie fachliche Rückmeldungen und Impulse, die für Schulaufsichtsaktivitäten bedeutsam sein können. Als weitere Schlüsselakteure werden die kommunalen Bürgermeister identifiziert. Auf der lokalen Ebene sind die Bürgermeister zentrale Ansprechpartner, um relevante Akteure zusammenzuführen. Die Netzwerkstellen berichten punktuell in Kommunalausschüssen über Bildungsthemen oder vermitteln einzelne Projektangebote, um lokale Entscheidungen voranzubringen.

Auf den Ebenen „operative Schulnetzwerke" und „strategische Kommunalnetzwerke" positioniert sich die Netzwerkkoordination vor Ort als „Ressource", die einerseits auf Anfragen reagiert und andererseits aktiv auf Akteure zugeht. Die Qualitätsentwicklung wird beeinflusst, indem in Kommunen der Aufbau von Strukturen unterstützt wird, die die Wirksamkeit von Schulsozialarbeit und bildungsbezogenen Angeboten erhöhen. Der Aufbau operativer Schulnetzwerke stellt nicht die primäre Aufgabe der Netzwerkkoordination dar. Lokale Akteure – beispielsweise der Schulsozialarbeit – sollen befähigt werden, die operativen Vernetzungen um Einzelschulen herum zu koordinieren. Bei der Gestaltung von regionalen Beziehungsachsen räumen die Netzwerkstellen der Vermittlung des Schul- mit dem Jugendhilfebereich einen hohen Stellenwert ein. Dies ist für sie der Hauptbeziehungsbereich, worin regionalspezifische Rückmeldungen zur pädagogischen Arbeit platziert werden und Perspektiven für neue zielführende Projekte aufzuzeigen sind. Zu entwickeln sind gezielte Arbeitsbeziehungen zu den Vorsitzenden des jeweiligen Jugendhilfe- und Schulausschusses, zu den Verantwortlichen der Jugendhilfe- und Schulentwicklungsplanung (eventuell auch zur Stadtplanung und zur Wirtschaftsförderung) sowie zu den Leitungskräften sozialer Dienste. Auf der Netzwerkebene von einzelnen Schulen sind vor allem die Schulleitungen und die Schulsozialarbeit gefordert. Die Netzwerkstellen können hier nur Informationen zur Unterstützung von Schulentwicklungsprozessen beisteuern und gegebenenfalls Prozessunterstützungen vermitteln.

5.4.4 Projektmanagement für die Koordination der regionalen Netzwerke auf mehreren Ebenen

Im vierten Fortbildungsmodul geht es um die Formulierung und Überprüfung von Zielen auf den verschiedenen Netzwerkebenen. Es sind für alle Aktivitäten auf den verschiedenen Ebenen „SMART-Operationalisierungen" der Programmziele vorzunehmen (spezifische, messbare, attraktive und akzeptable, realistische und terminfixierte Zielbestimmungen). Die vielen Aktivitäten auf den benannten Netzwerkebenen müssen durch ein differenziert strukturiertes Projektmanagement gestützt werden, um die Ziele und die Machbarkeit nicht aus den Augen zu verlieren. Dabei ist zu fragen, wie das Projektmanagement bei der Koordination regionaler Netzwerke über mehrere Ebenen anzulegen ist. Dafür muss das Instrumentarium des Projektmanagements geläufig sein, das von den Grundbegriffen des Projektmanagements über die Techniken der Projektplanung und die Ressourcenplanung bis hin zur Ressourcensteuerung und zur Überwachung des Projektverlaufs reicht.

Unter der Leitfrage „Was kann das Projektmanagement für die Koordination der regionalen Netzwerke auf den verschiedenen Handlungsebenen leisten?" wird gelernt, Arbeitspakete der Netzwerkarbeit zu bündeln und die einzelnen Vorgänge zuzuordnen, die im Rahmen der Erledigung des Pakets zu leisten sind. Erst durch die Projektlogik wird die Komplexität der Netzwerkaktivitäten auf den verschiedenen zu koordinierenden Netzwerkebenen transparent. Die Top-Down-Methode der Projektplanung stellt ein nützliches Verfahren dar, um die komplexen Prozessstrukturen der alltäglichen Arbeit tiefenscharf sichtbar zu machen. Ein gut strukturiertes Projektmanagement hilft, die Ziele der Netzwerkarbeit und deren Machbarkeit realistisch einzuschätzen und im Prozessverlauf rechtzeitig nachsteuern zu können.

An exemplarischen Fällen lassen sich

a) Ziele,
b) die zur Erreichung erforderlichen Handlungsschritte und
c) die Zeitpunkte, zu denen einzelne Handlungsschritte abgeschlossen und Teilziele erreicht sein müssen, gemäß der Projektmanagement-Logik erarbeiten.

In der praktischen Auseinandersetzung können Netzwerkaufgaben, bei denen die Netzwerkstelle die Prozessverantwortung trägt, von Aufgaben unterschieden werden, die inhaltlich-konzeptionell von pädagogischen Fachkräfte der Schulen – wie etwa der Schulsozialarbeit – verantwortet werden.

5.5 Schlussbemerkung

Die Schulsozialarbeit muss die Komplexität ihres Netzwerkgefüges tiefenscharf wahrnehmen. Auf der einen Seite ist sie eingebunden in die Beziehungsnetzwerke mit Schülerinnen und Schülern, mit Eltern sowie mit professionellen Kräften in und außerhalb der Schule. Neben diesem natürlichen Netzwerk existieren künstliche Netzwerkkonstruktionen wie Bildungslandschaften oder politisch induzierte Kooperationsformen zwischen Institutionen des Bildungsbereichs, deren Bedeutung in den vergangenen Jahren deutlich zugenommen hat. Damit kommen auch erhöhte Qualitätsanforderungen auf die Schulsozialarbeit zu, sowohl in den natürlichen Beziehungsnetzen der Schule als auch in den organisierten Bildungsnetzwerken in der Schulumwelt angemessen mitzuwirken.

Literatur

Baitsch, Christof & Müller, Bernhard (Hrsg.) (2001): *Moderation in regionalen Netzwerken.* München, Mering: Hampp Verlag.
Bleckmann, Peter & Durdel, Anja (Hrsg.) (2009): *Lokale Bildungslandschaften. Perspektiven für Ganztagsschulen und Kommunen.* Wiesbaden: Verlag für Sozialwissenschaften.
Bleckmann, Peter & Schmidt, Volker (Hrsg.) (2011): *Bildungslandschaften. Mehr Chancen für alle.* Wiesbaden: Verlag für Sozialwissenschaften.
Jansen, Dorothea (2002): *Einführung in die Netzwerkanalyse.* Grundlagen, Methoden, Anwendungen. 2. Auflage, Opladen: Leske + Budrich.
Bourdieu, Pierre (1983): Ökonomisches Kapital, kulturelles Kapital, soziales Kapital. In: Kreckel, Reinhard (Hrsg.) (1983): Soziale Ungleichheiten. Soziale Welt, Sonderband 2, Göttingen: Schwartz, S. 183–198.
Bullinger, Hermann & Nowak, Jürgen (1998): *Soziale Netzwerkarbeit.* Eine Einführung. Freiburg im Breisgau: Lambertus.
Kleint, Steffen & Schubert, Herbert (2011): *Schulerfolg durch regionale Netzwerkarbeit. Ein Praxisbericht.* In: Themenblatt Nr. 4, herausgegeben von der Zentralen Koordinierungsstelle „Schulerfolg" der Deutschen Kinder- und Jugendstiftung/Regionalstelle Sachsen-Anhalt, Magdeburg, URL http://www.schulerfolg-sichern.de/index.php?eID=tx_nawsecuredl&u=0&file=uploads/media/TB4_Netzwerkarbeit_druck__2_.pdf&t=1325266794&hash=80406a6464c891993666 7232a78c70d1 (29.12.2011).
Luhmann, Niklas (2002): *Das Erziehungssystem der Gesellschaft.* Frankfurt/Main: Suhrkamp.
Sachsen-Anhalt (2008): *Richtlinie über die Gewährung von Zuwendungen für das ESF-Programm „Projekte zur Vermeidung von Schulversagen und zur Senkung des vorzeitigen Schulabbruchs".* Gemeinsamer RdErl. des MS und des MK vom 07.07.2008, URL http://www.sachsen-anhalt.de/index.php?id=25913 (21.02.2012)
Schubert, Herbert (Hrsg.) (2008): *Netzwerkmanagement. Koordination von professionellen Vernetzungen – Grundlagen und Beispiele*, Wiesbaden: VS Verlag für Sozialwissenschaften.
Schubert, Herbert (2008a): *Netzwerkkooperation. Organisation und Koordination von professionellen Vernetzungen.* In: Schubert, Herbert (Hrsg.): Netzwerkmanagement. Koordination von professionellen Vernetzungen – Grundlagen und Beispiele, Wiesbaden: VS Verlag für Sozialwissenschaften, S. 7–105.
Schubert, Herbert (2009): *Prozessketten knüpfen. Netzwerkmanagement im Sozialraum.* In: SOZIALwirtschaft Zeitschrift für Sozialmanagement, 19. Jahrgang, Heft 2, S. 6–9.
Schubert, Herbert (2010): *Neue Arrangements der Wohlfahrtsproduktion – am Beispiel der Organisation von Netzwerken früher Förderung.* In: Wolf Rainer Wendt (Hrsg.): Wohlfahrtsarrangements – Neue Wege in der Sozialwirtschaft, Forschung und Entwicklung in der Sozialwirtschaft Band 6, Baden Baden: Nomos Verlag, S. 53–86.

Schubert, Herbert (2011): *Gestaltung und Koordination von Dienstleistungsketten.* Verfügbar unter http://www.alleinerziehende-bmas.de/index.php/meldung/items/35.html (letzter Zugriff 21.11.2011).

Schubert, Herbert (2012a): *Service Chain Management. Wertschöpfung in der Sozialwirtschaft entlang von Dienstleistungsketten.* In: Bassarak, Herbert, Maelicke, Bernd & Schneider, Armin (Hrsg.) (2012): Wirkungsorientierung und Wertschöpfung. Zukunftsthemen der Sozialwirtschaft. München: Ziel-Verlag oder Baden Baden: Nomos, im Erscheinen.

Schubert, Herbert (2012b): *Netzwerkorganisation in der deutschen Sozialwirtschaft – Entwicklung eines Modells für die kommunale Sozialplanung.* In: Bassarak, Herbert & Schneider, Armin (Hrsg.) (2012): Forschung und Entwicklung im Management sozialer Organisationen. München: Ziel-Verlag, S. 106–129.

Schubert, Herbert & Puskeppeleit, Marika (2011): *Qualitätsentwicklung in Bildungslandschaften.* In: Bleckmann, Peter & Schmidt, Volker (Hrsg.) (2011): Bildungslandschaften. Mehr Chancen für alle. Wiesbaden: Verlag für Sozialwissenschaften, S. 98–116.

Schwarz, Peter, Purtschert, Robert, Giroud, Charles & Schauer, Reinbert (2002): *Das Freiburger Management-Modell für Nonprofit-Organisationen.* 4. Auflage. Bern, Stuttgart, Wien: Verlag Haupt.

Straus, Florian (1990): *Netzwerkarbeit. Die Netzwerkperspektive in der Praxis.* In: Textor, Martin R. (Hrsg.) (1990): Hilfen für Familien. Ein Handbuch für psychosoziale Berufe. Frankfurt/Main: Fischer, S. 496–520.

Subjektbezogene Berufsorientierung – Individueller Lernprozess und kooperative Aufgabe[1]

Bert Butz & Sven Deeken

„Immer noch brechen zu viele ihre Lehre ab und bleiben später ohne abgeschlossene Berufsausbildung. Eine frühzeitige und professionelle Berufsorientierung kann hier wirksam gegensteuern, weil sie den Jugendlichen Perspektiven aufzeigt und Mut macht", so BIBB-Präsident Friedrich Hubert Esser anlässlich der ersten Berufsorientierungstagung des Bundesinstituts für Berufsbildung (BIBB) im Dezember 2011 in Berlin[2]. Was aber gehört zu einer professionellen Berufsorientierung?

Der Übergang von der Schule in die Arbeitswelt sowie die Berufsorientierung als Vorbereitung auf diesen Prozess nehmen seit Jahren in der öffentlichen und fachlichen Diskussion einen großen Raum ein. Mehrere bundesweite Programme wie „Schule – Wirtschaft/Arbeitsleben"[3] zwischen 2000 und 2007 oder aktuell „Berufsorientierung in überbetrieblichen und vergleichbaren Bildungsstätten"[4] wurden aufgelegt, hinzu kamen zahlreiche Aktivitäten der Länder, der Kommunen, von Stiftungen und einzelnen engagierten Schulen bzw. Lehrkräften.

Der Berufsorientierung werden sehr vielfältige und unterschiedlich intensive Maßnahmen zugeordnet, denen unterschiedliche Intentionen zugrunde liegen: z. B. der erfolgreiche Übergang in ein Ausbildungsverhältnis bzw. in eine weiterführende Bildungsmaßnahme oder die Herstellung von Ausbildungsreife und Förderung bestimmter „arbeitsweltrelevanter" Kompetenzen – und somit die Sicherung des Ausbildungsnachwuchses, nicht nur für so genannte „Mangelberufe".

---

1 Der Beitrag ist eine gekürzte und überarbeitete Version der vom Good-Practice-Center des BIBB in Auftrag gegebenen Expertise „Berufsorientierung – Beitrag zur Persönlichkeitsentwicklung" (Deeken & Butz 2010): http://www.good-practice.de/expertise_berufsorientierung_web.pdf).
2 Vgl. http://www.bibb.de/de/60225.htm (BIBB-Pressemitteilung 53/2011 vom 12.12.2011).
3 Nähere Informationen siehe unter http://www.swa-programm.de.
4 Nähere Informationen siehe unter http://www.bibb.de/de/32010.htm.

Auf der anderen Seite kann Berufsorientierung aber auch als pädagogischer Auftrag verstanden werden, Jugendliche zu befähigen, mit den Herausforderungen des ständigen Wandels in Arbeitswelt und Gesellschaft umzugehen, sich ihre Lebenschancen zu sichern sowie biografische Selbstkompetenz aufzubauen. Der vorliegende Beitrag stellt ein umfassendes systemisches Verständnis der Berufsorientierung vor, das von den individuellen Voraussetzungen und Entwicklungsprozessen der Jugendlichen ausgeht, diese mit den objektiven Voraussetzungen der Berufs- und Arbeitswelt verknüpft und damit die Voraussetzung schafft, komplexe integrative Angebote zu entwickeln, die sowohl den individuellen Wünschen als auch den gesellschaftlichen Ansprüchen Rechnung tragen. Dieser Ansatz einer subjektbezogenen, also von der Persönlichkeit ausgehenden Berufsorientierung nimmt die Jugendlichen in ihrem sozialen Kontext wahr und macht sie zum Ausgangspunkt komplexer lebensweltorientierter Angebote. Um Zugänge in die Arbeitswelt für alle Jugendliche zu verbessern, muss sich Schule gegenüber ergänzenden pädagogischen und praxisbezogenen Angeboten öffnen und sich mit ihren Maßnahmen als Teil einer kohärenten Förderkette verstehen. Berufsorientierung wird insofern als umfassendes kooperatives Handlungskonzept verstanden, an dem unterschiedliche Partner und Akteure an unterschiedlichen Lernorten beteiligt sind.

6.1 Ausgangslage

Die enormen Veränderungen und Weiterentwicklungen der letzten Jahrzehnte in der Arbeitswelt müssen Auswirkungen auf die Inhalte und Zielsetzungen einer umfassenden Berufsorientierung haben[5]. Mit den vielfältigen, immer schneller ablaufenden Wandlungsprozessen ergeben sich veränderte, in der Regel erhöhte Anforderungen an die Arbeitskräfte und Auszubildenden. In der Folge haben vor allem leistungsschwächere Jugendliche oftmals große Schwierigkeiten, einen Ausbildungsplatz zu finden. Selbst erfolgreiche Hauptschulabsolventinnen und -absolventen benötigen oft einen längeren Zeitraum bis zum Erreichen eines Ausbildungsplatzes (Seibert & Kleinert 2009, 2). Für den Zugang ins ‚Duale System' gilt faktisch schon seit Beginn der 1990er Jahre ein Hauptschulabschluss als Mindestanforderung. Ohne Zugang zu einer vollqualifizierenden Ausbildung steigen jedoch die Arbeitsmarktrisiken drastisch (vgl. Seibert & Kleinert 2009, 4). Es kann nicht „mit einer dauerhaften existenzsichernden Integration in das Beschäftigungssystem gerechnet werden" (BIBB 2008, 2). Auch Alternativen zur dualen

---

5   Zu den wichtigsten Veränderungen der Arbeitswelt vgl. Schober 2001, 15 ff.

Ausbildung sind Absolventen der Hauptschule bzw. Jugendlichen ohne Abschluss in der Regel verschlossen.

Über die gestiegenen Anforderungen beim Zugang zu Ausbildung und Beruf hinaus, haben die Veränderungen der Arbeitswelt auch gesellschaftliche und soziale Konsequenzen für jeden Erwerbstätigen. Infolge der Einführung flexibler Arbeitszeiten und neuer Erwerbsformen kommt es vielfach zu neuen Lebensmodellen mit unterschiedlichen Phasen von Lern- und Erwerbszeiten, von Familien- und gesellschaftlicher Arbeit, von Aus- und Weiterbildung. Die Übergänge zwischen diesen Phasen sind gekennzeichnet von biografischen Brüchen und Neuorientierungen. Die Planbarkeit der eigenen Berufs- bzw. Erwerbsbiografie geht zu einem guten Teil verloren.

Somit steigen die Herausforderungen an die Menschen, sich für ihre Umwelt mit ihren Veränderungen und Entwicklungen zu öffnen, diese auf die eigenen persönlichen Potenziale und Fähigkeiten zu beziehen und die damit verbundenen Möglichkeiten zur weiteren Lebensplanung zu erkennen und zu verfolgen. Diese Aspekte erfordern die Auseinandersetzung mit Themen und Lernaufgaben, die über die Berufswahl hinaus viel mit der Vorbereitung auf das Leben in Arbeitswelt und Gesellschaft zu tun haben (vgl. Butz 2008, 48 f.).

Vor allem benachteiligte Jugendliche, die keinen Zugang zu einer Ausbildungsstelle haben, müssen sich auf atypische Beschäftigungsformen und/oder Arbeitslosigkeit einstellen. Angesichts kaum vorhersehbarer Entwicklungen und der damit verbundenen Unsicherheit erweisen sich für sie die notwendigen Entscheidungen zur Lebens- und Erwerbsgestaltung mit langfristiger Perspektive als äußerst schwierig. Sie reagieren darauf mit der Suche nach Alternativen und der Verschiebung langfristig wirkender Entscheidungen, was sich z. B. an einer Verlängerung der schulischen Phase oder der Aufnahme berufsvorbereitender Maßnahmen ablesen lässt (vgl. Ulrich 2007, 2009). Unsicherheit und fehlende Perspektiven zur eigenständigen Gestaltung der Berufsbiografie und zur Lebensplanung gefährden die Bildungsziele der Integration in die Arbeitswelt und der darüber vermittelten Teilhabe an der Gesellschaft. Jugendliche brauchen Kompetenzen, die sie befähigen, sich zu orientieren und mit den Herausforderungen des Übergangs in die Arbeitswelt konstruktiv umzugehen. Besonders die Eigenverantwortung der Jugendlichen gewinnt an Bedeutung. Sie müssen sich selbst orientieren sowie ihren eigenen Standort finden und ständig neu bestimmen können, so dass sie selbständig in der Lage sind, ihre Bildungs-, Berufs- und Arbeitsbiografie zu gestalten und dies auch noch in Einklang mit ihren sonstigen Lebenswünschen zu bringen. Diese hier nur angedeutete Komplexität bestimmt die Anforderungen an ein modernes Berufsorientierungsverständnis.

6.2 Subjektbezogene Berufsorientierung – Berufsorientierung als Berufs- und Lebensplanung

Es lassen sich grundsätzlich zwei Perspektiven von Berufsorientierung unterscheiden. Zum einen wird Berufsorientierung als Lernarrangement und als unterstützendes Lernangebot verstanden und umfasst unterschiedliche Bausteine und Aktivitäten an verschiedenen Lern- und Praxisorten. Zum anderen ist Berufsorientierung als individueller Lernprozess aller Jugendlichen zu sehen, in dem sie sich ständig neu orientieren und neue persönliche Standortbestimmungen vornehmen müssen.

Unterstützungsangebote zur individuellen Berufsorientierung, die die aktuellen Änderungsprozesse in Arbeitswelt und Gesellschaft berücksichtigen, betonen zunächst die Herausbildung eines stabilen Fundaments von personalen und psychosozialen Kompetenzen, ohne dabei die fachlichen und methodischen Kompetenzen zu vernachlässigen. Es geht vorrangig um eine mit Lebensperspektive verbundene Sinnfindung durch Persönlichkeitsstärkung: nicht (mehr) primär um die Frage „Was will ich werden?", sondern in immer stärkerem Maße, „Wie will ich später leben und arbeiten?" und „Was kann ich überhaupt erreichen?" (vgl. Schudy 2002, 12) – wobei Letzteres die Herausforderung betrifft, die eigenen „realen" Fähigkeiten, Potenziale und Möglichkeiten mit den individuellen beruflichen Vorstellungen in Übereinstimmung zu bringen.

Die Antworten auf diese Fragen sind die Grundvoraussetzung,

- um später im Rahmen der Arbeitssuche selbständige und den eigenen Fähigkeiten und Wünschen entsprechende Schritte unternehmen zu können,
- um in der Lage zu sein, sich am Arbeitsplatz angemessen zu verhalten und mit auftretenden beruflichen Brüchen ebenso wie mit Erwerbslosigkeit umgehen zu können und
- um seine Leistungspotenziale ausschöpfen zu können.

Dies bedeutet einen Paradigmenwechsel in der Berufsorientierung: weg von der beruflichen Beratung – hin zur Förderung des beruflichen Selbstkonzepts (Meier 2002, 149 f.).

6.2.1 Berufsorientierung als individueller Lernprozess

Berufsorientierung[6] lässt sich definieren als ein lebenslanger Prozess der Annäherung und Abstimmung zwischen Interessen, Wünschen, Wissen und Können des Individuums auf der einen und den Möglichkeiten, Bedarfen und Anforderungen der Arbeits- und Berufswelt auf der anderen Seite. Beide Seiten, und damit auch der Prozess der Berufsorientierung selbst, sind von gesellschaftlichen Werten, Normen und Ansprüchen und den technologischen und sozialen Entwicklungen im Wirtschafts- und Beschäftigungssystem geprägt, die ihrerseits wiederum einem ständigen Wandel unterliegen. Berufsorientierung ist somit ein Lernprozess, der sowohl in formellen, organisierten Lernumgebungen als auch informell im alltäglichen Lebensumfeld stattfindet (vgl. Famulla & Butz 2005).

Die informellen Lernprozesse stellen eine besondere Herausforderung für berufsorientierende Maßnahmen dar, da sich Teilgruppen von Jugendlichen alltäglich in einem sozialen Umfeld bewegen, in dem die Ausübung von Erwerbsarbeit keine Selbstverständlichkeit darstellt (vgl. Pfahl 2004, 1). Der Wegfall sozial normierter, etablierter Ausbildungs- und Berufswege erzwingt verstärktes eigenverantwortliches Handeln. Auf der einen Seite bedeutet dies mehr Freiheit und damit auch mehr Chancen für die Gestaltung des eigenen Lebensweges. Auf der anderen Seite bedarf es auch der Fähigkeiten, diese Freiheit zu nutzen. Sind diese nicht vorhanden, kann Entscheidungsfreiheit auch zu Überforderungen führen.

Eine auf Bildungswirksamkeit angelegte subjektbezogene Berufsorientierung fügt die kognitive Auseinandersetzung mit der Arbeits- und Berufswelt in den allgemeinen lebensweltlichen Kontext der Jugendlichen ein. Sie dient dem Ziel, Informationen, Kenntnisse und Erfahrungen vor dem Hintergrund gesellschaftlicher, betrieblicher und persönlicher Interessen und Wertigkeiten zu interpretieren, zu bewerten und in eigenverantwortliches und zielgerichtetes Handeln übersetzen zu können. Jugendliche werden darin gestärkt, ihre individuelle Arbeits- und Berufsbiografie selbst gestalten zu können (vgl. Famulla & Butz 2005).

Bei einer so verstandenen umfassenden Berufsorientierung ist der Jugendliche Subjekt der Berufsorientierung und nicht Objekt gesellschaftlicher Anforderungen. Subjektbezogene Berufsorientierung ist ein pädagogischer Auftrag, der die möglichst optimale Entwicklung der Jugendlichen im Hinblick auf ihre biografische Selbstkompetenz zum Ziel hat. Sie ist als individueller Lernprozess der Jugendlichen zu sehen, in dem diese fortwährend persönliche Standortbestimmungen vornehmen und überprüfen (müssen). Aspekte über die Berufswahl hinaus wie, Entwurf eines individuellen Lebensplans, Selbstfindung, Work-Life-Balance

---

6   Die folgenden Definitionen sind dem Glossar des Programms „Schule – Wirtschaft/Arbeitsleben" entnommen (http://www.swa-programm.de/texte_material/glossar.html).

etc. müssen in diesen Lernprozess einbezogen werden. Die Herstellung von Ausbildungsreife geht in diesem Ansatz mit der Persönlichkeitsentwicklung gleichberechtigt einher.

6.2.2 Berufsorientierung als kooperative Aufgabe

Umfassende Berufsorientierungskonzepte müssen Lösungswege aufzeigen und sich der Frage stellen, wie der Einzelne – unter Einbezug der individuellen Lebenswelten und sozialen Bezüge – mit den Veränderungen und Herausforderungen umgehen und sie konstruktiv verarbeiten kann. Dieser Auftrag kann nicht einer Institution zugewiesen werden, sondern ist als Aufgabe aller am Berufsorientierungsprozess beteiligten Akteure zu verstehen.

Lernen im Berufsorientierungsprozess stellt sich als Verarbeitung kumulierter Erfahrungen aus der Auseinandersetzung mit neuen Situationen und Eindrücken dar. Die Situationen ergeben sich durch Aktivitäten in den Bereichen Elternhaus, Freizeit, Schule und verschiedener Formen von Arbeit. Die sich dabei einstellenden Erfahrungen werden durch den Einfluss relevanter Bezugspersonen und -gruppen aus dem Alltag der Jugendlichen geprägt, die als Interaktionspartner im Handeln und als Anbieter von Deutungen zur Verfügung stehen: durch die Familie, durch den Freundeskreis, durch die Medien, durch das soziale Umfeld im Stadtviertel und durch den Kontakt mit öffentlichen Institutionen (Schule, Bildungs- und Sozialeinrichtungen, Behörden, Polizei, Einrichtungen der Jugendarbeit).

Berufsorientierung zu gestalten heißt, zielgerichtet Lernumgebungen bzw. Lernsituationen zu schaffen oder zu nutzen, die dazu beitragen, die Fähigkeiten und Möglichkeiten der Jugendlichen zur Berufswahl, zur Bewältigung der Anforderungen der Arbeitswelt und zu deren Mitgestaltung zu verbessern. Diese Aktivitäten beziehen sich auf drei Anforderungsebenen, die in entsprechenden Angeboten enthalten sein sollten: die Wissensebene, die Handlungsebene sowie die Reflexionsebene (von Wensierski u. a. 2005, 16).

Solche gezielten Lernangebote zur Berufsorientierung, die auf Kompetenzentwicklung und Steigerung der Selbstwirksamkeit ausgerichtet sind, können jedoch nur dann effektiv sein, wenn sie das Erfahrungslernen außerhalb formeller Bildungsinstitutionen integrieren. Die berufliche Orientierung steht in einer engen Verbindung zu den privaten Entwicklungsaufgaben, die die Jugendlichen bewältigen und die daher in den Angeboten explizit berücksichtigt werden müssen: Bildung einer eigenen Identität, Definition der eigenen geschlechtsspezifischen Rolle, Überwindung von kulturellen und milieuspezifischen Barrieren, Existenzsicherung, Zukunftsplanung, Vereinbarkeit von Beruf und Elternschaft etc. (vgl. Lippegaus-Grünau 2009, 81). Die Lebenswelterfahrungen der Jugendlichen müssen in die Angebote einbezogen und gemeinsam mit den Jugendlichen kritisch reflektiert werden (vgl. von Wensierski u. a. 2005, 22). Nur durch eine intensive Zusammenarbeit und Abstimmung der Maßnahmen und Initiativen möglichst aller Akteure aus dem Bildungsbereich und dem sozialen Umfeld der Jugendlichen kann diese Leistung erbracht werden. Hierzu gehören Eltern, Vertreter der allgemein und berufsbildenden Schulen, der Unternehmen und Betriebe, der Jugendhilfe, der Bundesagentur für Arbeit und andere mehr.

Gerade für benachteiligte Jugendliche spielt dabei die Einbindung außerschulischer Akteure eine große Rolle. So kann ihnen eine individuelle kontinuierliche Begleitung der Übergänge durch vertraute Personen angeboten werden, beginnend bei der Berufsorientierung in und außerhalb der Schule über eine Begleitung in die Ausbildung bis zur Integration in den Arbeitsmarkt nach Abschluss der Ausbildung (vgl. Deutscher Paritätischer Wohlfahrtsverband 2009, 7). Vergleichbare Ansätze liegen mit den Berufseinstiegsbegleitern und ähnlichen Coaching-Modellen vor.

Der regelmäßige Erfahrungs- und Informationsaustausch über bestehende Beratungs- und Unterstützungsangebote und die gegenseitige Nutzung unterschiedlicher Kompetenzen verhilft den beteiligten Akteuren dazu, den Jugendlichen sinnvoll aufeinander aufbauende Angebote zur Verfügung zu stellen, die an den individuellen Möglichkeiten und Perspektiven der Jugendlichen orientiert sind (vgl. Deutscher Paritätischer Wohlfahrtsverband 2009, 70). Voraussetzung dafür ist allerdings auch eine Verständigung und Abstimmung der unterschiedlichen Professionen, die an der Berufsorientierung der Jugendlichen beteiligt sind, über den Einsatz der Instrumente, ihr Rollenverständnis und die – oft noch unterschiedliche – Einschätzung von Problemlagen und Maßnahmen (vgl. Sektion Berufs- und Wirtschaftspädagogik in der DGfE 2009, 40).

6.3 Qualitätsmerkmale „guter" Berufsorientierung

Was macht eine „gute" Berufsorientierung aus? Subjektbezogene Unterstützungsangebote zur Berufsorientierung, wie sie hier skizziert wurden, stellen den Jugendlichen in den Mittelpunkt. Vorrangiges Ziel ist die Förderung der Entwicklung und Umsetzung eines beruflichen Selbstkonzepts, die Stärkung der Eigenverantwortung und Entscheidungsfähigkeit sowie die Entwicklung arbeitsweltrelevanter Kompetenzen, wie sie beispielsweise im Kriterienkatalog zur Ausbildungsreife (Expertenkreis Ausbildungsreife 2006) dargelegt sind. An dem Erreichungsgrad dieses Zieles muss sich die Qualität von Konzepten der Berufsorientierung messen lassen. Dabei ist der Erfolgsmaßstab die Integration in die Arbeitswelt. Er besteht jedoch nicht allein in der Übernahme eines – womöglich „irgendeines" – Ausbildungsplatzes, sondern in der persönlichen Zufriedenheit und einer hohen Selbstwirksamkeitserwartung der Jugendlichen: Ich weiß, was ich will (privat und beruflich) und wie ich aus meinen Möglichkeiten das Beste machen kann. Und das versuche ich zu erreichen.

Ein Ansatz, der sich zum einen am Subjekt orientiert, zum anderen die jeweilige Lebenswelt dieses Subjekts zum Ausgangspunkt für Kompetenzentwicklung nimmt und gleichzeitig sowohl den Restriktionen und Chancen der vorhandenen spezifischen Interaktionsmöglichkeiten mit der regionalen Umwelt als auch den vorhandenen Kompetenzen der pädagogischen Akteure unterworfen ist, muss variabel in die jeweiligen Umweltbedingungen eingepasst werden. Es gibt keine Blaupause, kein Rezept, das eins zu eins auf andere Situationen übertragbar wäre und für jeden Jugendlichen Erfolg garantieren könnte. Das spezifische Konzept ist in seiner Wirkung immer zeit-, raum- und personenabhängig.

Aus dem umfassenden Anspruch des Zieles und der notwendigen Offenheit in der Umsetzung lassen sich jedoch Strukturmerkmale ableiten, die als Basis für den Aufbau bzw. die Umsetzung eines im oben beschriebenen Sinne guten Berufsorientierungskonzepts dienen können:[7]

- Ausgangspunkt ist der Jugendliche (Subjektbezogene Berufsorientierung)
- Kompetenzorientierung (Feststellung und Entwicklung)
- Vermittlung von Erfolgserlebnissen (Individuelle Förderung)
- Nutzung der unterschiedlichen Lebenswelten (Diversity Management)
- Lernortwechsel (Praxisbezug)
- Stärkung der Selbständigkeit beim Lernen und Entscheiden (Änderung der Lernkultur)
- Systemischer Ansatz (Entwicklung eines Gesamtkonzepts von Berufsorientierung)
- Netzwerke mit allen relevanten Akteuren (regionale und politische Einbindung)
- Kontinuierliches Qualitätsmanagement/Evaluation des Konzeptes (Gestaltung der Rahmenbedingungen)
- Achtung der Selbstbestimmung (Datenschutz).

Diese Merkmale bilden ein stabiles Grundgerüst, das individuell konkretisiert und mit den jeweils passenden Angeboten erweitert werden muss. Dabei ist zu beachten, dass berufsorientierende Konzepte nicht nur die Jugendlichen in den

---

7 Vgl. hierzu die ausführliche Darstellung bei Deeken & Butz 2010, 42 ff. Vgl. auch IRIS 2009, 61 ff.

Blick nehmen dürfen, sondern systemisch ansetzen müssen. D. h. auch die jeweilige Institution als organisatorische Einheit, die pädagogischen Fachkräfte, die Eltern, die Betriebe und das lokale Umfeld sind Gegenstand der Berufsorientierungsarbeit.

6.4 Berufsorientierung als Gemeinschaftsaufgabe – Akteure der Berufsorientierung

Der pädagogische Auftrag der Berufsorientierung ist als allgemeines Bildungsziel fixiert (vgl. Forum Bildung 2002, 15) und als umfassende Vorbereitung auf die Arbeitswelt in allen Schulgesetzen der Länder verankert (vgl. Dedering 2002, 25). Somit liegt es nahe, die Möglichkeiten der allgemein bildenden Schule zu nutzen und zu einem frühen Zeitpunkt mit ersten berufsorientierenden Elementen anzusetzen sowie im weiteren Verlauf den Berufsorientierungsprozess der Jugendlichen kontinuierlich und systematisch zu begleiten. Der Vorteil der Schule im Berufsorientierungsprozess liegt vor allem in der hohen und dauerhaften Erreichbarkeit der Jugendlichen und ihrer Eltern als wichtige Unterstützungsinstanz in Fragen der Berufsorientierung.

Entscheidende Merkmale zur erfolgreichen Umsetzung jahrgangsübergreifender Berufsorientierungskonzepte, wie sie bereits an vielen Schulen existieren, sind

- ein didaktisch und entwicklungspsychologisch begründetes Maßnahmenkonzept unter Einbeziehung des Kollegiums, der Eltern, der Schülerinnen und Schüler, der Schulsozialarbeit, der außerschulischen Partner und weiterer Beteiligter;
- die Verankerung der Berufsorientierung in einem klar definierten Leitbild des gesamten schulischen Handelns,
- die frühzeitige Beteiligung der Anschlusspartner in Bildung und Ausbildung und des Übergangssystems,
- die Sicherstellung der benötigten Qualifikationen im Lehrpersonal innerhalb oder außerhalb der Schule,
- die Anpassung der Schulablauforganisation (Strukturierung der Unterrichtszeit),
- die Einführung von Unterrichtsformen, die Jugendliche in ihrer Rolle als handelndes Subjekt fördern,
- die Einbeziehung des Umfeldes bzw. des Alltagserlebens der Jugendlichen in den Unterricht und
- die Kontrolle des schulischen Handelns im Hinblick auf die Zielerreichung (vgl. Butz 2006, 20 f.).

Der Einsatz von Kompetenzfeststellungsverfahren, oft in Kooperation mit schulexternen Partnern, soll einen zielorientierten, kontinuierlichen individuellen Kompetenzentwicklungs- und Berufsorientierungsprozess gewährleisten. Dieser kann durch ein Portfolio-Instrument (z. B. den Berufswahlpass oder Profilpass) begleitend strukturiert werden.

Durch einen solchen systemischen Ansatz, über die unmittelbare Unterrichtsarbeit mit den Schülerinnen und Schülern hinaus, wird Berufsorientierung zu einer Schulentwicklungsaufgabe, die neben den oben genannten Elementen vor allem die Abstimmung zwischen den unterschiedlichen in, an und außerhalb der Schule tätigen Professionen und ein systematisches Qualitätsmanagement einschließt (vgl. Partner des Nationalen Paktes u. a. 2009, 5 f.).

Die Vertreter der allgemein bildenden Schule müssen sich dabei jedoch über ihre eigenen Qualitäten und Grenzen im Klaren sein. Alleine verfügt die Schule nur über eingeschränkte Kenntnisse und Zugänge zu den Arbeits- und Lebenswelten. Auch die Rolle der Lehrenden sowie ihr Verhältnis zu den Schülerinnen und Schülern sind zwiespältig. Lehrkräfte sind nicht nur Berater, sondern treten ebenso als „Richter" über die Lebenschancen der Jugendlichen auf (vgl. Rademacher 2002, 56). Die Schule kann deshalb die genannten Aufgaben nur in Absprache und Kooperation mit Partnern, insbesondere aus der Arbeitswelt und der (außerschulischen) Jugendarbeit, effektiv übernehmen. Diese Zusammenarbeit ermöglicht unterschiedliche Perspektiven und Rollen, regelmäßige Lernortwechsel und neue Lernwege. Durch den Einbezug der jeweiligen Lebenswelt können nachhaltige und realistische Kenntnisse der beruflichen Erwerbsarbeit sowie der gesellschaftlichen Anforderungen vermittelt und die dafür relevanten Kompetenzen gezielt bei den Schülerinnen und Schülern aufgebaut werden.

Neben den allgemeinbildenden Schulen spielen Betriebe und Unternehmen die wichtigste Rolle im Berufsorientierungsprozess. Den Jugendlichen sowie den Pädagogen werden durch unterschiedliche Angebote umfassende Möglichkeiten geboten, die Anforderungen der Arbeits- und Berufswelt für Jugendliche anschaulich zu erfahren. Vor allem angeleitete Praktika gelten als zentrales Element, um frühzeitig Einblicke in die Arbeitswelt, in Unternehmenskulturen und betriebliche Anforderungen zu vermitteln.

Als ein weiterer Akteur der Berufsorientierung initiiert und unterstützt die Bundesagentur für Arbeit bundesweit – über die Angebote auf örtlicher Ebene hinaus – Programme zur Berufsorientierung, etwa im Rahmen der vertieften Berufsorientierung nach §§ 33 und 421 SGB III in Kooperation mit den Ländern. Im Rahmen der „Berufseinstiegsbegleitung"[8] kann die Bundesagentur für Arbeit

---

8   Vgl. http://www.good-practice.de/infoangebote_beitrag3544.php

Maßnahmen zur individuellen Begleitung und Unterstützung benachteiligter Jugendlicher fördern.

Die Jugendsozialarbeit umfasst unter anderem zielgruppenspezifische Aufgaben zur Förderung junger Menschen (vgl. § 13 SGB VIII). Darunter fallen auch einzelfallbezogene Beratungs- und Betreuungsangebote zur schulischen, beruflichen und sozialen Eingliederung. Des Weiteren unterstützen Träger der Jugendberufshilfe die Berufsorientierung der allgemein bildenden Schulen durch unterschiedliche Angebote, wie z. B. Berufsorientierungsseminare und Kompetenzfeststellungsverfahren.

Als weitere Akteure sind die Berufsbildenden Schulen zu nennen[9]. Sie treten vor allem als abnehmende Bildungseinrichtungen im Ausbildungs- und Übergangssystem auf, an der Nahtstelle zwischen allgemeiner und beruflicher Bildung. Die oftmals noch auszubauenden Kooperationen zwischen allgemein bildenden und berufsbildenden Schulen (vgl. Schreier 2006) können eine wichtige Rolle zur Erleichterung der Übergänge und zur Verbesserung der Information über Bildungsangebote und neue Entwicklungen in Bildungsgängen und/oder Berufsfeldern einnehmen.

6.5 Berufsorientierung als regionale Koordinationsaufgabe

Subjektbezogene Berufsorientierung, so wie sie in diesem Beitrag vorgestellt wird, lässt sich weder zeitlich noch räumlich-institutionell eingrenzen. Sie ist ein lebenslanger Prozess und eine lernortunabhängige und permanente individuelle Lernleistung. Eine Vielzahl von Akteuren im Bereich des Übergangs Schule – Arbeitswelt ist mit unterstützenden Angeboten in diesem Feld tätig, und jeder verfügt über einen jeweils begrenzten Zugang zu den Jugendlichen. Die Akteure folgen jeweils unterschiedlichen Interessen und unterschiedlichen Handlungslogiken und Wertmustern (vgl. Schreier 2006 & von Wensierski u. a. 2005, 27 ff.) und befinden sich in wirtschaftlichen und legitimatorischen[10] Konkurrenzsituationen (vgl. Weinheimer Initiative 2008, 2 f.), können aber dadurch auch spezifische und sich ergänzende Kompetenzen in die Berufsorientierung einbringen.

---

9 Unter dem Begriff „Berufsbildende Schulen" treten unterschiedliche Schularten auf (vgl. Deeken & Butz 2010, 36).
10 Das bezieht sich im Beispiel der Weinheimer Initiative auf die Konkurrenz zwischen Schulen, die sich gegenüber der lokalen Öffentlichkeit und den Eltern durch ihr Schulkonzept als öffentlicher Bildungsträger legitimieren müssen.

Eine subjektbezogene Berufsorientierung, die die Jugendlichen bei ihren arbeitsweltbezogenen Entwicklungsprozessen unterstützen soll, erfordert Abstimmung und Kontinuität ihrer Angebote. Dafür ist eine umfangreiche Koordinierungsleistung auf zwei Ebenen notwendig: auf der individuellen Ebene der Förderung der berufsbiografischen Kompetenz der Jugendlichen und auf der institutionellen Ebene der Ausgestaltung einer professionellen und bedarfsgerechten Angebotslandschaft (vgl. IRIS 2009).

Diese Koordinierungsleistung sollte vorrangig auf der kommunalen bzw. regionalen Ebene geleistet werden, um sowohl die Berufsorientierung jeder einzelnen Schule zu gewährleisten als auch die Außenbeziehungen der Schulen mit externen Partnern innerhalb des gesamten lokalen, auf die Sekundarstufe I bezogenen Systems zu moderieren (Weinheimer Initiative 2008, 2 f.). Hierzu bedarf es der Einbindung der Berufsorientierung in ein regionales, kommunal verantwortetes Übergangsmanagement. Ziel eines regional gesteuerten Übergangsmanagements „ist es, die Schnittstellen zwischen den einzelnen Bildungsbereichen zu optimieren, um Bildungszeiten nicht unnötig zu verlängern und die eingesetzten Ressourcen besser zu nutzen."[11]

Ein gutes, als Prozessmanagement verstandenes Übergangsmanagement legt Wert auf die zielgerichtete Entwicklung von grundlegenden Kompetenzen und Einstellungen zur Bewältigung der Übergänge und verzahnt und steuert die Bildungsphasen sowohl auf der Ebene der institutionellen Kooperationen als auch der individuellen Förderung von berufsbiografischer Kompetenz (vgl. Butz 2007, 6).

Umstritten ist, in wessen Verantwortung diese Aufgaben liegen sollen. Dass Berufsorientierung zum schulgesetzlich vorgesehenen Aufgabenbereich der allgemein bildenden Schule gehört und eines der zentralen Ziele jeglicher Bildungsarbeit ist, spricht für die Zuständigkeit der Schulen (vgl. Schudy 2002, 9/Famulla 2008, 40 f.). Andererseits kann auf die sozialpädagogisch geprägte Aufgabe der Begleitung individueller Berufsorientierungsprozesse verwiesen werden, die zudem in ihrer zeitlichen Reichweite weit über den Schulbesuch hinausgeht und deshalb eher in der außerschulischen Jugendarbeit anzusiedeln ist. Allgemein bildende Schulen wären dann zwar in eine berufsorientierende Jugendbildung eingebunden, die zentralen Beratungsleistungen würden aber eher von der schulexternen Jugendarbeit geleistet werden (vgl. von Wensierski u. a. 2005, 45 f.)[12].

---

11 Glossar des Good Practice Centers: http://www.good-practice.de/2806.php#glossar2906 (letzter Zugriff: 10.3.2012).
12 Eine dritte Variante sieht die Schulsozialarbeit in der Verantwortung. Die Schulsozialarbeit ist allerdings derzeit hinsichtlich ihres Umfangs und ihrer Gestaltung – z. B. im Vergleich zu den skandinavischen Ländern – in Deutschland noch unterentwickelt, was ihre Möglichkeiten im Bereich der Berufsorientierung einschränkt. Eine ausführliche Diskussion dieser Variante einschließlich aller Problemfelder (Ausstattung, Kooperation unterschiedlicher

Eine Entscheidung über die beste Lösung wäre immer abhängig von den konkreten Rahmenbedingungen vor Ort. Mit der Unterstützung und dem Überblickswissen einer regionalen Koordinierungsstelle könnten die vielfältigen Förder- und Qualifizierungsangebote transparent dargestellt und vermittelt sowie zielgerichtet auf die individuellen Bedürfnisse abgestimmt werden. Die vorhandenen Strukturen wären mit einzubeziehen und damit Doppelstrukturen und parallele Förderungen zu vermeiden. Eine solche Stelle scheint angesichts der lokalen und regionalen Entscheidungsstrukturen und Ressourcenverwaltung nur in kommunaler Trägerschaft denkbar. Sie kann die Verantwortung der verschiedenen Akteure bündeln und ein gemeinsames Verständnis unter gemeinsamer Verantwortung schaffen. Mit der Koordination auf der lokalen Ebene kann dazu beigetragen werden, die Perspektive der einzelnen Institutionen zu überwinden und gegenseitige Konkurrenz zu vermindern (vgl. Weinheimer Initiative 2008, 2).

6.6 Fazit

Eine subjektbezogene Berufsorientierung, wie sie in diesem Beitrag umrissen wurde, ist gekennzeichnet durch einen frühen und damit präventiven Beginn berufsorientierender Maßnahmen und durch den individuellen Ansatz einer langjährigen, intensiven Prozessbegleitung der Jugendlichen, die Erfolgserlebnisse und Fortschritte kenntlich macht und mit dem Abschluss eines Ausbildungsvertrags nicht unbedingt beendet ist. Dazu bedarf es der Netzwerkbildung und der vertikalen sowie der horizontalen Kooperation aller Akteure, damit sich in der Umsetzung der Berufsorientierungskonzepte innerhalb eines regionalen Übergangsmanagements ein gemeinsames Verständnis entwickeln kann.

Der besondere Stellenwert der subjektbezogenen Berufsorientierung liegt in der individuellen Ansprache der Jugendlichen. Sie sollen befähigt werden, entsprechend ihrer spezifischen Voraussetzungen und Bedürfnisse einen eigenen Weg zu planen und zu gehen. Dabei spielt das Prinzip der Partizipation eine große Rolle: Die Jugendlichen werden zur eigenständigen Auseinandersetzung mit der eigenen Person und zur Gestaltung ihrer Bildungs-, Berufs- und Lebensplanung motiviert.

Innerhalb subjektbezogener Ansätze von Berufsorientierung sind darüber hinaus die Reflexion des Rollenverständnisses der Beteiligten, insbesondere der pädagogischen Fachkräfte, und ihre Vorbereitung auf eher moderierende, motivierende und begleitende Aufgaben unabdingbar. Subjektbezogene Berufs-

---

Professionen, Zuständigkeit über die Schulzeit hinaus) würde den Rahmen dieses Beitrages sprengen.

orientierung erfordert die Qualifizierung aller Beteiligten für neue und andere Aufgaben: Kompetenzfeststellung, individuelle Förderung, Lernberatung, Begleitung/Coaching etc. Gleichzeitig erfordern neue Instrumente die langfristige Sicherstellung der zu ihrer Durchführung notwendigen Ressourcen. Dies betrifft nicht nur Geld, sondern auch Faktoren wie Zeit und verfügbare Kompetenzen und Qualifikationen des lehrenden und begleitenden Personals. Nicht zuletzt verändern kooperative Konzepte die Anforderungen an finanzielle und organisatorische Gestaltungsspielräume der Akteure, z. B. der Schulen.

Erfolgreiche Berufsorientierungskonzepte erfordern letztendlich dauerhafte Strukturen. Dazu ist es notwendig, sich von der heute oft gängigen Praxis zu verabschieden, Berufsorientierung über befristete Fördergelder abzusichern bzw. als Projekt zu finanzieren. Berufsorientierung ist kein Projekt, dessen Relevanz nur vorübergehend gegeben ist. Insbesondere die häufig prekären Arbeitsbedingungen der sozialpädagogischen Fachkräfte in solchen Projekten erschweren den Aufbau von Beziehungen zu den Jugendlichen wie auch die kontinuierliche Kooperation, da es durch die Befristung an Stetigkeit und Vertrauen fehlt. Vielfach bleiben auch der Transfer von Konzepten und die Verstetigung der zahlreich vorliegenden Erkenntnisse und Erfahrungen zur Berufsorientierung hinter den Erwartungen und Absichtserklärungen zurück. Statt weiterer Modellprojekte und Neuentwicklungen liegen die großen Herausforderungen derzeit in der Umsetzung vorliegender Erkenntnisse und Erfahrungen, im Aufbau von regel- und dauerhaften Strukturen und in der Verankerung der Berufsorientierung im pädagogischen Alltag.

Allerdings: Berufsorientierung schafft keine Ausbildungsplätze. Eine Berufsorientierung, die sich an der Persönlichkeit ausrichtet, muss daher eingebettet sein in dringend notwendige strukturelle Veränderungen im Übergang Schule – Beruf. Dazu gehört vor allem ein ausreichendes Angebot an Ausbildungsstellen oder anderen qualifizierenden Bildungs- und Ausbildungsmöglichkeiten – sowie auch insgesamt eine Verbesserung der Lebens- und Entwicklungsbedingungen innerhalb der Lebenswelten der Jugendlichen. Beides sind politische Aufgaben, die nicht allein pädagogisch gelöst werden können.

Literatur

Bundesinstitut für Berufsbildung (BIBB) (2008): *Welche Jugendlichen bleiben ohne Berufsausbildung?* BIBB-Report Ausgabe 6/08. Verfügbar unter: http://www.bibb. de/de/49930.htm (letzter Zugriff: 29.12.2011).

Butz, Bert (2008): *Grundlegende Qualitätsmerkmale einer ganzheitlichen Berufsorientierung.* In: Wissenschaftliche Begleitung des Programms „Schule – Wirtschaft/

Arbeitsleben" (Hrsg.) (2008): Berufsorientierung als Prozess. Persönlichkeit fördern, Schule entwickeln, Übergang sichern. Schlussbericht des SWA-Programms, S. 42–62.

Butz, Bert (2007): *Von der Berufsorientierung zum Übergangsmanagement.* Vortrag auf der Fachtagung „Zwischen Qualifikationswandel und Marktenge. Konzepte und Strategien einer zeitgemäßen Berufsorientierung" der Pädagogischen Hochschule Karlsruhe am 10.10.2007 in Karlsruhe.

Butz, Bert (2006): *Berufsorientierung an Schulen mit Ganztagsangebot.* Eine Expertise im Auftrag des BLK-Verbundprojekts „Lernen für den Ganztag". Brandenburg. Verfügbar unter: http://www.ganztag-blk.de/cms/upload/pdf/brandenburg/Butz_Berufsorientierung.pdf (letzter Zugriff: 29.12.2011).

Dedering, Heinz (2002): *Entwicklung der schulischen Berufsorientierung in der Bundesrepublik Deutschland.* In: Schudy, Jörg (Hrsg.) (2002): Berufsorientierung in der Schule. Bad Heilbrunn: Klinkhardt Verlag, S. 17–32.

Deeken, Sven & Butz, Bert (2010): *Berufsorientierung – Beitrag zur Persönlichkeitsentwicklung. Expertise im Auftrag des Good-Practice-Centers des BIBB.* Verfügbar unter: http://www.good-practice.de/expertise_berufsorientierung_web.pdf (letzter Zugriff: 29.12.2011).

Deutscher Paritätischer Wohlfahrtsverband – Gesamtverband e. V. (Hrsg.) (2009): *Neue Arbeitsmarktpolitische Instrumente für Jugendliche. Expertise.* Berlin. Verfügbar unter: http://www.der-paritaetische.de/uploads/tx_pdforder/expertise_arbeitsmarktpolitik_web.pdf (letzter Zugriff: 29.12.2011).

Expertenkreis Ausbildungsreife (2006): *Nationaler Pakt für Ausbildung und Fachkräftenachwuchs in Deutschland. Kriterienkatalog zur Ausbildungsreife.* Verfügbar unter: http://www.bibb.de/dokumente/pdf/a21_PaktfAusb-Kriterienkatalog-AusbReife.pdf (letzter Zugriff: 22.02.2012).

Famulla, Gerd-E. (2008): *Berufsorientierung im Strukturwandel von Arbeitsmarkt und Beruf.* In: Wissenschaftliche Begleitung des Programms „Schule – Wirtschaft/Arbeitsleben" (Hrsg.) (2008): Berufsorientierung als Prozess. Persönlichkeit fördern, Schule entwickeln, Übergang sichern. Schlussbericht des SWA-Programms, S. 26–41.

Famulla, Gerd-E. & Butz, Bert (2005): *Berufsorientierung. Stichwort im SWA-Glossar auf der Homepage des Programms „Schule – Wirtschaft/Arbeitsleben".* Verfügbar unter: http://www.swa-programm.de/texte_material/glossar/index_html_stichwort=Berufsorientierung.html (letzter Zugriff: 29.12.2011).

Forum Bildung (2002): *Empfehlungen und Einzelergebnisse des Forum Bildung II,* Bonn.

IRIS e. V. (2009): *Studie „Professionalisierung des Systems der Berufsorientierung im Freistaat Sachsen". Konzept für ein System der Berufsorientierung im Freistaat Sachsen.* Dresden. Verfügbar unter: http://www.good-practice.de/konzept_bo_sachsen.pdf (letzter Zugriff: 29.12.2011).

Lippegaus-Grünau, Petra (2009): *Kompetenzen entdecken und entwickeln. Sozialpädagogisch orientierte Kompetenzfeststellung im Übergang Schule – Beruf, dargestellt am Beispiel einer Diagnose- und Trainingseinheit für benachteiligte Jugendliche.* Offenbach am Main.

Meier, Bernd (2002): *Biographisch orientierte Berufswahlvorbereitung.* In: Schudy, Jörg (Hrsg.) (2002): Berufsorientierung in der Schule. Bad Heilbrunn: Klinkhardt Verlag, S. 143–156.

Partner des Nationalen Pakts für Ausbildung und Fachkräftenachwuchs in Deutschland/Bundesagentur für Arbeit/Kultusministerkonferenz/Wirtschaftsministerkonferenz (2009): *Berufswegeplanung ist Lebensplanung. Partnerschaft für eine kompetente Berufsorientierung von und mit Jugendlichen.* Verfügbar unter: http://www.kmk.org/fileadmin/veroeffentlichungen_beschluesse/ Ohne_Datum/00_00_00-Erklaerung-Berufswegeplanung.pdf (letzter Zugriff: 29.12.2011).

Pfahl, Lisa (2004): *Stigma-Management im Job-Coaching. Berufsorientierungen benachteiligter Jugendlicher.* Max-Planck-Institut für Bildungsforschung, Selbständige Nachwuchsgruppe, Working Paper 1/2004. Verfügbar unter: http://www.mpib-berlin.mpg.de/volltexte/institut/dok/full/nwg/NWG_dipl_pfahl.pdf (letzter Zugriff: 29.12.2011).

Rademacker, Hermann (2002): *Schule vor neuen Herausforderungen. Orientierung für Übergänge in eine sich wandelnde Arbeitswelt.* In: Schudy, Jörg (Hrsg.) (2002): Berufsorientierung in der Schule. Grundlagen und Praxisbeispiele. Bad Heilbrunn: Klinkhardt Verlag, S. 51–68.

Schober, Karen (2001): *Berufsorientierung im Wandel – Vorbereitung auf eine veränderte Arbeitswelt.* Vortrag auf der 2. SWA-Fachtagung in Bielefeld am 30./31.05.2001. Verfügbar unter: http://www.swa-programm.de/tagungen/bielefeld.html (letzter Zugriff: 29.12.2011).

Schreier, Claudia (2006): *Modul 3. Kooperation mit abgebenden Schulen.* In: Professionell Kooperieren – ProKop: 4. Zwischenbericht. Flensburg, S. 45–55. Verfügbar unter: http://www.biat.uni-flensburg.de/biat/index_projekte.htm (letzter Zugriff: 29.12.2011).

Schudy, Jörg (2002): *Berufsorientierung als schulstufen- und fächerübergreifende Aufgabe.* In: Schudy, Jörg (Hrsg.) (2002): Berufsorientierung in der Schule. Bad Heilbrunn: Klinkhardt Verlag, S. 9–16.

Seibert, Holger & Kleinert, Corinna (2009): *Duale Berufsausbildung. Ungelöste Probleme trotz Entspannung.* IAB-Kurzbericht 10. Verfügbar unter: http://doku.iab.de/ kurzber/2009/kb1009.pdf (letzter Zugriff: 29.12.2011).

Sektion Berufs- und Wirtschaftspädagogik in der Deutschen Gesellschaft für Erziehungswissenschaft (DGfE) (Hrsg.) (2009): *Memorandum zur Professionalisierung des pädagogischen Personals in der Integrationsförderung aus berufsbildungswissenschaftlicher Sicht.* Bonn.

Ulrich, Joachim Gerd u. a. (2009): *Im Zeichen von Wirtschaftskrise und demografischem Einbruch: die Entwicklung des Ausbildungsmarktes im Jahr 2009.* BIBB-Erhebung über neu abgeschlossene Ausbildungsverträge zum 30. September 2009. Verfügbar unter: http://www.bibb.de/de/53060.htm (letzter Zugriff: 29.12.2011).

Ulrich, Joachim Gerd (2007): *Leerlauf, Vorlauf oder Sprungbrett?: Der verlängerte Anlauf bis zum Berufseinstieg, seine Ursachen und Auswirkungen.* Vortrag auf dem 1. Bildungsforum Schleswig-Holstein „Eine Generation in der Warteschleife? Herausforderungen für die berufliche Bildung". Kiel. Verfügbar unter: http://

www.bibb.de/dokumente/pdf/a21_wirueberuns_vortraege2007_ulrich_berufs-einstieg_IQSH_Kiel_20070906.pdf (letzter Zugriff: 29.12.2011).

Von Wensierski, Hans-Jürgen, Schützler, Christoph & Schütt, Sabine (2005): *Berufsorientierende Jugendbildung. Grundlagen, empirische Befunde, Konzepte.* Weinheim/München: Juventa Verlag.

Weinheimer Initiative (2008): *Position der Arbeitsgemeinschaft zum Thema: Schulische Berufsorientierung & Kommunale Koordinierung.* Dortmund. Verfügbar unter: http://www.good-practice.de/positionen_berufsorientierung_agwi.pdf (letzter Zugriff: 29.12.2011).

Lebensweltorientierte Schulsozialarbeit an berufsbildenden Schulen – konzeptionelle Grundlagen

7

Ruth Enggruber

In den letzten 15 Jahren hat die Schulsozialarbeit in allen Bundesländern und Schulformen enorm an Bedeutung gewonnen (Speck & Olk 2010, 7). So haben sich beispielsweise in Nordrhein-Westfalen (NRW) laut einer Befragung des Landesjugendamtes Westfalen-Lippe die Schulsozialarbeitsstellen im Laufe des Jahres 2011 durch das Bildungs- und Teilhabepaket der Bundesregierung mehr als verdoppelt (LWL-Landesjugendamt 2011, 5). Auch in Grundschulen und Berufskollegs in NRW sei Schulsozialarbeit zunehmend eingeführt worden, dort fehlten allerdings noch entsprechende Konzepte und Erfahrungen (ebd.). Dabei bezeichnet Berufskolleg in NRW berufsbildende Schulen, in denen die beruflichen Bildungsgänge der Berufsschulen, Berufsfachschulen, Fachoberschulen und Fachschulen zusammengefasst sind (§ 22 Schulgesetz NRW). In den Bundesländern haben sich unterschiedliche Bezeichnungen etabliert wie „berufliche Schulen" im Niedersächsischen oder „berufsbildende Schulen" im Thüringer Schulgesetz.

Ungeachtet dieser verschiedenen Bezeichnungen wird hier ausgehend von den in NRW erzielten Untersuchungsergebnissen davon ausgegangen, dass bisher noch bundesweit theoretisch begründete Konzepte für Schulsozialarbeit an berufsbildenden Schulen rar sind. Unterstützt wird diese Ausgangsthese durch die Ergebnisse einer Internet- und Literaturrecherche, die – außer einigen Praxisbeispielen aus diversen Bundesländern – nur fünf Fachbeiträge zum Thema aufzeigte (Laßmann 2006; Bauer 2010; Ahmed 2011; El-Mafaalani 2011; Spies & Pötter 2011, 125 ff.). Deshalb wird in dem vorliegenden Beitrag über konzeptionelle Grundlagen zur Schulsozialarbeit an berufsbildenden Schulen weiter nachgedacht. Als professionstheoretische Folie wird das Verständnis „lebensweltorientierter Schulsozialarbeit" von Eberhard Bolay (2004, auch Bolay, Gutbrod & Ahmed 2010) herangezogen und für die spezifischen Bedingungen in berufsbildenden Schulen modifiziert. Dabei werden auch die institutionellen bzw. organisatorischen Rahmenbedingungen berücksichtigt, die Schulsozialarbeit ermöglichen, aber auch begrenzen können.

Dieser Zielsetzung folgend wird in einem ersten Schritt ein kurzer Überblick zu spezifischen Merkmalen berufsbildender Schulen gegeben. Zweitens werden die institutionellen Varianten skizziert, in denen dort Schulsozialarbeit organisatorisch verankert ist. Sie bestimmen in erheblichem Maße die Realisierungsmöglichkeiten und -grenzen für ein lebensweltorientiertes Konzept von Schulsozialarbeit an berufsbildenden Schulen. Dieses wird in einem dritten Schritt mit Bezugnahme auf Eberhard Bolay (2004) und der Lebensweltorientierten Sozialen Arbeit von Hans Thiersch (1992) entwickelt. Damit verbunden ist ein spezifisches Verständnis von Schulsozialarbeit, so dass sich hier kontroverse Auseinandersetzungen mit Begrifflichkeiten (Speck 2009, 27 ff.; Spies & Pötter 2011, 13 ff.) oder Grundpositionen (Drilling 2009, 39 ff.) erübrigen. Vielmehr wird dem Vorschlag von Karsten Speck (2009, 29) gefolgt, der für die einheitliche Verwendung der Bezeichnung Schulsozialarbeit plädiert, aber nachdrücklich herausstellt, dass damit noch keineswegs eine theoretische und konzeptionelle Einigung verbunden sei.

7.1 Spezifische Merkmale berufsbildender Schulen

Bereits in der Einführung wurde deutlich, dass sich die beruflichen Schulsysteme in den einzelnen Bundesländern im Rahmen des bundesdeutschen Föderalismus zwar im Detail, aber nicht strukturell grundsätzlich voneinander unterscheiden. Berufsbildende Schulen werden nach beruflichen Fachrichtungen, wie kaufmännische, sozialpädagogische, hauswirtschaftliche, technische, gewerblich-technische oder jene für Gestaltung differenziert. Der jeweiligen Fachrichtung entsprechend sind in einer berufsbildenden Schule alle Bildungsgänge integriert, in denen die Schülerinnen und Schüler entweder auf eine Berufsausbildung vorbereitet werden, eine vollzeitschulische oder duale Berufsausbildung absolvieren oder beruflich weitergebildet oder zum Erwerb der Fachhochschul- oder allgemeinen Hochschulreife geführt werden. In der Gesamtschau sind die Schülerinnen und Schüler zwischen 16 und 25 Jahre alt. Aufgrund der starken Heterogenität der verschiedenen Bildungsgänge und ihrer jeweiligen Schülerinnen und Schüler bezeichnet Ute Clement (2009, 67) berufsbildende Schulen „als eigentliche Gesamtschulen (...), weil in ihnen Absolventinnen und Absolventen aller Schulformen von der Sonderschule bis zum Gymnasium beschult werden".[1]

---

1   Um sich nicht in den verschiedenen Varianten in den Bundesländern zu ‚verlieren', wird hier vernachlässigt, dass es in Bayern und Baden-Württemberg sogenannte „Sonderberufs-

Quantitativ besonders stark vertreten sind in den meisten berufsbildenden Schulen die Schülerinnen und Schüler, die eine duale Berufsausbildung in einem nach dem Berufsbildungsgesetz (BBiG) oder der Handwerksordnung (HwO) anerkannten Ausbildungsberuf machen. Zwei Drittel ihrer Ausbildungszeit findet in einem Ausbildungsbetrieb statt, zu einem Drittel besuchen sie die Berufsschule in Teilzeit- (zumeist zwei Tage pro Woche) oder Blockform. Dass die duale Berufsausbildung für die meisten Jugendlichen „noch immer den Königsweg" (Friedrich 2011, S. 86) darstellt, dokumentiert sich in der Ausbildungsbeteiligungsquote, d. h. in der Relation der neu abgeschlossenen dualen Ausbildungsverhältnisse zur Wohnbevölkerung in der gleichen Altersgruppe (vgl. Gericke 2011, 149 ff.): Sie ist relativ konstant (z. B. 68,7 % in 1999 und 61 % in 2009). Differenziert nach Schulabschlüssen nahmen im Ausbildungsjahr 2010/11 94 % der Jugendlichen mit einem Hauptschulabschluss (2008: 91 %) und 78 % mit einem mittleren Bildungsabschluss (2008: 80 %) eine duale Berufsausbildung auf. Das duale System ist mithin trotz tendenzieller Bedeutungsverluste aufgrund höherer Bildungsaspirationen und des angespannten Ausbildungsmarktes für viele junge Menschen immer noch überaus attraktiv (vgl. Eberhard & Ulrich 2010, 133).

Für junge Menschen, die bei ihrer Suche nach einem betrieblichen Ausbildungsplatz erfolglos waren, gibt es schulische Übergangsmaßnahmen. Kritisch fragt Dieter Euler (2009), ob sie für die Jugendlichen eine „Chancenverbesserung oder Vorbereitung auf das Prekariat?" bedeuten. Denn die meisten dieser Bildungsgänge führen weder zu einem anerkannten Berufsabschluss noch einem anderweitig beruflich direkt verwertbaren Zertifikat. Vielmehr sollen sie nur „auf eine Verbesserung der individuellen Kompetenzen von Jugendlichen zur Aufnahme einer Ausbildung oder Beschäftigung zielen und zum Teil das Nachholen eines allgemein bildenden Schulabschlusses ermöglichen" (Konsortium Bildungsberichterstattung 2006, 79). Dass viele Schülerinnen und Schüler wenig motiviert in diesen von ihnen oftmals als Warteschleifen erlebten Bildungsgängen wie Berufsvorbereitungs- oder Berufsgrundschuljahr oder einjähriger Berufsfachschule verharren, ist verständlich und gleichzeitig problematisch. Deshalb beziehen sich wohl auch die bisherigen Begründungen und Untersuchungen zur Schulsozialarbeit an berufsbildenden Schulen vor allem auf diese Bildungsgänge im Übergang Schule – Beruf (Ahmed 2011; Bauer 2010; El-Mafaalani 2011).

Eine solche Fokussierung erfolgt hier nicht, stattdessen wird die Schulsozialarbeit für berufsbildende Schulen als Ganzes ins Blickfeld gerückt und auf der Basis der lebensweltorientierten Schulsozialarbeit von Eberhard Bolay konzeptionell entwickelt und strukturell gerahmt. Bevor darauf näher eingegangen wird, sind

---

schulen" gibt, in denen junge Menschen mit Behinderungen sonderpädagogisch gefördert werden.

zunächst die institutionellen Rahmenbedingungen sowie die organisatorische Verankerung von Schulsozialarbeit an berufsbildenden Schulen zu skizzieren.

7.2 Institutionelle Rahmenbedingungen und organisatorische Verankerung von Schulsozialarbeit an berufsbildenden Schulen

Insgesamt zeigt sich für die Schulsozialarbeit eine kaum noch zu durchschauende Vielfalt an institutionellen Zuständigkeiten, Verankerungen und Finanzierungsformen in den verschiedenen Bundesländern und Kommunen (Speck 2009, 60 ff.). Da keine aktuelle bundesweite Untersuchung zur Schulsozialarbeit an Berufsschulen in den Bundesländern vorliegt,[2] beziehen sich die folgenden Ausführungen zumeist auf NRW. Nach den Angaben des Landesjugendamtes Westfalen Lippe (LWL-Landesjugendamt 2011, 1) ist Schulsozialarbeit generell, also nicht nur an berufsbildenden Schulen, in folgender Trägerschaft institutionalisiert (siehe auch Spies & Pötter 2011, 63 f.):

- über das Land NRW (finanziert aus nicht besetzten Lehrerstellen)
- über die kommunalen Schulträger bzw. Schulverwaltungsämter oder auch über integrierte Fachbereiche in der Kommunalverwaltung, wie z. B. für Schulentwicklungs- und Jugendhilfeplanung
- über die Jugendämter mit Finanzierung gemäß § 13 Sozialgesetzbuch VIII (SGB VIII: Kinder- und Jugendhilfe) oder/und aus dem Europäischen Sozialfonds (ESF) oder über sonstige Sonderprogramme des Bundes oder der Länder
- über die Wohlfahrtsverbände sowie andere freie Träger der Jugendhilfe gemäß § 75 SGB VIII, ebenfalls finanziert aus § 13 SGB VIII oder/und dem Europäischen Sozialfonds (ESF) oder sonstigen Sonderprogrammen des Bundes oder der Länder
- über sonstige Träger wie Trägervereine von Schulen, Kreishandwerkerschaften usw.

In den beiden ersten Varianten sind die Schulsozialarbeiterinnen und Schulsozialarbeiter in die schulinterne Hierarchie eingebunden und auch bei der Anstellung beim kommunalen Schulträger in der Regel der Fachaufsicht der Schule bzw. Schulleitung unterstellt (LWL-Landesjugendamt 2011, 4). Im Gegensatz dazu sind sie bei den letzten drei Varianten außerhalb der Aufbauorganisation der Schule

---

2 Die letzte Untersuchung stammt von Sandra Laßmann aus 2006. Sie hat einen „Überblick über die Berufsschulsozialarbeit in den Bundesländern" vorgelegt.

angesiedelt und in der Hierarchie des Jugendamts oder des freien bzw. sonstigen Trägers verankert. Nach Karsten Speck (2009, 35) ist bisher allerdings noch ungeklärt, unter welchen Bedingungen eine Trägerschaft der Schule oder jene der Jugendhilfe vorzuziehen sei. Somit muss diese Frage auch hier für die Schulsozialarbeit an berufsbildenden Schulen offen bleiben. Aus professionstheoretischer Perspektive ist jedoch die generell für professionelle Soziale Arbeit notwendige organisatorische Autonomie für die Schulsozialarbeiterinnen und -sozialarbeiter zu fordern, da sie anderenfalls nicht über die Entscheidungsfreiräume verfügen, um mit den Schülerinnen und Schülern subjekt- und verständigungsorientiert zusammenarbeiten zu können (vgl. Speck 2010).

Die kaum noch zu überblickende Vielzahl verschiedener Fördermittelgeber und damit verbundener Finanzierungsmodalitäten (s. auch der Beitrag von Kretschmer & Kestner in diesem Buch) beinhalten einerseits die Chance, Schulsozialarbeit aus unterschiedlichen Finanzquellen abzusichern (Speck 2009, 62). Andererseits können daraus mit Karsten Speck (ebd.) auch ‚Verschiebebahnhöfe' – z. B. zwischen der kommunalen Finanzierung nach dem SGB VIII und jener aus Landesmitteln – resultieren. Mithin besteht die Gefahr, Zuständigkeiten zwischen den Institutionen und Rechtskreisen ‚hin und her' zu schieben, mit der Konsequenz, ganz ‚abgeschoben' zu werden, so dass dann Stellen für Schulsozialarbeit nicht mehr weiter geführt werden. Außerdem sind die Schulsozialarbeiterinnen und -sozialarbeiter, die im Schulsystem angestellt und damit in den öffentlichen Dienst eingegliedert sind, weitaus langfristiger, tariflich und insgesamt besser mit ihren Stellen abgesichert als jene aus dem Jugendhilfebereich, die oftmals über Projektförderungen befristet sind. In einigen berufsbildenden Schulen arbeiten fest angestellte Schulsozialarbeiterinnen und Schulsozialarbeiter mit Kolleginnen und Kollegen zusammen, die nur befristete, tariflich anders eingruppierte Arbeitsverträge haben. Damit können verständlicher Weise erhebliche Spannungen im Team verbunden sein.

Insgesamt ist mit Karsten Speck (2009, 62 ff.) zu konstatieren, dass für Schulsozialarbeit viel zu wenig personelle und materielle Ressourcen zur Verfügung stehen. Für berufsbildende Schulen in NRW gibt Aladin El-Mafaalani (2011, 111) aufgrund seiner Erfahrungen an, dass dort für rund 1 500 Schülerinnen und Schüler eine halbe Stelle zur Verfügung stehe. Ebenfalls aus persönlicher Kenntnis, die nicht systematisch geprüft wurde, wird hier von maximal zwei Schulsozialarbeitsstellen für 1 500 Schülerinnen und Schüler in berufsbildenden Schulen ausgegangen. Im Gegensatz dazu fordert der Kooperationsverbund Schulsozialarbeit (2009, 44), dass für 150 Schülerinnen und Schüler mindestens eine Stelle vorzusehen sei. Bei dieser Angabe wurden die unterschiedlichen Schulformen und die spezifische Situation der einzelnen Schulen (z. B. Einzugsgebiet, Schülerschaft) mitberücksichtigt.

Obwohl die Situation vor allem aufgrund der fehlenden personellen Ressourcen als prekär zu werten ist, werden im Folgenden konzeptionelle Eckpunkte für Schulsozialarbeit an berufsbildenden Schulen auf der Basis der lebensweltorientierten Schulsozialarbeit von Eberhard Bolay (2004) entworfen und präzisiert.

7.3 Lebensweltorientierte Schulsozialarbeit an berufsbildenden Schulen

Zur konzeptionellen Strukturierung seines Verständnisses von lebensweltorientierter Schulsozialarbeit hat Eberhard Bolay (2004) eine „Vier-Felder-Matrix" entwickelt, die im Folgenden als „heuristisches Modell" (Bolay, Gutbrod & Ahmed 2010, 185) zugrunde gelegt wird: Während sich das erste Handlungsfeld auf die direkte fachliche Zuständigkeit der Schulsozialarbeit, ihre Handlungsziele und Methodenansätze bezieht, werden in den anderen drei Handlungsfeldern die strukturellen Voraussetzungen präzisiert, die für eine so verstandene Schulsozialarbeit konstitutiv sind. Um zu markieren, dass die vier Handlungsfelder voneinander abhängig und nicht isoliert voneinander zu sehen sind, wurden sie von Eberhard Bolay (2004) in einer „Vier-Felder-Matrix" zusammengeführt.

7.3.1 Handlungsfeld 1: Direkte Handlungsebene von Schulsozialarbeit an berufsbildenden Schulen

Das erste Handlungsfeld der „Vier-Felder-Matrix" von Eberhard Bolay (2004) umfasst die direkten, primären Zuständigkeiten von Schulsozialarbeit an berufsbildenden Schulen. Unter dem übergeordneten gesellschaftspolitischen Ziel, soziale Ungleichheit abzubauen, stehen dabei die Schülerinnen und Schüler mit ihrem Eigensinn, ihren Wünschen, Zielen und Interessen als „Subjekte ihres eigenen Lebens" (Thiersch 1992, 27) im Mittelpunkt. Mit dem besonderen Verständnis für die Bedürfnisse und Belange der Jugendlichen vertritt Schulsozialarbeit deren Interessen und versucht auch, die Lehrerinnen und Lehrer sowie Ausbilderinnen und Ausbilder in den Schulwerkstätten, Ausbildungs- und Praktikumsbetrieben dafür zu sensibilisieren. Dazu gehört auch die Schülerinnen und Schüler ausdrücklich als „schulische Akteure" und „Mit-Handelnde" (Bolay 2004, 155) anzuerkennen und einzubeziehen.

Diverse Jugendstudien belegen, dass sich die meisten Jugendlichen stark an einer erwerbszentrierten Normalbiografie orientieren (Ahmed 2011, 290). Deshalb ist davon auszugehen, dass für Schülerinnen und Schüler in berufsbildenden Schulen vor allem ihre berufsbiografischen Pläne und Wünsche im Vordergrund stehen. Insbesondere für jene, die eine Berufsausbildung absolvieren, hat ein ganz neuer Lebensabschnitt begonnen. In der Regel haben sie nun einen achtstündigen Arbeitstag im Ausbildungsbetrieb mit Kolleginnen und Kollegen sowie vielleicht auch Kundinnen und Kunden – teilweise auch unter Kosten- und Zeitdruck – zu bewältigen. Sie sind gefordert, sich mit ihrem völlig neu gestalteten Leben ebenso vertraut zu machen wie mit der für sie noch neuen Betriebskultur. Im Gegensatz dazu erhoffen sich die Jugendlichen, die eine der zahlreichen schulischen Übergangsmaßnahmen wie das Berufsvorbereitungsjahr besuchen, dass sie einen Ausbildungsbetrieb finden und eine Berufsausbildung beginnen können. Wieder andere möchten einen Schulabschluss erreichen und sich damit für eine Berufsausbildung oder gar ein Studium qualifizieren. Daneben sind in berufsbildenden Schulen auch junge Menschen vertreten, die sich erst noch in ihren Lebensplanungen, mithin vielleicht ebenfalls ihren Berufswünschen orientieren müssen. Für sie ist der Besuch der berufsbildenden Schule in ihrer Bildungs- und Berufsbiografie mehr ein notwendiger Umweg, von dem sie sich Lebensperspektiven erhoffen.

Mit dem „Primat des Subjekts" (Thiersch 1992) verständigen sich Schulsozialarbeiterinnen und -sozialarbeiter mit den Schülerinnen und Schüler auf die jeweils zu verfolgenden Zielsetzungen, die sich grob in berufs- und lebensweltbezogene Orientierungen differenzieren lassen (Enggruber 2001). Da davon ausgegangen werden kann, dass für die Schülerinnen und Schüler in berufsbildenden Schulen ihre berufsbiografischen Ziele besonders bedeutsam sind, werden diese im Folgenden kurz genannt:

- Klärung von Lebens- und Berufsplänen, auch unter Berücksichtigung von Familienplanung;
- Vorbereitung auf eine Berufsausbildung mittels Unterstützung bei der Berufswahl und beim Finden eines betrieblichen oder schulischen Ausbildungsplatzes;
- Hilfen bei schulischen Leistungsproblemen oder sonstigem Schulversagen jedweder Art;
- Unterstützung bei der Bewältigung der sich durch den Start in die Berufsausbildung stellenden Herausforderungen, wie Zeit- und Kostendruck, Betriebskultur, Arbeiten mit Kundschaft usw.;
- Hilfe bei möglichen inneren Konflikten und sich widerstreitenden Wünschen und Gefühlen, die sich in der Lebenswelt einerseits und Berufsausbildung andererseits stellen, wie unterschiedliche freie Zeiten der ehemaligen Freunde und Freundinnen für Treffen, Parties usw.;
- Unterstützung während der Berufsausbildung hin zu einem erfolgreichen Abschluss, z. B. bei Konflikten im Ausbildungsbetrieb oder mit Berufsschullehrerinnen und -lehrern sowie bei schulischen oder fachpraktischen Leis-

tungs- und/oder Motivationsproblemen – Vermeidung eines vorzeitigen Endes der Berufsausbildung ohne Abschluss;
- Unterstützung bei der Aufnahme einer weiteren Berufsausbildung im Falle eines vorzeitigen Endes bzw. Ausbildungsabbruchs;
- Vorbereitung der Jugendlichen auf eine Erwerbstätigkeit in Form von Hilfestellungen beim Finden eines Arbeitsplatzes.

Aufgrund der institutionellen Rahmenbedingungen in berufsbildenden Schulen, insbesondere wegen der Deutungsmächtigkeit der Lehrpläne und des Auftrags der Schule, besteht für Schulsozialarbeit die Gefahr, die lebensweltliche zugunsten der berufsbiografischen Perspektive zu vernachlässigen. Anstatt die Schülerinnen und Schüler mit ihren subjektiven Interessen, (Berufs)Wünschen und lebensweltlichen Bezügen in verständigungsorientierten Aushandlungsprozessen wahr und ernst zu nehmen, wird Schulsozialarbeit häufig dazu instrumentalisiert, die Schülerinnen und Schüler in „Trainingsräumen" zu disziplinieren oder sie in ihren als überzogen geltenden Berufswünschen ‚abzukühlen'. Mit Bezug auf Erving Goffman spricht Rüdiger Preißer (2010, 140) in diesem Zusammenhang auch vom „Cooling Out" der Jugendlichen. Außerdem wird Schulsoziarbeit oftmals auf die Funktion als „Feuerwehr" im Rahmen des Krisen- und Konfliktmanagements reduziert, wobei jedoch Konfliktursachen auf Seiten der Lehrerinnen und Lehrer teilweise zu sehr vernachlässigt werden (Bauer 2010; Deinet 2010). Pointiert schreibt Ulrich Deinet (2010, 115): „Viele Schulsozialarbeiter/innen ‚verschleißen' sich in Einzelfallhilfe (…). Vielfach werden die Einzelfälle aber unabhängig von den strukturellen Entstehungsursachen betrachtet. Schulsozialarbeit, die als reine ‚Klimaanlage' von Schule betrachtet wird, wird schnell überfordert". Dies gilt vor allem dann, wenn die Ursachen außerhalb der Schule liegen.

In berufsbildenden Schulen ist die große Bedeutung des regionalen Ausbildungs- und Arbeitsmarktes mit den dort herrschenden wirtschaftlich-strukturellen und konjunkturellen Einflüssen nicht zu vernachlässigen. Sogar in der aktuellen Situation, in der die Klage des Fachkräftemangels aufgrund der rückläufigen Abgangsjahrgänge aus den allgemeinbildenden Schulen immer lauter wird, gibt es nach Berufen und Regionen erheblich segmentierte Ausbildungsmärkte, in denen auch besser qualifizierte Jugendliche immer noch keinen Ausbildungsplatz finden (Ulrich 2011). Deshalb ist mit Fabian Kessl (zit. in Enggruber 2010, 32) davor zu warnen, dass Schulsozialarbeit sich unreflektiert zu „Verhaltenstraining statt Verhältnisregulierung" missbrauchen lässt. Sie würde verkennen, dass sie strukturell bedingte Probleme auf den Ausbildungsmärkten individualisiert, indem fehlende Ausbildungsplätze einseitig den mangelnden Fähigkeiten und zu anspruchsvollen Berufswünschen der Jugendlichen zugeschrieben werden. Grundsätzlich ist mit Eberhard Bolay (2004, 155) von Schulsozialarbeiterinnen und Schulsozialarbeitern ein „kritisch-reflexiver Umgang mit den Systembedingungen von Schule" und des Berufsbildungssystems sowie mit den an Ausbildung und Beruf geknüpften gesellschaftlichen Erwartungen zu fordern (vgl. auch Enggruber 2010).

Folgende Methodenansätze sind für Schulsozialarbeit an berufsbildenden Schulen relevant:

- unterrichtsunterstützende und -ergänzende Angebote (z. B. Individuelle Förderplanung, Bewerbungstraining, Erste-Hilfe-Kurse, Mediationsausbildung, Antirassismusprojekt, berufskundliche Exkursionen, berufskundliche Projekte im Sozialraum, worauf im Handlungsfeld 3 noch ausführlicher eingegangen werden wird);
- aufsuchende Schulsozialarbeit (z. B. im Pausenbereich, auf dem Schulhof, im Lehrerzimmer, Hospitationen im Unterricht oder in Schulwerkstätten, Besuche in den Familien, Praktikums- und Ausbildungsbetrieben);
- Beratungsangebote (einzeln oder gemeinsam, auch Konfliktmoderation und Individuelle Förderplanung) für Schülerinnen und Schüler, Lehrerinnen und Lehrer, Ausbilderinnen und Ausbilder in Schulwerkstätten sowie in Praktikums- und Ausbildungsbetrieben, Eltern und Angehörige – letztere auch zur Mobilisierung sozialer Ressourcen für die Jugendlichen;
- Übernahme einer „Schnittstellen- und Vermittlungsfunktion" (Bolay 2004, 156) zwischen Schülerinnen bzw. Schülern und Schule sowie Jugendamt, Träger der Grundsicherung für Arbeitsuchende nach SGB II und Angeboten der Jugendhilfe (z. B. Schuldner-, Erziehungs- oder Drogenberatung), Arbeitsverwaltung, Wohnungsamt etc. – beispielhaft kann hier auf die Beratungsstelle „Connexions" im Berufskolleg Opladen hingewiesen werden (verfügbar unter http://www.bk-opladen.de/bko/Beratung/index.php), wo die für die Schülerinnen und Schüler relevanten Institutionen regelmäßig Beratungsangebote machen und direkt in die Schule kommen, um ihnen langwierige Anfahrtswege zu ersparen, wie sie insbesondere in großen Landkreisen häufig gegeben sind;
- gruppenpädagogische, wie erlebnis-, sport-, geschlechtsspezifische oder sonstige freizeitpädagogischen Angebote (auch Klassenfahrten), Klassen- und Schulfeste – allerdings weist Petra Bauer (2010) darauf hin, dass diese Angebote wenig Resonanz bei den Schülerinnen und Schüler in berufsbildenden Schulen finden, weil sie vorrangig in der Freizeit stattfinden.

7.3.2 Handlungsfeld 2: Gemeinsamer Auftrag von Schulsozialarbeit und berufsbildender Schule

In diesem zweiten Handlungsfeld geht es um die Organisations- bzw. Schulentwicklung, die unbedingte Voraussetzung dafür ist, dass lebensweltorientierte Schulsozialarbeit, so wie sie im ersten Feld präzisiert wurde, realisiert werden kann. Schulsozialarbeit und berufsbildende Schule sollen gemeinsam „kooperative Strukturen und Verfahren" (Bolay 2004, 156) aufbauen und langfristig sichern mit dem Ziel einer integrativen Schulentwicklungsplanung, in der sozial- und berufspädagogische Perspektiven miteinander verbunden werden. Mithin sollen die Belange, Wünsche und Interessen aller Mitglieder der Schule, also jene der Schülerinnen und Schüler, Lehrerinnen und Lehrer, Ausbilderinnen und Ausbilder, Schulleitung, Verwaltung, Haustechnik und Schulsozialarbeit aufgenommen und systematisch berücksichtigt werden. Dies erfordert eine entsprechende Besetzung der Gremien und Arbeitsgruppen mit Stimmrecht und Arbeitsbeiträgen. Ferner können in gemeinsamen Fortbildungen das Verständnis und die Verständigung zwischen Lehrkräften, Schulsozialarbeiterinnen bzw. Schulsozialarbeitern und Schulleitung so gefördert werden, dass sie ihren Bildungsauftrag zusammen definieren und gemeinsam verantworten, ohne dabei die jeweils fachlichen Zuständigkeiten aufzuheben. Zur „Feinabstimmung" eines integrativen Schulentwicklungsplans schlägt Eberhard Bolay (ebd.) schulinterne Steuerungsgruppen zwischen den Lehrkräften, Schulsozialarbeiterinnen und -sozialarbeiter und der Schulleitung vor.

Zudem erfolgt Schulentwicklung im Verständnis lebensweltorientierter Schulsozialarbeit sowohl unter Berücksichtigung des sozialen und materiellen Lebensumfelds der Schülerinnen und Schüler als auch des lokalen bzw. regionalen Ausbildungs- und Arbeitsmarkts, um ihren berufsbezogenen Wünschen und Interessen Rechnung tragen zu können. Diese im weitesten Sinne so verstandene Sozialraumorientierung stellt für berufsbildende Schulen jedoch eine besondere Herausforderung dar, wie im folgenden dritten Handlungsfeld erläutert wird.

7.3.3 Handlungsfeld 3: Sozialraumorientierung: gemeinsamer Auftrag von berufbildender Schule und Jugendhilfe unter Mitwirkung von Akteuren des Ausbildungsmarktes

In diesem Handlungsfeld steht die sozialräumliche Öffnung und Verankerung berufsbildender Schulen als gemeinsamer Auftrag von Schule und Jugendhilfe im Zentrum (Bolay 2004, 156). Christian Reutlinger und Antje Sommer (2011) begründen die Sozialraumorientierung von Schulsozialarbeit mit dem Aneignungs- und Bewältigungshandeln der Jugendlichen, ihrer Eltern und Familien in ihrem Lebens- bzw. Wohnumfeld. Soziale Räume können dazu beitragen, soziale Ungleichheit zu verstärken, indem sie die dort lebenden Menschen in ihrem Alltag und ihren Lebensbedingungen eher belasten als ihnen Entwicklungsmöglichkeiten zu eröffnen. Seit dem sogenannten „PISA-Schock" werden in diesem Zusammenhang auch immer wieder bildungstheoretische Begründungen angeführt, in dem darauf hingewiesen wird, dass in Sozialräumen bedeutsame non-formelle und informelle Bildungsprozesse stattfinden. Zudem sind die relevanten Akteure der lokalen bzw. regionalen Ausbildungsmärkte unbedingt einzubeziehen, um den berufsbiografischen Wünschen der Jugendlichen Rechnung tragen zu können.

Im Kontext der Schulentwicklung im zweiten Handlungsfeld klang bereits an, dass berufsbildende Schulen oftmals große Einzugsgebiete haben. Sie wurden in der Regel nach beruflichen Fachrichtungen gegründet und eingerichtet. Deshalb kommen die Schülerinnen und Schüler meistens aus verschiedenen Städten, Dörfern oder Stadtteilen. Dennoch entwirft Ute Clement (2009, 67 ff.) aus einer berufspädagogischen Sicht eine „Vision" für eine „kommunale Integrationsschule": „Berufliche Schulen, die dem kommunalen Anliegen folgen, Jugendliche in das Berufs- und Arbeitsleben zu integrieren, verstehen sich über ihre Bildungs- und Ausbildungsfunktion als Sozialisationsinstanz für Jugendliche (…). Sie öffnen sich in die Kommune hinein und arbeiten auch als Stadtteil- und Jugendzentren. Sie kooperieren mit der kommunalen Jugendarbeit und Erziehungshilfe, bieten soziale Unterstützung (…). Sie arbeiten eng mit lokalen Organisationen und Vereinen, entlassenden und aufnehmenden Schulen sowie der Agentur für Arbeit und Betrieben zusammen" (ebd. 68 f.).

Eine so markierte sozialraumorientierte Schulsozialarbeit bringt sowohl für die Bewohnerinnen bzw. Bewohner in den Sozialräumen als auch für die Schülerinnen und Schüler der berufsbildenden Schulen erhebliche Vorteile mit sich: Die Realisierung der bereits im Rahmen des ersten Handlungsfelds angesprochenen berufskundlichen Projekte, wie z. B. künstlerische Malerarbeiten in einem Seniorenzentrum, Möbel- und Spielzeugbau für einen Kindergarten, ein Theaterprojekt gemeinsam mit einer Arbeitsloseninitiative, die Organisation eines Hip-Hop-Festivals in einer offenen Jugendeinrichtung, die Neugestaltung des Fußballplatzes im Dorf, Mittagessenszubereitung und Vergabe für eine „Armenküche" oder eine Wandmalerei auf einer bereits seit Jahren nicht mehr gestrichenen Hausfassade, verbessern auf der einen Seite die Lebensbedingungen der Bewohnerinnen und Bewohner. Auf der anderen Seite können die Schülerinnen und Schüler im Rahmen solcher Projekte nicht nur ihre beruflichen, sondern generell ihre sozialen und personalen Kompetenzen weiterentwickeln. Zudem erhalten sie ‚öffentliche' Wertschätzung und Anerkennung. Auch können sich diejenigen, die noch keine

Ausbildungsstelle haben, noch einmal auf eine andere Weise den Betrieben präsentieren und möglicherweise von sich überzeugen. Insgesamt gewinnt die Schule auf diese Weise an Bekanntheit und Ansehen, was wiederum Betriebe zu gemeinsamen Projekten und Ausbildungsinitiativen anregen kann, so dass eventuell auch zusätzliche Ausbildungsplätze geschaffen werden können.

Um eine so verstandene sozialraumorientierte Schulsozialarbeit in berufsbildenden Schulen realisieren zu können, schlägt Eberhard Bolay (2004, 156) die Vernetzung der Schulsozialarbeit mit Stadtteil-Teams vor. Positive Erfahrungen liegen dazu bereits aus Stuttgart vor (Bolay, Gutbrod & Ahmed 2009). Darüber hinaus sind jedoch in der Kommune institutionelle Netzwerke zu implementieren, um nachhaltig nicht nur die Kooperation von Jugendhilfe und Schule, sondern auch jene mit relevanten Akteuren der lokalen Ausbildungsmärkte sowie sonstiger Bildungsangebote zu gewährleisten.

7.3.4 Handlungsfeld 4: Institutionalisierte Kooperationsnetzwerke als Rahmenbedingung für lebensweltorientierte Schulsozialarbeit an berufsbildenden Schulen

In diesem vierten und letzten Handlungsfeld geht es um die institutionelle Seite der Vernetzung aller im Sozialraum vorhandenen Angebote der Jugendhilfe, offenen Jugendarbeit, Arbeits- und Sozialverwaltung, von Berufsbildungseinrichtungen in freier Trägerschaft, Museen, Sportvereinen sowie Ausbildungs- und Praktikumsbetrieben und deren Verbänden und Kammern (z.B. Handwerks- oder Industrie- und Handelskammer). Als gemeinsamer Auftrag von Schule und Jugendhilfe sollen möglichst alle relevanten lokalen bzw. regionalen Akteure dauerhaft miteinander vernetzt werden, um allen Kindern und Jugendlichen bessere Bildungs- und Teilhabechancen zu eröffnen und auf diese Weise soziale Ungleichheit abzubauen. So wird beispielsweise in NRW ausdrücklich als Bedingung für die Besetzung von Lehrerstellen durch Schulsozialarbeiterinnen bzw. Schulsozialarbeiter ein kommunales Konzept gefordert, das „im Rahmen einer integrierten Jugendhilfe- und Schulentwicklungsplanung (...) zwischen allen Beteiligten" (MSW NRW 2008, 1) abgestimmt worden ist.

Ein weiteres Beispiel ist das Bundesprogramm „Lernen vor Ort". Seit 2009 werden in 40 Kommunen institutionalisierte Netzwerke systematisch entwickelt, erprobt und evaluiert (BMBF 2009). In übergeordneten Lenkungs- und Steuerungsgruppen sowie lokalen Arbeitskreisen und sonstigen Gremien in Stadtteilen und Gemeinden stimmen sich die für Bildung relevanten Akteure in der Kommune miteinander ab. Das zugrunde liegende Bildungsverständnis schließt non-formelle und informelle Bildungsprozesse mit ein, so dass neben Schulen,

Schulträgern, Jugendhilfeträgern, Arbeitsagenturen, Sozialverwaltung, Betrieben, Kammern, Arbeitgeberverbänden und Gewerkschaften auch Museen, Sportvereine sowie Stiftungen, Fördervereine u. a. beteiligt sind.

Allerdings können Schulsozialarbeiterinnen und Schulsozialarbeiter in berufsbildenden Schulen mit ihren Kompetenzen und Einflussmöglichkeiten derartige Netzwerke nur anregen, aber nicht initiieren. Dazu sind die obersten Leitungsebenen in der Kommune gefordert, wie die Erfahrungen in „Lernen vor Ort" belegen. Dennoch sollten sich Schulsozialarbeiterinnen und -sozialarbeiter in lokalen Gremien wie dem Jugendhilfeausschuss einbringen und im Sinne einer politischen Einmischungsstrategie für eine lebensweltorientierte Schulsozialarbeit an berufsbildenden Schulen im Interesse der Jugendlichen und ihren Berufs- und Lebenschancen streiten (vgl. Ahmed 2011; Enggruber 2010).

7.4 Lebensweltorientierte Schulsozialarbeit an berufsbildenden Schulen im Spiegel der institutionellen Bedingungen

Nachdem in den vorherigen Abschnitten grundlegende konzeptionelle Überlegungen angestellt worden sind, geht es nun abschließend um deren notwendige ‚Erdung'. Es werden also die gegenwärtig vorhandenen institutionellen und damit auch politischen Rahmenbedingungen wieder in den Blick genommen. Vor dem Hintergrund der oben als außerordentlich prekär gewerteten personellen Ressourcen für Schulsozialarbeit in berufsbildenden Schulen wird es nicht möglich sein, allen hier angestellten konzeptionellen Überlegungen gleichermaßen Rechnung zu tragen. Dies würde nicht nur einer Überforderung der Schulsozialarbeiterinnen bzw. -arbeiter gleich kommen, sondern sie sind aufgrund ihrer hierarchischen Stellung gar nicht in der Lage, die Handlungsfelder zwei bis vier ohne Mitwirkung der oberen Leitungsebenen der Schule und Kommune zu initiieren und implementieren. Sie können allenfalls Anregungen geben, sich politisch einmischen und auf notwendige Entwicklungsprozesse für eine lebensweltorientierte Schulsozialarbeit an berufsbildenden Schulen hinweisen. Zudem fehlen für die im dritten und vierten Handlungsfeld geforderte Netzwerkarbeit laut Christian Reutlinger und Antje Sommer (2011) nahezu alle notwendigen Ressourcen.

Mit Blick auf die zumindest gegenwärtig noch fehlende politische Unterstützung lebensweltorientierter Schulsozialarbeit an berufsbildenden Schulen und die damit verbundene völlig desolate Ressourcenlage können die hier in der „Vier-Felder-Matrix" angestellten konzeptionellen Überlegungen allenfalls als ‚Fundus' oder ‚Handlungsleitplanken' verstanden werden. Aus ihnen kann in der jeweili-

gen berufsbildenden Schule oder Kommune eine begründete Auswahl getroffen werden, ohne dabei jedoch die Interdependenz der vier Handlungsfelder zu vernachlässigen:
So können z. B. die in einzelnen Kommunen bereits bestehenden integrativen Fachämter bzw. Ressorts für Schulentwicklung und Jugendhilfeplanung auf die „Vier-Felder-Matrix" zurückgreifen und anstreben, lebensweltorientierte Schulsozialarbeit in berufsbildenden Schulen in diesem konzeptionellen Verständnis zu implementieren.

Weiterhin können auch Jugendhilfeträger darauf zurückgreifen, um entsprechende Kooperationsvereinbarungen oder -verträge mit berufsbildenden Schulen abzuschließen (LWL-Landesjugendamt 2011, 4).

Bei einer Anstellung im Schuldienst können Schulsozialarbeiterinnen und -sozialarbeiter in berufsbildenden Schulen mit der Schulleitung und den Lehrerinnen und Lehrern gemeinsam entsprechende Konzepte zur Schulentwicklung und Sozialraumorientierung entwickeln und vereinbaren, die auf der hier vorgestellten „Vier-Felder-Matrix" basieren.

Eberhard Bolay (2004, 155) fordert von den Schulsozialarbeiterinnen bzw. -sozialarbeitern, dass sie eine „identifizierbare fachliche Position und Präsenz" haben. Auch um eine mögliche Vereinnahmung für schulische oder betriebliche Aufgaben und Ziele zu vermeiden und sich vor chronischer Überforderung zu schützen, ist eine eigene professionstheoretisch begründete Rollen- und Aufgabenklarheit notwendig. Dazu kann inhaltlich auf die hier vorgelegten konzeptionellen Eckpunkte zurückgegriffen werden. Außerdem sollten sich Schulsozialarbeiterinnen bzw. -arbeiter an berufsbildenden Schulen zu ihrer Selbstvergewisserung und auch Stärkung eines professionstheoretisch begründeten Selbstverständnisses im regionalen oder lokalen Kontext miteinander vernetzen, um untereinander kollegiale Beratung und einen Austausch zu ermöglichen.

Literatur

Ahmed, Sarina (2011): *Schulsozialarbeit im Übergang von der Schule zum Beruf.* In: Baier, Florian & Deinet, Ulrich (Hrsg.): Praxisbuch Schulsozialarbeit. Methoden, Haltungen und Handlungsorientierungen für eine professionelle Praxis. Opladen: Budrich, S. 287–298.

Bauer, Petra (2010): *Schulsozialarbeit an berufsbildenden Schulen in Thüringen.* In: Speck, Karsten & Olk, Thomas (Hrsg.): Forschung zur Sozialarbeit. Stand und Perspektiven. Weinheim/München: Juventa Verlag, S. 119–134.

BMBF (2009): *Bundesministerium für Bildung und Forschung* (Hrsg.): Lernen vor Ort. Eine gemeinsame Initiative des Bundesministeriums für Bildung und Forschung mit deutschen Stiftungen. Bonn/Berlin. Verfügbar unter http://www.lernen-vor-ort.info/de/100.php (letzter Zugriff: 23.07.12).

Bolay, Eberhard (2004): *Überlegungen zu einer lebensweltorientierten Schulsozialarbeit.* In: Grunwald, Klaus & Thiersch, Hans (Hrsg.): Praxis Lebensweltorientierter Sozialer Arbeit. Handlungszugänge und Methoden in unterschiedlichen Arbeitsfeldern. Weinheim/München: Juventa Verlag, S. 147–162.

Bolay, Eberhard, Gutbrod, Heiner & Ahmed, Sarina (2010): *Wirkungen einer ‚Sozialraumverankerten Schulsozialarbeit'.* In: Speck, Karsten & Olk, Thomas (Hrsg.): Forschung zur Schulsozialarbeit. Stand und Perspektiven. Weinheim/München: Juventa Verlag, S. 183–195.

Clement, Ute (2009): *4 Visionen für das berufliche Schulwesen: Gestaltungsoptionen und Entscheidungsmomente.* In: Heidemann, Winfried & Kuhnhenne, Michaela (Hrsg.): Zukunft der Berufsausbildung. edition der Hans Böckler Stiftung 235, Düsseldorf, S. 67–82.

Deinet, Ulrich (2010): *Schulsozialarbeit in der Kooperation von Jugendhilfe und Schule.* In: Deinet, Ulrich & Icking, Maria (Hrsg.): Jugendhilfe und Schule. Analysen und Konzepte für die kommunale Kooperation. Opladen & Farmington Hills: Budrich, MI, S. 103–118.

Drilling, Matthias (2009): *Schulsozialarbeit. Antworten auf veränderte Lebenswelten.* 4. Aufl., Bern/Stuttgart/Wien.

Eberhard, Verena & Ulrich, Joachim Gerd (2010): *Übergänge zwischen Schule und Berufsausbildung.* In: Bosch, Gerhard, Krone, Sirikit & Langer, Dirk (Hrsg.): Das Berufsbildungssystem in Deutschland. Aktuelle Entwicklungen und Standpunkt. Wiesbaden: VS Verlag, S. 133–164.

El-Mafaalani, Aladin (2011): *Warteschleife oder Übergangssystem? Zur Notwendigkeit von Schulsozialarbeit an berufsbildenden Schulen.* In: unsere jugend, die zeitschrift für studium und praxis der sozialpädagogik, 63. Jg., Heft 3, S. 106–115.

Enggruber, Ruth (2001): *Berufspädagogische Ansätze in der Jugendsozialarbeit.* In: Fülbier, Paul & Münchmeier, Richard (Hrsg.): Handbuch Jugendsozialarbeit. Geschichte, Grundlagen, Konzepte, Handlungsfelder, Organisation. Band 2. Münster: Votum Verlag, S. 888–901.

Enggruber, Ruth (2010): *Professionelle Grundlagen Sozialer Arbeit für den Arbeitsmarkt.* In: Burghardt, Heinz & Enggruber, Ruth (Hrsg.): Soziale Dienstleistungen am Arbeitsmarkt in professioneller Reflexion Sozialer Arbeit. Berlin: Juventa Verlag, S. 13–59.

Euler, Dieter (2009): *Übergangssystem – Chancenverbesserung oder Vorbereitung auf das Prekariat?* In: Heidemann, Winfried & Kuhnhenne, Michaela (Hrsg.): Zukunft der Berufsausbildung. edition der Hans Böckler Stiftung 235, Düsseldorf, S. 83–97.

Friedrich, Michael (2011): *Berufliche Wünsche und beruflicher Verbleib von Schulabgängern und Schulabgängerinnen.* In: Bundesinstitut für Berufsbildung (Hrsg.): Datenreport zum Berufsbildungsbericht 2011. Informationen und Analysen zur Entwicklung der beruflichen Bildung. Bonn, S. 82–93.

Gericke, Naomi (2011): *Alter der Auszubildenden und Ausbildungsbeteiligung der Jugendlichen im dualen System.* In: Bundesinstitut für Berufsbildung (Hrsg.): Datenreport zum Berufsbildungsbericht 2011. Informationen und Analysen zur Entwicklung der beruflichen Bildung. Bonn: Eigenverlag, S. 148–155.

Konsortium Bildungsberichterstattung (Hrsg.) (2006): *Bildung in Deutschland 2006*, Bielefeld: Bertelsmann Verlag.

Kooperationsverbund Schulsozialarbeit (2009): *Berufsbild und Anforderungsprofil der Schulsozialarbeit*. In: Pötter, Nicole & Segel, Gerhard (Hrsg.): Profession Schulsozialarbeit. Beiträge zu Qualifikation und Praxis der sozialpädagogischen Arbeit an Schulen. Wiesbaden: VS Verlag, S. 33–45.

Laßmann, Sandra (2006): *Überblick über die Berufsschulsozialarbeit in den Bundesländern*. Expertise im Auftrag der Bundesarbeitsgemeinschaft Jugendsozialarbeit e. V. Bonn. Verfügbar unter http://www.good-practice.de/berufsschulsozialarbeit.pdf (letzter Zugriff: 23.07.12).

LWL-Landesjugendamt (2011): *Aktueller Stand der Schulsozialarbeit in NRW*. Verfügbar unter http://www.lwl.org/LWL/Jugend/Landesjugendamt/LJA/jufoe/suche?q=DrucksacheNr.%3A+13%2F0848&cmd=Suche%21 (letzter Zugriff: 23.07.12).

MSW NRW (Ministerium für Schule und Weiterbildung NRW) (2008): *Beschäftigung von Fachkräften für Schulsozialarbeit in Nordrhein-Westfalen*. RdErl. vom 23.01.2008. Verfügbar unter http://www.schulministerium.nrw.de/BP/Schulrecht/Erlasse/Runderlass_vom_23_01_2008.pdf (letzter Zugriff: 23.07.12).

Preißer, Rüdiger (2010): *Kompetenzen von benachteiligten Jugendlichen feststellen und fördern. Forschungsergebnisse und Handreichungen für die sozialpädagogische Praxis*. Paderborn/Freiburg: In Via Verlag.

Reutlinger, Christian & Sommer, Antje (2011): *Schulsozialarbeit in Kooperation und Vernetzung. Von der fallbezogenen Triage zum quartiersbezogenen/sozialraumbezogenen Vernetzungsgefüge*. In: Baier, Florian & Deinet, Ulrich (Hrsg.): Praxisbuch Schulsozialarbeit. Methoden, Haltungen und Handlungsorientierungen für eine professionelle Praxis. Opladen: Budrich, S. 369–386.

Speck, Karsten (2009): *Schulsozialarbeit. Eine Einführung*. 2. Auflage, München/Basel: Reinhardt Verlag.

Speck, Karsten & Olk, Thomas (2010): *Zur Forschung in der Schulsozialarbeit*. In: Speck, Karsten & Olk, Thomas (Hrsg.): Forschung zur Schulsozialarbeit. Stand und Perspektiven. Weinheim/München: Juventa Verlag, S. 7–20.

Spies, Anke & Pötter, Nicole (2011): *Soziale Arbeit an Schulen. Einführung in das Handlungsfeld Schulsozialarbeit*. Wiesbaden: VS Verlag.

Thiersch, Hans (1992): *Lebensweltorientierte Soziale Arbeit. Aufgabe der Praxis im sozialen Wandel*, Weinheim/München: Juventa Verlag.

Ulrich, Joachim Gerd (2011): *Steigende Ausbildungschancen für die Jugendlichen, steigende Rekrutierungsprobleme für die Betriebe. Entwicklung des Ausbildungsmarktes 2011 im Spiegel der Statistik der Bundesagentur für Arbeit*. In: BWP, Berufsbildung in Wissenschaft und Praxis, 39. Jg., Heft 6, S. 4–5.

8 Schulsozialarbeit im Übergang Schule – Beruf: Jugendhilfe zur Kompensation herkunftsbedingter Bildungsbenachteiligung

Dan Pascal Goldmann & Heiner Brülle

Die soziale Herkunft von jungen Menschen, sei es hinsichtlich des Bildungsstandes, Einkommens oder der ethnischen Abstammung, hat einen maßgeblichen Einfluss auf deren Lebenschancen. Das deutsche Schulsystem kann diese ungleiche Ausstattung der jungen Menschen und ihrer Familien mit sozialem und kulturellem Kapital nicht ausgleichen, sondern verstärkt die Muster bildungsbezogener Ausgrenzung (vgl. zusammenfassend Brülle u. a. 2012). Die Landeshauptstadt Wiesbaden hat seit langem die gesetzliche Aufgabe der Jugendhilfe, kompensatorisch zu wirken und die Bildungsteilhabechancen der jungen Menschen zu verbessern, in den Mittelpunkt ihrer Jugendhilfepolitik gestellt. Im Rahmen eines Modellversuches ab 1977 wurde das Konzept der Schulsozialarbeit entwickelt. Als erfolgreiches Modell wurde sie sukzessive ausgebaut und erreicht als eigenständige Leistung im Amt für Soziale Arbeit nahezu alle Schülerinnen und Schüler an Wiesbadener Förder-, Haupt- und Integrierte Gesamtschulen. Der Aufsatz beschreibt die Wiesbadener Schulsozialarbeit im Übergang Schule – Beruf als konsequente Umsetzung kompensatorischer Jugendförderung in enger Kooperation von Schule und Jugendhilfe.

Im ersten Abschnitt werden Leitbild und Ziele der Schulsozialarbeit aus dem Handlungsraum der sozialen Kommunalpolitik abgeleitet. Anschließend werden das konsistente Handlungskonzept, der Ressourcenrahmen und die konkreten Leistungen der Schulsozialarbeit im Sekundarbereich I und im Übergang Schule – Beruf erläutert. Abschließend wird gezeigt, wie der schulbezogene Auftrag der Schulsozialarbeit im Übergang Schule – Beruf sich zu einer wichtigen koordinierenden Netzwerkarbeit im kommunalen Übergangsmanagement erweitert.

8.1 Leitbild und Ziele der Schulsozialarbeit in Wiesbaden

Aus dem Leitbild der sozialen Kommunalpolitik des Amtes für Soziale Arbeit leitet sich der Auftrag der Schulsozialarbeit wie folgt ab: Schulsozialarbeit ist eine Leistung für jede Schülerin und jeden Schüler, insbesondere wenn sie/er der Gefahr einer sozialen Benachteiligung ausgesetzt ist. Mit Hilfe der Sozialpädagogik hat Schulsozialarbeit das Ziel, Schülerinnen und Schüler bei der Bewältigung ihrer persönlichen Entwicklungsherausforderungen zu unterstützen, Herkunftsbenachteiligungen zu kompensieren und eine selbständige Lebensführung zu erlangen.

Die Fachkräfte der Schulsozialarbeit unterstützen in enger Kooperation mit den Lehrkräften, sowie den Diensten und Einrichtungen der Jugendhilfe die jungen Menschen bei der Bewältigung ihrer Entwicklungsaufgaben. Insbesondere für junge Menschen in der Adoleszenz hat Hurrelmann (zitiert nach Quenzel 2010) folgende Cluster von Entwicklungsaufgaben gruppiert:

- **Entwicklungsaufgabe Qualifikation**
  im Sinne der „Entfaltung einer intellektuellen und sozialen Kompetenz, um selbstverantwortlich schulischen und anschließenden beruflichen Anforderungen nachzukommen" (ebd., 126)
- **Entwicklungsaufgabe Ablösung und Bindung**
  „Akzeptieren der veränderten körperlichen Erscheinung, die soziale und emotionale Ablösung von den Eltern, den Aufbau einer Geschlechtsidentität und von Bindungen zu Gleichaltrigen des eigenen und anderen Geschlechts sowie um den Aufbau einer heterosexuellen (oder auch homosexuellen) Partnerbeziehung" (ebd., 126 f.)
- **Entwicklungsaufgabe Regeneration**
  „Aufbau selbständiger Handlungsmuster für die Nutzung des Konsumwarenmarktes einschließlich der Medien, um die Fähigkeit zum Umgang mit Geld, mit dem Ziel einen eigenen Lebensstil und einen kontrollierten und bedürfnisorientierten Umgang mit ‚Freizeit'-Angeboten zu entwickeln" (ebd., 127)
- **Entwicklungsaufgabe Partizipation**
  „Aufbau einer autonomen Werte- und Normenorientierung und eines ethischen und politischen Bewusstseins, das mit dem eigenen Verhalten und Handeln in Übereinstimmung steht " (ebd., 127).

Die Fachkräfte der Schulsozialarbeit haben ein Handlungskonzept und ein Leistungsportfolio (siehe unten) entwickelt, welches versucht die jungen Menschen genau bei diesen wesentlichen Entwicklungsaufgaben zu unterstützen.

Dazu gehört auch, dass die Fachkräfte sich bemühen, den jungen Menschen gegenüber eine Haltung einzunehmen, die geprägt ist von Empathie und Wertschätzung und Standards des Gender- und Cultural-Mainstreaming beachtet. Jede Schülerin und jeder Schüler wird in ihrer/seiner Individualität und Lebenswelt wahrgenommen. Grundlage der Arbeit ist ein ressourcenorientierter Blick auf den jungen Menschen.

Basis der erfolgreichen Arbeit der Schulsozialarbeit ist die regelmäßige Kooperation mit den Eltern, Lehrkräften und das Einbeziehen von kooperierenden Diensten und Einrichtungen der Jugendhilfe und des kommunalen Jobcenters, Kooperationspartnern aus der Wirtschaft und Akteuren der Zivilgesellschaft. In Absprache mit diesen werden Ressourcen für Schülerinnen und Schülern bereitgestellt.

Die Schulsozialarbeit Wiesbaden gestaltet Schule mit und stellt somit eine Scharnierfunktion zwischen Schulpädagogik, Jugendhilfe und anderen sozialen Diensten der Stadtteile dar (Kersten 1994). Dadurch öffnet und erweitert Schulsozialarbeit den sozialen Erfahrungsraum von Schule und kann so die Gestaltung des Schulalltages und der Schulentwicklung stark bereichern.

8.2 Konzept, Organisation, Leistungen und Ressourcen der Schulsozialarbeit in Wiesbaden

Das Wiesbadener Schulsozialarbeitskonzept unterscheidet vier Leistungen, die es erbringt:

- das **3-Stufenmodell** der Schulsozialarbeit für Schülerinnen und Schüler der Sekundarstufe I ab Klasse 5
- das **Kompetenz-Entwicklungs-Programm** für Schülerinnen und Schüler ab Klasse 8
- die **Kompetenzagentur Wiesbaden** im Übergang Schule – Beruf für besonders benachteiligte Jugendliche, denen u. a. Schulabbruch droht und deren berufliche Integration höchst gefährdet ist
- die **Koordinierungsstelle im Übergang Schule – Beruf** für Schülerinnen und Schüler in der schulischen Berufsvorbereitung und in den Berufsfachschulklassen der Wiesbadener beruflichen Schulen

Diese vier Leistungen beruhen auf vier Grundsätzen:

- Durch die Steuerung der Fachabteilung im Amt für Soziale Arbeit sind die personalen und sachlichen Ressourcen in allen Einrichtungen der Schulsozialarbeit standardisiert. Dies beinhaltet insbesondere einen adäquaten Personalschlüssel, der als Richtwert mit einer Fachkraft Schulsozialarbeit je

150 Hauptschüler bzw. Hauptschülerinnen festgelegt ist[1]. Zudem ist die zeitliche Verteilung der Personalressourcen auf die wesentlichen Tätigkeitsfelder in allen Angeboten der Schulsozialarbeit als Rahmen festgelegt.
- Mit der Einrichtung von Schulsozialarbeitsprojekten sind verbindliche Vereinbarungen zur räumlichen Unterbringung und zur konzeptionellen Einbindung in das Schulkonzept verbunden. Basis der Schulsozialarbeit ist die Kooperation von Klassenlehrerin und Klassenlehrer und der Schulsozialarbeitsfachkraft. Dieser Grundsatz zieht sich durch alle Angebote der Schulsozialarbeit und ermöglicht ein bestmögliches Kooperationsergebnis im System Schule. Alles was Schulsozialarbeit tut, macht sie in Kooperation mit Schule. Federführung und Aufgaben werden konkret besprochen und verbindlich aufgeteilt.
- Alle vier Leistungen der Schulsozialarbeit sind miteinander konzeptionell verbunden und aufeinander aufbauend angelegt. Das aufbauende System ermöglicht die Arbeit so effizient wie möglich zu gestalten, nutzt Synergien und verhindert Reibungsverluste. Dieses Prinzip findet sich auch in den einzelnen Angeboten wieder.
- Schulsozialarbeit kooperiert mit allen Netzwerkpartnern im Jugendhilfenetzwerk. Dies beinhaltet alle Fachabteilungen im Amt für Soziale Arbeit, die freien Träger sowie die Netzwerkpartner im Übergang Schule – Beruf, den Schulen selbst, das kommunale Jobcenter mit der Ausbildungsagentur Wiesbaden, die Agentur für Arbeit, die Verbände der Wirtschaft und die Träger der Jugendberufshilfe. Diese Vernetzung wird durch immer wieder zu reflektierende und zu optimierende Verfahrensabläufe gewährleistet. Diese transparenten Verfahrensabläufe machen die Schulsozialarbeit zu einer zuverlässigen Kooperationspartnerin im System. Hierbei wird besonders darauf geachtet, dass weder Doppelstrukturen noch unbearbeitete Felder entstehen. Auf diese Art und Weise lassen sich Konkurrenz und Intransparenz weitgehend vermeiden.

8.2.1 Das 3-Stufen-Modell der Schulsozialarbeit

Die Angebote und Leistungen der Schulsozialarbeit an Haupt- und Gesamtschulen sind in einem Stufenmodell systematisiert. Mit dem 3-Stufen-Modell der Schulsozialarbeit ist eine Arbeitsstruktur entwickelt worden, auf der alle wei-

---

1   An Integrierten Gesamtschulen gilt eine etwas höhere Schüler-Fachkraft-Relation und an Förderschulen eine entsprechend niedrigere.

Schulsozialarbeit im Übergang Schule – Beruf

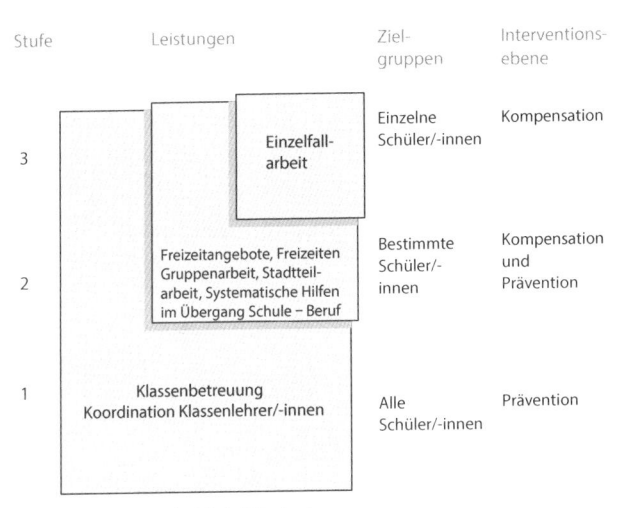

Abbildung 1   3-Stufenmodell der Schulsozialarbeit Wiesbaden

Stufe	Leistungen	Zielgruppen	Interventionsebene
3	Einzelfallarbeit	Einzelne Schüler/-innen	Kompensation
2	Freizeitangebote, Freizeiten Gruppenarbeit, Stadtteilarbeit, Systematische Hilfen im Übergang Schule – Beruf	Bestimmte Schüler/-innen	Kompensation und Prävention
1	Klassenbetreuung Koordination Klassenlehrer/-innen	Alle Schüler/-innen	Prävention

Quelle: Amt für Soziale Arbeit, Wiesbaden 2012.

teren Leistungen aufbauen[2]. Das Stufenmodell ordnet den fließenden Übergang von den präventiven zu den kompensatorischen Angeboten und Maßnahmen der Schulsozialarbeit. Es ermöglicht einen flexiblen Einsatz von Methoden und Angeboten in den drei Stufen, die je nach der Ausgangs- oder Bedarfslage in einer Klasse oder dem Jahrgang und nach der fachlichen Einschätzung der Schulsozialarbeitsfachkräfte, der Lehrerinnen und Lehrer angemessen sind.

Die **Klassenbetreuung (Stufe 1)** findet in Kooperation mit den Klassenlehrerinnen und Klassenlehrern i. d. R. einmal wöchentlich in einer Unterrichtsstunde am Vormittag im Klassenverband statt und wird gemeinsam von Klassenlehrern und Sozialarbeiterinnen und Sozialarbeitern durchgeführt. Daran schließt sich die Koordinationsstunde zur Auswertung, zum Fachaustausch und zur Planung der weiteren Vorhaben an. Die Klassenbetreuung bildet die Grundlage für alle weiteren Maßnahmen der Schulsozialarbeit auf der Stufe 2 und der Stufe 3.

---

2   Für die Entwicklung der Schulsozialarbeit in Wiesbaden ist Bernhardt Kersten als Abteilungsleiter federführend verantwortlich gewesen. Er prägte das 3-Stufen-Modell der Schulsozialarbeit (Kersten 1994, 20–25) und dessen konzeptionelle und strukturelle Einbindung in den Schulalltag vom Jahr 1977 bis zu seiner Pensionierung im Jahr 2009.

Aus den Erfahrungen der Klassenbetreuung werden für bestimmte Schülerinnen und Schüler entsprechende **Gruppenangebote in Stufe 2** konzipiert:

- Gruppen- und Freizeitangebote
- Ferienprogramme und Wochenendfreizeiten
- Systematische Hilfen im Übergang Schule – Beruf.

Ziel ist die Unterstützung der Schülerinnen und Schüler bei ihren Entwicklungsaufgaben durch den Aufbau von Beziehungen und Vertrauen, das Heranführen an eine sinnvolle Freizeitgestaltung, die Schaffung von neuen Erlebnisräumen und die Entwicklung und Stärkung der personalen und sozialen Kompetenzen wie Teamfähigkeit, Selbstständigkeit und Selbstbewusstsein. Zur Stufe 2 gehört außerdem die Einbindung von Angeboten der Schulsozialarbeit in den Stadtteil, besonders wenn ein Großteil der Schülerinnen und Schüler einer Schule im Stadtteil wohnen.

Die **Einzelfallarbeit als Stufe 3** umfasst die Arbeit mit Schülerinnen und Schülern in persönlichen, schulischen oder familiären Problemlagen, die eine Intensivierung und Konzentration der sozialarbeiterischen Angebote und Maßnahmen erfordern. In enger Abstimmung mit anderen Diensten und Einrichtungen der Jugendhilfe und als wichtiger Baustein bei der Umsetzung von Hilfeplänen der Bezirkssozialarbeit erfolgen Beratungen, Gespräche mit Schülerinnen und Schülern, Lehrerinnen und Lehrern und Eltern sowie die Kooperation mit anderen Institutionen. Ziel ist der Aufbau eines stabilisierenden Beziehungsgefüges, das Einwirken auf das Sozialverhalten und auf das elterliche Erziehungsverhalten sowie die rechtzeitige Vermittlung in spezifische Fachdienste, wie z. B. in Beratungsstellen oder in therapeutische Einrichtungen.

Die konzeptionelle Weiterentwicklung des 3-Stufen-Modells zeigt wie wichtig es ist, sich beständig mit den Veränderungen in Schule und Jugendhilfe auseinander zu setzten, sich an den aktuellen Bedürfnissen und fachlichen Standards, wie auch an einer sich verändernden Lebenswelt der Schülerinnen und Schüler zu orientieren. Auf dieser Grundlage arbeitet die Abteilung Schulsozialarbeit seit dem Jahr 2011 konzeptionell an der Erstellung eines Rahmenplanes für die Arbeit mit den Klassen ab Jahrgang 5.

Der Rahmenplan soll dazu beitragen, die jungen Menschen systematisch bei ihren Entwicklungsaufgaben zu unterstützen und die geforderte Ausbildungsreife (vgl. Bundesagentur für Arbeit (2006))[3] zu erreichen.

---

3 http://www.arbeitsagentur.de/zentraler-Content/Veroeffentlichungen/Ausbildung/Kriterienkatalog-zur-Ausbildungsreife.pdf

Schulsozialarbeit im Übergang Schule – Beruf

Abbildung 2 Rahmenplan zur Entwicklung von Schlüsselqualifikationen

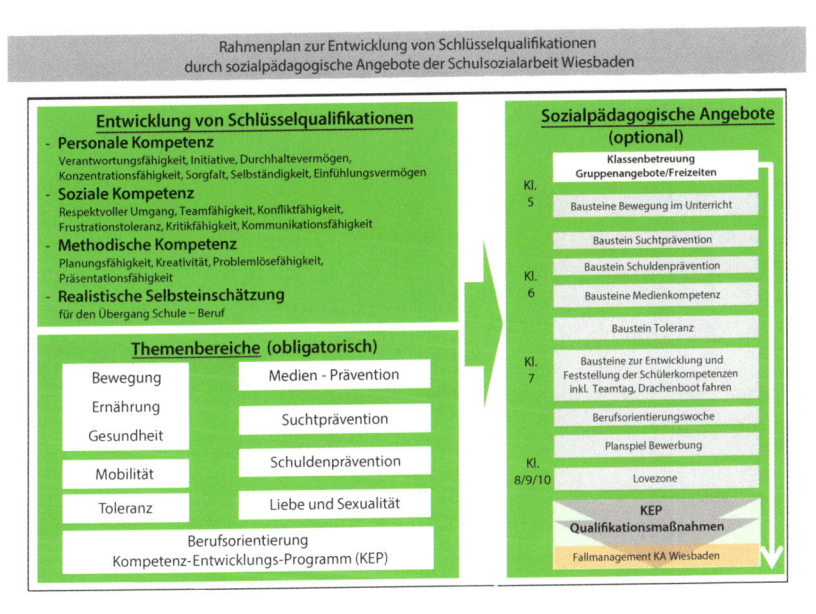

Rahmenplan zur Entwicklung von Schlüsselqualifikationen durch sozialpädagogische Angebote der Schulsozialarbeit Wiesbaden

Entwicklung von Schlüsselqualifikationen
- **Personale Kompetenz**
  Verantwortungsfähigkeit, Initiative, Durchhaltevermögen, Konzentrationsfähigkeit, Sorgfalt, Selbständigkeit, Einfühlungsvermögen
- **Soziale Kompetenz**
  Respektvoller Umgang, Teamfähigkeit, Konfliktfähigkeit, Frustrationstoleranz, Kritikfähigkeit, Kommunikationsfähigkeit
- **Methodische Kompetenz**
  Planungsfähigkeit, Kreativität, Problemlösefähigkeit, Präsentationsfähigkeit
- **Realistische Selbsteinschätzung**
  für den Übergang Schule – Beruf

Themenbereiche (obligatorisch)
- Bewegung
- Ernährung
- Gesundheit
- Mobilität
- Toleranz
- Medien - Prävention
- Suchtprävention
- Schuldenprävention
- Liebe und Sexualität
- Berufsorientierung Kompetenz-Entwicklungs-Programm (KEP)

Sozialpädagogische Angebote (optional)

Kl. 5
- Klassenbetreuung
- Gruppenangebote/Freizeiten
- Bausteine Bewegung im Unterricht
- Baustein Suchtprävention

Kl. 6
- Baustein Schuldenprävention
- Bausteine Medienkompetenz
- Baustein Toleranz

Kl. 7
- Bausteine zur Entwicklung und Feststellung der Schülerkompetenzen inkl. Teamtag, Drachenboot fahren
- Berufsorientierungswoche
- Planspiel Bewerbung

Kl. 8/9/10
- Lovezone
- **KEP Qualifikationsmaßnahmen**
- Fallmanagement KA Wiesbaden

Quelle: Amt für Soziale Arbeit, Wiesbaden, 2012.

Der Rahmenplan beschreibt die konkrete Umsetzung der Entwicklung von Schlüsselqualifikationen. In bestimmten Themenbereichen werden sozialpädagogische Angebote standardisiert und stehen jeder Schule mit Schulsozialarbeit zur Umsetzung zur Verfügung, je nachdem, was in den gesamten Curricula der einzelnen Schule passt. Jede Schulsozialarbeitseinrichtung erstellt somit nach den Standards der Schulsozialarbeit ihren Rahmenplan vor Ort.

Alle im 3-Stufenmodell dargestellten Leistungen werden kontinuierlich in den Klassen 5 bis 10 bereitgestellt. Ab der Klasse 7 werden die Angebote und Maßnahmen zunehmend auf das Thema Übergang Schule – Beruf fokussiert. Berufliche Orientierung und die persönliche Entwicklung eines Berufswegeplanes sind nicht nur die zentralen Herausforderungen der Schülerinnen und Schüler. Gerade für Schülerinnen und Schüler, deren realistische Perspektive zunächst die Erlangung eines Hauptschulabschlusses ist, wird eine positive realistische berufliche Übergangsperspektive eine zentrale Quelle für eine tragfähige Bildungsmotivation.

8.2.2 Das Kompetenz-Entwicklungs-Programm im Übergang Schule – Beruf

Das Kompetenz-Entwicklungs-Programm der Schulsozialarbeit Wiesbaden wird seit 2007 durchgeführt. Es ist entstanden auf dem Hintergrund von langjährigen Erfahrungen der Schulsozialarbeit im Arbeitsfeld Übergang Schule – Beruf. Es wurde mit den Kooperationspartnern der Schulsozialarbeit im Arbeitsfeld Schule – Beruf, also mit den Schulen, der Kreishandwerkerschaft, der Handwerkskammer, der Industrie- und Handelskammer, der Landesärztekammer, mit Betrieben, mit der Ausbildungsagentur des kommunalen Jobcenters, der Agentur für Arbeit und mit Trägern der Jugendhilfe entwickelt. Im Wiesbadener Jugendberufshilfenetz ist es als ein gemeinsames Projekt mit einem hohen Stellenwert anerkannt. Die Umsetzung des Programms und seine Ergebnisse werden in folgenden Gremien und Kooperationsstrukturen des lokalen Übergangsmanagements kommuniziert, bewertet und fortentwickelt:

- Die jährliche Konferenz des Leiters des Amtes für Soziale Arbeit mit allen Schulen mit Schulsozialarbeit und ihren wichtigsten Kooperationspartnern im Arbeitsfeld Übergang Schule – Beruf;
- der zweimal jährlich tagenden Ausbildungskonferenz des Oberbürgermeisters;
- dem Kooperations- und Qualitätsentwicklungsprojekt OloV – Optimierung der lokalen Vermittlungsarbeit der Schaffung und Besetzung von Ausbildungsplätzen in Hessen (Hessische Landesregierung 2010)
- dem runden Tisch gegen Jugendarbeitslosigkeit der Arbeitsagentur mit den Kammern, dem staatlichen Schulamt, der Ausbildungsagentur des kommunalen Jobcenters, der Schulsozialarbeit und den Trägern der Jugendberufshilfe.

Das Kompetenz-Entwicklungs-Programm im Übergang Schule – Beruf unterstützt den gesamten Berufsorientierungsprozess für Schülerinnen und Schüler an Schulen mit Schulsozialarbeit. Es soll am Ende der Sekundarschule unter Einbezug der Eltern den bestmöglichen Übergang in eine Berufsausbildung oder in eine tatsächlich weiterführende Schulbildung gewährleisten. Für die Umsetzung von zusätzlichen Qualifizierungsmaßnahmen stellt die Landeshauptstadt Wiesbaden Haushaltsmittel zur Verfügung, diese werden durch Mittel der Agentur für Arbeit (SGB III) ergänzt.

Aufbauend auf die Klassenbetreuung im 3-Stufen-Modell werden in Jahrgang 7 die **Bausteine zur Feststellung der Schülerkompetenzen** durchgeführt. Diese beinhalten ein Kompetenzfeststellungsverfahren, welches vom Bundesinstitut für Berufliche Bildung (BIBB) auf Grundlage der „Qualitätsstandards zur

Durchführung von Potenzialanalysen in Programmen zur Berufsorientierung des BMBF" 2011 als Potentialanalyse anerkannt wurde (vgl. Weißmann, BMBF 2010). Die Ergebnisse der Kompetenzfeststellung ermöglichen den Fachkräften der Schulsozialarbeit und den Lehrkräften eine tragfähige Aussage zur Kompetenzentwicklung der jungen Menschen in einem **Schülerprofilbogen**. Dieser gilt als Statusabfrage der Ausbildungsreife und findet seinen Einsatz zum zweiten Halbjahr in der achten Klasse. Er dokumentiert die wesentlichen Schlüsselqualifikationen sowie die relevanten Schulleistungen.

Von 750 Schülerinnen und Schülern pro Jahrgang werden über den Schülerprofilbogen etwa 500 prognostizierte Hauptschulabsolventen identifiziert und in das weitere Unterstützungsangebot des Kompetenz-Entwicklungs-Programms einbezogen. Die prognostizierten „sicheren" Absolventen mit dem „Mittleren Bildungsabschluss" erhalten keine weitere Leistung aus dem Kompetenz-Entwicklungs-Programm, sehr wohl aber weitere Unterstützung nach dem 3-Stufen-Modell der Schulsozialarbeit.

Mit den verbleibenden 500 potenziellen Hauptschulabsolventen und -absolventinnen und deren Eltern werden nun **Eltern-Schüler-Gespräche**[4] geführt, die das Ziel einer verbindlichen Vereinbarung eines anzustrebenden Übergangs haben. Hier werden individuell für die Schülerinnen und Schüler nun **zusätzliche Förder- und Qualifizierungsmaßnahmen** vereinbart, die dann in den nächsten etwa eineinhalb Jahren ihre Umsetzung finden. Diese zusätzlichen Qualifizierungsmaßnahmen können in vier Angebotsgruppen unterteilt werden, sie werden zusätzlich zu den Angeboten der Schulen durchgeführt:

- **Soziale-Kompetenz-Training (SKT)**
  Die Sozialen-Kompetenz-Trainings stärken die Schülerinnen und Schüler gezielt in ihren Schlüsselqualifikationen, wie zum Beispiel der Teamfähigkeit oder der Problemlösekompetenz. Hier sind es überwiegend die Angebote der Schulsozialarbeit selbst, die neben der Gesamtkoordination des Programms mit der Profession der Sozialpädagogik ihren Beitrag zum Kompetenz-Entwicklungs-Programm erzielt.
- **Förderkurse**
  Durch Förderkurse in Mathematik und Deutsch werden bestimmte Schülerinnen und Schüler in Kleingruppen (4 bis 6 Jugendliche) gezielt unterstützt. Die Umsetzung der Förderkurse sowie deren Einbindung in den Schulbetrieb kann als wesentlicher Beitrag der Schulen in dem Kompetenz-Entwicklungs-Programm beschrieben werden.

---

4 In den letzten Jahren wurde jährlich mehr als 95 % der Eltern mit diesen wichtigen Gesprächen erreicht und konkret in die Kompetenzentwicklung ihrer Kinder einbezogen.

- **Berufsorientierung**
  Ziel der Berufsorientierung ist die Entwicklung realistischer und tragfähiger Berufswünsche und damit die Erweiterung der Kenntnisse über das Spektrum der Möglichkeiten einer Berufswahl. Je nach individuellen Voraussetzungen der Schülerinnen und Schülern kann eine Berufsorientierung auch zur Motivation oder als Auftakt einer Planung von Zukunftsperspektiven eingesetzt werden. Dementsprechend wurde von der Schulsozialarbeit überwiegend mit den Trägern der Jugendberufshilfe eine Vielfalt an Berufsorientierungsmaßnahmen entwickelt.
- **Berufliche Grundqualifizierung**
  Ziel der beruflichen Grundqualifizierungen ist die aktive Auseinandersetzung mit den Berufsbildern. Durch das Erleben und Erfahren von Anteilen der praktischen Arbeit eines bestimmten Berufsfeldes von bis zu zwei Schulwochen, gilt es zusätzlich zu den Betriebspraktika, den eigenen Berufswunsch zu erproben oder zu festigen. Die Grundqualifizierungen finden überwiegend in den Ausbildungszentren der Kammern durch deren berufspädagogische Fachkräfte statt. Sie stellen einen wichtigen Beitrag der Wirtschaft dar. Die schulischen Betriebspraktika sind eng mit der beruflichen Grundqualifizierungen abgestimmt.

Mit der Durchführung der zusätzlichen Qualifizierungsmaßnahmen wird der individuelle Förderplan für jeden Jugendlichen bezogen auf das Erreichen der Ausbildungsreife fortgeschrieben. Jeder Jugendliche erhält ganz individuell nur das, was er für seinen angestrebte Übergangsweg und seine Ausbildungsreife braucht.

Für einen Teil der Schülerinnen und Schüler soll die Kompetenzentwicklung zukünftig durch die Nutzung eines Berufswahltestes zusätzlich unterstützt werden. Dieser dient als Grundlage eines gezielten Vermittlungsprozesses integriert im Kompetenz-Entwicklungs-Programm. Als Ergebnis soll eine gezielte und lokale Ausbildungsvermittlung etabliert werden, die eventuell zusätzlich durch Mentoren und Mentorinnen als authentische Vorbilder die jungen Menschen begleiten. Damit soll der Vermittlungsprozess, den bisher viele Eltern allein von der Schulsozialarbeit erwartet haben, von Seiten der Wirtschaft tatkräftig unterstützt werden. Für die Wirtschaft bedeutet dies eine starke Verantwortungsübernahme mit dem Ziel der Vermeidung eines Fachkräftemangels.

Die Abbildung 3 dokumentiert den komplexen Verlauf des Qualifizierungs- und Vermittlungsprozesses im Rahmen des Kompetenz-Entwicklungs-Programms.

Schulsozialarbeit im Übergang Schule – Beruf

Abbildung 3 Angebote des Kompetenz-Entwicklungs-Programms in den Jahrgängen 7 bis 9

Schulsozialarbeit Wiesbaden

Kompetenz-Entwicklungs-Programms (KEP) im Übergang Schule-Beruf
Zeitstrahl der Angebote in den Jahrgängen 7,8 und 9 in paralleler Abfolge im Schuljahr

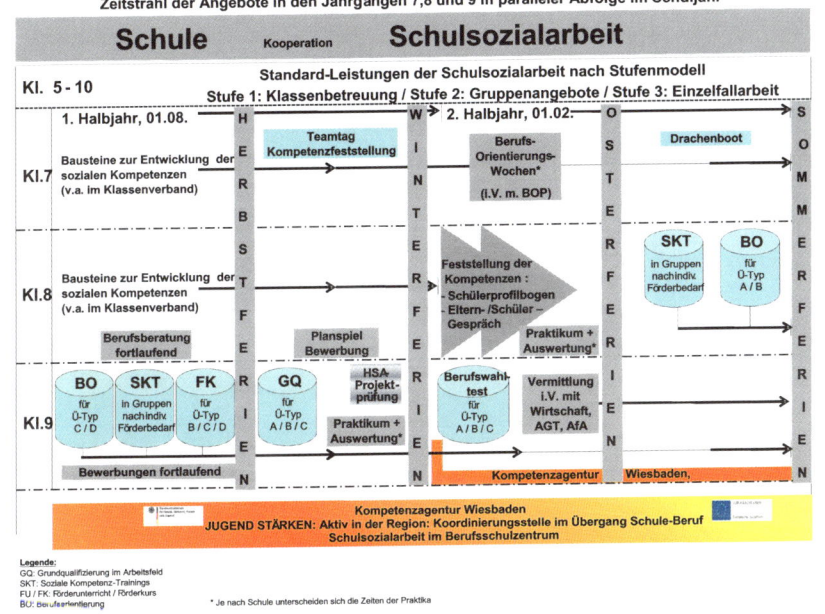

| Schule | Kooperation | Schulsozialarbeit |

Kl. 5 – 10: Standard-Leistungen der Schulsozialarbeit nach Stufenmodell
Stufe 1: Klassenbetreuung / Stufe 2: Gruppenangebote / Stufe 3: Einzelfallarbeit

1. Halbjahr, 01.08. → 2. Halbjahr, 01.02.

Kl.7: Bausteine zur Entwicklung der sozialen Kompetenzen (v.a. im Klassenverband) — Teamtag Kompetenzfeststellung — Berufs-Orientierungs-Wochen* (i.V. m. BOP) — Drachenboot

Kl.8: Bausteine zur Entwicklung der sozialen Kompetenzen (v.a. im Klassenverband) — Feststellung der Kompetenzen: - Schülerprofilbogen - Eltern-/Schüler-Gespräch — SKT in Gruppen nachindiv. Förderbedarf — BO für Ü-Typ A/B

Berufsberatung fortlaufend — Planspiel Bewerbung — Praktikum + Auswertung*

Kl.9: BO für Ü-Typ C/D — SKT in Gruppen nachindiv. Förderbedarf — FK für Ü-Typ B/C/D — GQ für Ü-Typ A/B/C — HSA-Projekt-prüfung — Praktikum + Auswertung* — Berufswahl-test für Ü-Typ A/B/C — Vermittlung i.V. mit Wirtschaft, AGT, AfA

Bewerbungen fortlaufend — Kompetenzagentur Wiesbaden,

Kompetenzagentur Wiesbaden
JUGEND STÄRKEN: Aktiv in der Region: Koordinierungsstelle im Übergang Schule-Beruf
Schulsozialarbeit im Berufsschulzentrum

Legende:
GQ: Grundqualifizierung im Arbeitsfeld
SKT: Soziale Kompetenz-Trainings
FU / FK: Förderunterricht / Förderkurs
BU: Berufsorientierung   * Je nach Schule unterscheiden sich die Zeiten der Praktika

Quelle: Amt für Soziale Arbeit, Wiesbaden, 2012.

8.2.3 Kompetenzagentur Wiesbaden

Mit der Initiative JUGEND STÄRKEN werden durch das Bundesministerium für Familie, Senioren, Frauen und Jugend (BMFSFJ) im Rahmen der Schulsozialarbeit zwei Modellprogramme gefördert (vgl. BMFSFJ 2012):

- die Kompetenzagentur Wiesbaden (seit 2007) und
- das Modellprogramm „Aktiv in der Region" mit der Koordinationsstelle im Übergang Schule – Beruf (seit 2010) (s. Abschnitt 8.2.4).

Für die Schulsozialarbeit nach § 13 SGB VIII (Sozialgesetzbuch) liegt die besondere Stärke der Modellprogramme darin, für jeden Jugendlichen so lange rechtskreisübergreifend die Verantwortung zu übernehmen, bis die Jugendlichen wieder stabilisiert werden können und entsprechende Angebote annehmen. Ziel ist es eine Anbindung der zuständigen Kooperationspartner im Jugendhilfenetzwerk für die jungen Menschen herzustellen.

Im Kontext des Kompetenz-Entwicklungs-Programms der Schulsozialarbeit steht mit der Kompetenzagentur ein intensives Fallmanagement als zusätzliche Unterstützungsleistung der Schulsozialarbeit zur Verfügung. Die Besonderheit daran ist, dass die Jugendlichen auch nach Verlassen der Schule weiterhin von einer ihnen bekannten Person auch mittels aufsuchender Arbeit betreut werden. Diese klärt und bespricht regelmäßig die aktuelle Situation mit dem jungen Menschen und gibt bei Schwierigkeiten Hilfestellung und Unterstützung. Dies ist vor allem notwendig wenn der Jugendliche nicht in eine geeignete Anschlussmaßnahme übergegangen ist, aber auch, wenn es in der Anschlussmaßnahme zu Problemen oder gar Abbrüchen kommt. So kann eine nachhaltige Stabilisierung und Stärkung der Jugendlichen gewährleistet, Abbrüche verhindert oder durch neue Perspektiven kompensiert werden.

Die Kompetenzagentur Wiesbaden betreut jährlich etwa 160 Jugendliche. Diese sind besonders gefährdet in ihrer sozialen und beruflichen Integration. Es sind Schülerinnen und Schüler im letzten Schulhalbjahr, die keinen bzw. nur einen sehr schwachen Schulabschluss zu erwarten haben und deren Übergang in Ausbildung aussichtslos scheint und kaum alternative Einmündungswege erkennbar sind. Oftmals handelt es sich hier auch um Schülerinnen und Schüler, die zum Beispiel als schulische Quereinsteiger bzw. aus anderen Schulen Querversetzte nicht auf das Angebot der Schulsozialarbeit seit Jahrgang 5 zurückgreifen konnten.

Die besondere Aufmerksamkeit für diese Schülerinnen und Schüler entspricht dem präventiven Ansatz der Schulsozialarbeit. Je mehr es gelingt, Schülerinnen und Schüler direkt nach der Schule in eine für sie adäquate Anschlussmaßnahme zu vermitteln, umso kleiner ist die Anzahl derer, die nach ihrem Schulabgang noch weitere unterstützende Maßnahmen und Lotsendienste des Fallmanagements benötigen:

- Im Rahmen der Koordinationsstunde zwischen den Klassenlehrerinnen und Klassenlehrern mit der Schulsozialarbeit wird die mögliche Zielgruppe der Kompetenzagentur auf Grundlage der Schülerprofilbögen zum zweiten Halbjahr des aktuellen Schuljahres identifiziert.
- Je nach Bedarf werden zusätzliche Personalkontingente der Schulsozialarbeitseinrichtung zugeteilt. Somit können die erforderlichen personellen Ressourcen durch die Kompetenzagentur flexibel und bedarfsgerecht bereitgestellt werden.
- Mit der Aufnahme des Fallmanagements werden gemeinsam mit Eltern, Schulsozialarbeit und der Klassenleitung adäquate Eingliederungsstrategien für das Anschlusssystem entwickelt. Dabei geht es um den best möglichen Übergang.

Es werden auch hier unter dem Aspekt des Gender- und Cultural Mainstreaming die jeweiligen geschlechter-differenten Lebenskonzepte, die besonderen Bedürfnisse jedes Einzelnen sowie die verschiedenen Lebenswirklichkeiten der Jugendlichen mit und ohne Migrationshintergrund berücksichtigt.

- Analog zum Kompetenz-Entwicklungs-Programm werden Ressourcen gebunden und zusätzliche Qualifizierungsmaßnahmen angeboten, sofern sie noch im letzten Schulhalbjahr umgesetzt werden können, um das vereinbarte Übergangsergebnis zu erreichen. Hier werden auch für die Zielgruppe adäquate Berufsorientierungsangebote neu entwickelt.
- Zur Förderung der beruflichen Integration werden für die Jugendlichen mit den beruflichen Schulen, den Trägern der Berufsvorbereitenden Maßnahmen, der Agentur für Arbeit (SGB III) und der Ausbildungsagentur des kommunalen Jobcenters (SGB II) sowie dem Jugendhilfeträger (SGB VIII) individuelle Übergänge in die Folgesysteme ermöglicht.
- Für einen Teil der Jugendlichen bedarf es neben der beruflichen Integration zunächst einer sozialen Unterstützung, um ihre aktuellen Problemlagen wie

Abbildung 4 Einbindung der Kompetenzagentur in das Kompetenz-Entwicklungs-Programm

Quelle: Amt für Soziale Arbeit, Wiesbaden, 2012.

die Tendenz zur Schulabstinenz, psychische Erkrankungen oder Familienkonflikte zu bearbeiten. Hier sind besonders die Kooperationspartner der Schulsozialarbeit gefragt, mit denen die Jugendlichen bereits in der Einzelfallarbeit nach dem 3 Stufen-Modell kooperieren.
- Der Übergangsprozess der Jugendlichen wird kontinuierlich durch das Fallmanagement begleitet. Die Jugendlichen haben weiterhin unabhängig von der aktuellen Maßnahme ihre vertraute Fachkraft als Lotse zur Bearbeitung auftretender Probleme und zur Beschaffung notwendiger Hilfen an ihrer Seite.

Durch das integrierte Fallmanagement werden Bedarfe für diese Zielgruppe identifiziert und kommuniziert. So wurde zum Beispiel über das Ausbildungsbudget des Landes Hessen die Maßnahme „Fit in den Beruf" (FiB) entwickelt, die überwiegend auf einen Teil der Zielgruppe der Kompetenzagentur ausgelegt ist. Hier erhalten Jugendliche durch einen Träger der Jugendberufshilfe neben einer intensiven, praxisnahen beruflichen Orientierung und einer sozialpädagogischen Betreuung auch die Möglichkeit den Hauptschulabschluss extern zu erwerben.

Für die berufliche Integration junger Menschen ist die Wiesbadener Jugendwerkstatt (WJW) als größter Maßnahmenträger der Jugendsozialarbeit ein wichtiger Kooperationspartner. Jugendliche können dort in einem Eingangs- und Orientierungsjahr ihre Ausbildungsreife verbessern und sich auf eine Ausbildung vorbereiten. Weiterhin bietet die WJW benachteiligten Jugendlichen außerbetriebliche Berufsausbildung in 23 Berufen an[5]. Schulsozialarbeit verfügt für die Zielgruppe der Kompetenzagentur über ein festes Kontingent an Plätzen in der außerbetrieblichen Berufsausbildung der Jugendhilfe. Dieses Angebot ermöglicht einen direkten Übergang von der Schule in eine berufliche Ausbildung mit der erforderlichen hohen berufs- und sozialpädagogischen Unterstützung. Es hilft demotivierende Warteschleifen und die herrschenden Zugangslogiken, die auf vorangegangenes Scheitern beruhen, zu vermeiden.

8.2.4 Koordinierungsstelle im Übergang Schule – Beruf

Das Modellprogramm JUGEND STÄRKEN: „Aktiv in der Region" ist in seiner Ausrichtung bewusst dem kommunalen Jugendhilfeträger, in Wiesbaden der Abteilung Schulsozialarbeit, zugeordnet worden (vgl. BMFSFJ 2012).

---

5 Die Ausbildungsplätze werden aus kommunalen Jugendhilfemitteln gemäß §§ 27 oder 41 in Verbindung mit § 13 SGB VIII oder aus Mitteln des § 16 SGB II in Verbindung mit § 76 SGB III gefördert.

Mit der Analyse des Wiesbadener Übergangssystems sollen mögliche Lücken definiert und geschlossen werden. Als erstes Ergebnis dieser Analyse ist die Koordinierungsstelle an beruflichen Schulen im Übergang Schule – Beruf entstanden, die die zwei Hauptziele der Schulsozialarbeit im berufsschulischen Übergangssystem fortführen soll:

- Sicherung der Schullaufbahn und Erreichen eines Schulabschlusses
- Erreichen eines Ausbildungsplatzes bzw. Übergang in eine tatsächlich weiterqualifizierende Schule.

Pro Jahr verlassen durchschnittlich 230 Schülerinnen und Schüler aus Jahrgang 8 bis 10 die Schulen mit Schulsozialarbeit, die die o. g. Ziele noch nicht sicher erreicht haben. Bis zu diesem Zeitpunkt wurde durch das Kompetenz-Entwicklungs-Programm sowie von der Kompetenzagentur Wiesbaden für diese Schülergruppe der bestmögliche Übergang in die Beruflichen Schulen oder in geeignete Anschlussmaßnahmen der Berufsvorbereitung erreicht. Hinzu kommen noch Schülerinnen und Schüler, deren allgemeinbildende Schulabschlüsse gerade so für den Eintritt der zweijährigen Berufsfachschule gereicht haben, deren erfolgreicher Abschluss des mittleren Bildungsabschlusses aber schon bei Eintritt gefährdet oder im Laufe des Schulbesuchs der Berufsfachschule gefährdet erscheint.

Bei fast allen diesen Schülerinnen und Schüler hat durch das Kompetenz-Entwicklungs-Programm der Berufsorientierungsprozess unter Einbezug der Eltern ab Klasse 7 begonnen. An den Kontakten mit den Schülerinnen und Schüler sowie den zurückliegenden Ergebnissen des Kompetenz-Entwicklungs-Programms kann nun durch die Koordinierungsstelle angesetzt und der begonnene Unterstützungsprozess fortgeführt werden. Der aktuelle Kompetenz-Entwicklungs-Stand der Schülerinnen und Schüler wird nun adäquat ins schulische Berufsvorbereitungssystem übergeleitet. Die Erkenntnisse und Vereinbarungen aus dem Kompetenz-Entwicklungs-Programm gehen nicht verloren, sondern können fortgeführt werden.

Für diese neue Zielgruppe der Koordinierungsstelle im Übergang Schule – Beruf stehen die gleichen Ziele wie im Kompetenz-Entwicklungs-Programm der Schulsozialarbeit im Vordergrund. Grundsätzlich wird auf Basis der Einzelfallarbeit ein adäquater Berufsintegrationsweg mit dem/der jungen Erwachsenen erarbeitet und begleitet.

Die Koordinierungsstelle kann neben diesem Wissen über den Werdegang und die Ziele der Schülerinnen und Schüler auch auf die bestehenden Kooperationsbeziehungen der Schulsozialarbeit zu den Netzwerkpartnern im Übergang Schule – Beruf zurückgreifen. Insbesondere die gute Kooperation mit der Wiesbadener Wirtschaft, der Ausbildungsagentur des kommunalen Jobcenters, der

Abbildung 5 Koordinierungsstelle im Übergang Schule – Beruf

JUGEND STÄRKEN - Aktiv in der Region
Koordinierungsstelle im Übergang Schule-Beruf (KÜ) Wiesbaden

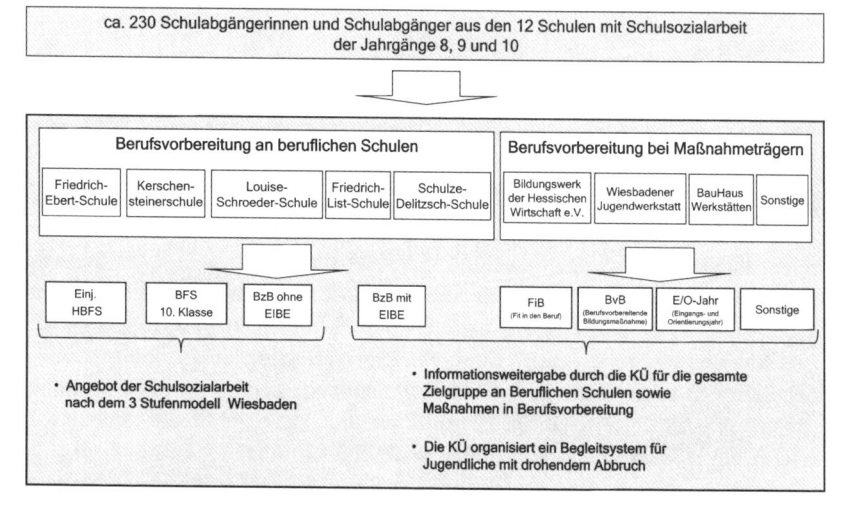

ca. 230 Schulabgängerinnen und Schulabgänger aus den 12 Schulen mit Schulsozialarbeit der Jahrgänge 8, 9 und 10

Berufsvorbereitung an beruflichen Schulen	Berufsvorbereitung bei Maßnahmeträgern
Friedrich-Ebert-Schule	Kerschensteinerschule	Louise-Schroeder-Schule	Friedrich-List-Schule	Schulze-Delitzsch-Schule	Bildungswerk der Hessischen Wirtschaft e.V.	Wiesbadener Jugendwerkstatt	BauHaus Werkstätten	Sonstige

| Einj. HBFS | BFS 10. Klasse | BzB ohne EIBE | BzB mit EIBE | FiB (Fit in den Beruf) | BvB (Berufsvorbereitende Bildungsmaßnahme) | E/O-Jahr (Eingangs- und Orientierungsjahr) | Sonstige |

- Angebot der Schulsozialarbeit nach dem 3 Stufenmodell Wiesbaden

- Informationsweitergabe durch die KÜ für die gesamte Zielgruppe an Beruflichen Schulen sowie Maßnahmen in Berufsvorbereitung
- Die KÜ organisiert ein Begleitsystem für Jugendliche mit drohendem Abbruch

Quelle: Amt für Soziale Arbeit, Wiesbaden, 2012.

Arbeitsagentur und den Trägern der Jugendberufshilfe ist für diese Aufgabe wesentlich.

Die Landeshauptstadt Wiesbaden hat die Einrichtung der Koordinierungsstelle im Übergang Schule – Beruf zum Schuljahr 2011/2012 mit der Kenntnisnahme beschlossen, dass damit ein erster Schritt zur Einrichtung von Schulsozialarbeit an den beruflichen Schulen vollzogen wird.

8.3 Die Abgangs- und Übergangsstatistik der Schulsozialarbeit als ein Instrument der Qualitätsentwicklung und weiterführender Sozialplanung

Seit dem Jahr 2000 erstellt die Schulsozialarbeit zur Sicherung der Ergebnisse und für eine kontinuierliche Bedarfsplanung jährlich eine Abgangs- und Übergangsstatistik.

Diese umfasst die Übergangsergebnisse aller Schülerinnen und Schüler mit Stand 01.09.2012 des Jahres, die von der Schulsozialarbeit der Haupt- und Gesamtschulen im Übergang Schule – Beruf betreut wurden. Sie dokumentiert die Schulabschlüsse aller Schülerinnen und Schüler aus den Jahrgängen 9 und 10. Seit 2009 erfasst die Abgangs- und Übergangsstatistik auch die Übergänge aller Schulabgängerinnen und Schulabgänger aus den Jahrgängen 9 und 10.

Abbildung 6 Entwicklung der Schulabschlüsse 2004–2012

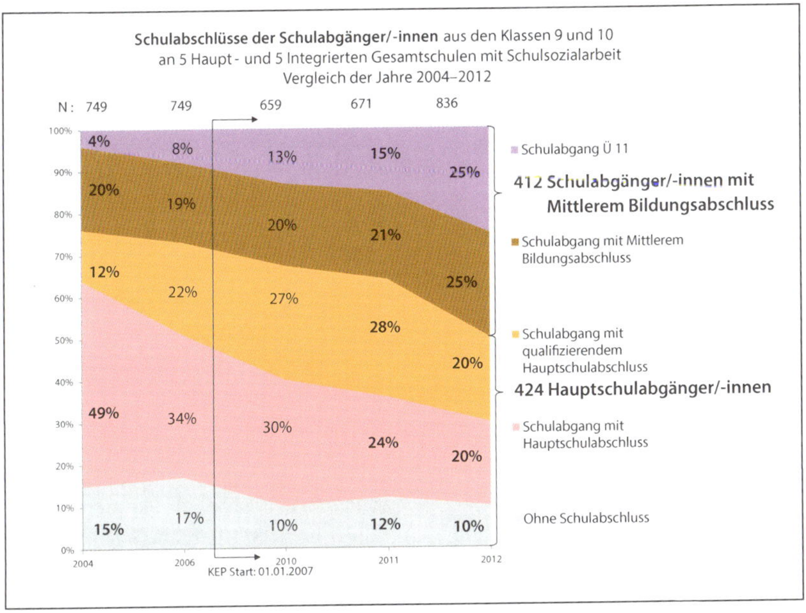

Schulabschlüsse der Schulabgänger/-innen aus den Klassen 9 und 10 an 5 Haupt- und 5 Integrierten Gesamtschulen mit Schulsozialarbeit
Vergleich der Jahre 2004–2012

Jahr	2004	2006	2010	2011	2012
N:	749	749	659	671	836
Schulabgang Ü 11	4%	8%	13%	15%	25%
Schulabgang mit Mittlerem Bildungsabschluss	20%	19%	20%	21%	25%
Schulabgang mit qualifizierendem Hauptschulabschluss	12%	22%	27%	28%	20%
Schulabgang mit Hauptschulabschluss	49%	34%	30%	24%	20%
Ohne Schulabschluss	15%	17%	10%	12%	10%

KEP Start: 01.01.2007

412 Schulabgänger/-innen mit Mittlerem Bildungsabschluss
424 Hauptschulabgänger/-innen

Quelle: Amt für Soziale Arbeit, Wiesbaden, 2013.

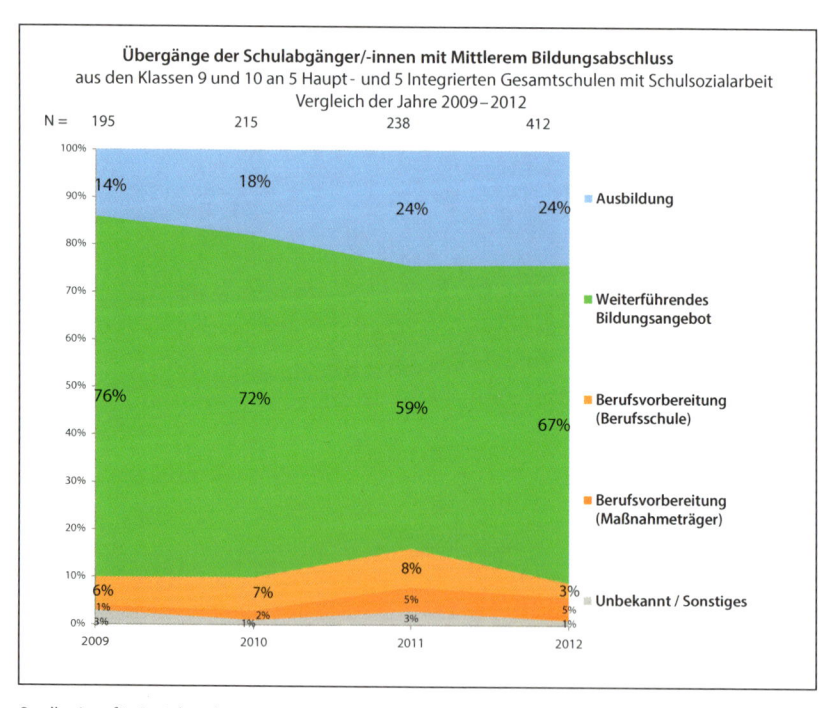

Abbildung 7 Übergänge der Schulabgänger/-innen 2009–2012

Übergänge der Schulabgänger/-innen mit Mittlerem Bildungsabschluss
aus den Klassen 9 und 10 an 5 Haupt- und 5 Integrierten Gesamtschulen mit Schulsozialarbeit
Vergleich der Jahre 2009–2012

| N = | 195 | 215 | 238 | 412 |

Legende:
- Ausbildung
- Weiterführendes Bildungsangebot
- Berufsvorbereitung (Berufsschule)
- Berufsvorbereitung (Maßnahmeträger)
- Unbekannt / Sonstiges

Jahr	Ausbildung	Weiterführendes Bildungsangebot	Berufsvorbereitung (Berufsschule)	Berufsvorbereitung (Maßnahmeträger)	Unbekannt / Sonstiges
2009	14%	76%	6%	1%	3%
2010	18%	72%	7%	2%	1%
2011	24%	59%	8%	5%	3%
2012	24%	67%	3%	5%	1%

Quelle: Amt für Soziale Arbeit, Wiesbaden, 2013.

Von den Übergängen aller Schulabgänge werden differenziert die aller Hauptschulabgängerinnen und Hauptschulabgänger aus den Jahrgängen 9 und 10 festgehalten. Diese Differenzierung ist sogar seit 2004 darstellbar möglich. Dem können die Übergänge aller Schulabgängerinnen und Schulabgängern mit mittlerem Bildungsabschluss des aktuellen Jahres hinzugefügt werden. Letztere Abfrage ist besonders interessant, da durch das Kompetenz-Entwicklungs-Programm eine positive Haltekraft der ursprünglich prognostizierten Hauptschulabsolventinnen und Hauptschulabsolventen an den Integrierten Gesamtschulen und Sekundarschulen festgestellt wurde. Die Kompetenzagentur Wiesbaden dokumentiert analog dazu die Leistungen ihres Fallmanagements und die Übergänge ihrer Klientel.

Die Abgangs- und Übergangsstatistik unterstützt die Jugendhilfe- und Sozialplanung bei der Schaffung passgenauer Angebote und Leistungsprozesse. So unterstützte sie die Zielbeschreibung und Evaluation des Kompetenz-Entwick-

Schulsozialarbeit im Übergang Schule – Beruf

Abbildung 8 Übergänge der Hauptschüler/-innen 2004–2012, mit mittlerem Bildungsabschluss 2012

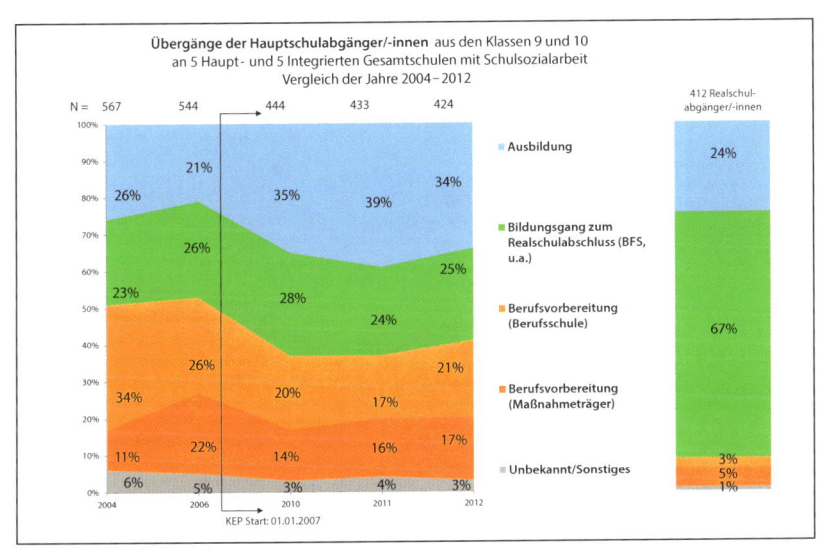

Quelle: Amt für Soziale Arbeit, Wiesbaden, 2013.

Abbildung 9 Übergänge aus der Kompetenzagentur in 2012

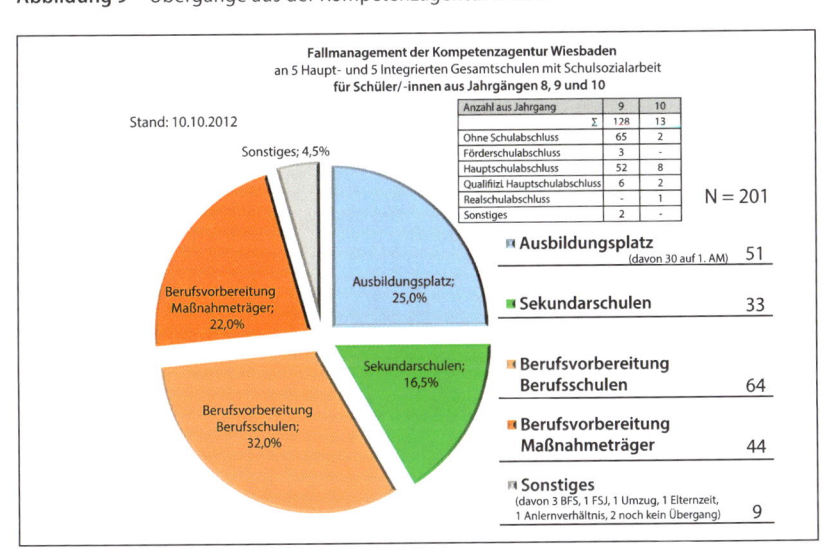

Quelle: Amt für Soziale Arbeit, Wiesbaden, 2013.

lungs-Programms sowie die Identifikation der Zielgruppe der zwei Bundesprogramme von JUGEND STÄRKEN, „Kompetenzagentur Wiesbaden" und „Aktiv in der Region".
Die Abgangs- und Übergangsstatistik belegt die erfolgreiche Umsetzung der Zielstellung des Kompetenz-Entwicklungs-Programms:

- Die Quote der erfolgreichen Schulabschlüsse (Qualifizierter Hauptschulabschluss, Realschulabschluss mit und ohne Zugang zur gymnasialen Oberstufe) hat sich an den Schulen mit Schulsozialarbeit um ein Drittel erhöht.
- Analog hierzu ist die Quote der Schulabgängerinnen und Schulabgänger ohne Schulabschluss um ein Drittel gesunken, wenn sie auch mit 10 % noch immer zu hoch ist.
- Die Quote der Hauptschulabgängerinnen und Hauptschulabgänger mit direktem Übergang auf einen Ausbildungsplatz hat sich deutlich erhöht und der Übergang auf ein weiterführendes Bildungsangebot zum Realschulabschluss wurde vermehrt erreicht.
- Auch die Quote der Realschulabgängerinnen und Realschulabgänger mit direktem Übergang auf einen Ausbildungsplatz hat sich erhöht.
- Die Übergänge in die Berufsbildenden Schulen oder in geeignete Anschlussmaßnahmen der Berufsvorbereitung wurden für alle Schülerinnen und Schüler ohne Ausbildungsplatz verbessert.
- Ferner ist eine deutliche Erhöhung der Streuung der gewählten Ausbildungsberufe sowohl bei den Schülerinnen als auch bei den Schülern sichtbar.

Die Übergangsergebnisse können im Sinne des „Gender- und Cultural Mainstreamings" als positiv bewertet werden. Die Übergangsquoten in Ausbildung und weiterführende Schulbildung gleichen sich bezogen auf das Geschlecht und der ethnischen Herkunft zunehmend an, wenn auch in Wiesbaden wie anderswo männliche Hauptschulabgänger ohne Migrationshintergrund die besten Übergangschancen in eine Berufsausbildung haben und weibliche Hauptschulabgängerinnen nach wie vor stärker weiterführende schulische Bildungsangebote präferieren.

Die Ergebnisse der Übergangsstatistiken dienen auf verschiedenen Ebenen der Steuerung, Fachplanung und Fortentwicklung der Schulsozialarbeit mit Kompetenz-Entwicklungs-Programm, Kompetenzagentur und Koordinierungsstelle und des gesamten Netzwerkes des lokalen Übergangsmanagements in Wiesbaden.

Die Wiesbadener Schulsozialarbeit ist damit ein wesentlicher koordinierender Akteur sowohl in den einzelnen schulbezogenen Unterstützungsnetzwerken als auch im übergreifenden kommunalen Übergangsmanagement Schule – Beruf.

8.4 Fazit

Die in Wiesbaden entwickelte Form der Schulsozialarbeit mit dem umfassenden Unterstützungsnetzwerken zeigt, dass eine frühzeitig einsetzende und konzeptionell ausgereifte Schulsozialarbeit die Bildungsergebnisse und Übergangschancen der herkunftsbenachteiligten jungen Menschen verbessert. Die Leistungen der Schulsozialarbeit sind ein wesentlicher Baustein in einem umfassenden Handlungsprogramm des Wiesbadener Sozialdezernates zum Abbau herkunftsbedingter Bildungsbenachteiligung (Landeshauptstadt Wiesbaden 2011). Schulsozialarbeit kompensiert dabei nicht strukturelle oder operative Missstände des Schulsystems, sondern unterstützt als eigenständiger Bildungsakteur die von Rauschenbach (2011, 115 ff.) geforderten Elemente eines nachhaltig wirkenden Bildungskonzeptes:

- Die „Einsicht in die biographischen Zusammenhänge von Bildungsprozessen", die eine „ganztagsschulische Rahmung unterrichtlicher und außerunterrichtlicher Bildungsmöglichkeiten im Rahmen eines lokalen Zusammenspiels der unterschiedlichen Bildungsakteure und Settings erfordert" (ebenda).
- Die Einsicht, dass sich „Bildung nicht auf kognitive Bildung und Wissensvermittlung reduzieren lässt", sondern dass Bildung wie die UNESCO betont vierdimensional gefasst werden müsse: „Learn to know, learn to do, learn to be, learn to live together" (ebenda).
- Die Einsicht, dass „die Veränderungspotenziale der Bildung nicht allein aus der formalen gleichsam offiziellen Bildung selbst geschöpft werden können" (ebenda).

Dieses nachhaltig wirkende Bildungskonzept erfordert eine Öffnung der Schule und eine intensive strukturierte Kooperation von Jugendhilfe und Schule in einem breit aufgestellten schulbezogenen Unterstützungsnetzwerk (vgl. Brülle u. a. 2012).

Literatur

Amt für Soziale Arbeit (2012): *KEP Abgangs- und Übergangsstatistik 2012 für die Haupt und Gesamtschulkonferenz des Amtes für Soziale Arbeit 2012*. Unveröffentlichte Tischvorlage. Wiesbaden

Amt für Soziale Arbeit (2012): *Schulsozialarbeit in Wiesbaden*. Verfügbar unter: http://www.wiesbaden.de/vv/medien/merk/51/Schulsozialarbeit_Wiesbaden_2012.pdf (letzter Zugriff 19.07.2012).

Bundesministerium für Familie, Senioren, Frauen und Jugend (BMFSFJ) (2012): *Initiative JUGEND STÄRKEN*. Verfügbar unter: http://www.bmfsfj.de/BMFSFJ/ kinder-und-jugend,did=12252.html (letzter Zugriff 19. 07. 2012).

Weißmann, Hans, Bundesministerium für Bildung und Forschung (BMBF), Referat 313 (2010): *Qualitätsstandards zur Durchführung von Potenzialanalysen in Programmen zur Berufsorientierung des BMBF*. Verfügbar unter http://www.bmbf. de/pubRD/qualitaetsstandards_bildungsketten.pdf (letzter Zugriff 19. 07. 2012).

Brülle, Heiner, Christe, Gerhard, Melzer, Ragna & Wende, Lutz (2012): *Schulbezogene Unterstützungsnetzwerke – Gestaltungsansätze der Jugendhilfe zur Bildungsförderung armer Jugendlicher im Übergang Schule – Beruf*. Expertise erstellt im Auftrag des Instituts für Sozialarbeit und Sozialpädagogik. Frankfurt am Main. Verfügbar unter: http://www.iss-ffm.de/index.php?eID=tx_nawsecuredl&u=0&file=fileadmin/user_upload/Projekte/Projekte_FP_09/Expertise_Bruelle.pdf&t=1342709486&hash=3d954c193815710cb942c86609741500 (letzter Zugriff 18. 07. 12).

Hessische Landesregierung (Hrsg.) (2010): *Qualitätsstandards. Optimierung der lokalen Vermittlungsarbeit bei der Schaffung und Besetzung von Ausbildungsplätzen* (4. vollst. Überarb. Auflage im Rahmen der landesweiten Strategie OloV 2). Verfügbar unter: http://www.olov-hessen.de/fileadmin/user_upload/02-Qualitaetsstandards/olov_qs_2010_brosch_web.pdf (letzer Zugriff 18. 07. 12).

Kersten, Bernhard (1994): *Scharnierfunktion zwischen Schulpädagogik und Jugendhilfe*. In: Päd Extra. 22. Jahrgang. Heft 5, S. 20 – 25.

Kersten, Bernhard, Goldmann, Dan Pascal, Marchlewitz, Anke & Zaizek, Angelika (2008): *Schulsozialarbeit in Wiesbaden. Kompetenz-Entwicklungs-Programm im Übergang Schule – Beruf*. Beiträge zur Sozialplanung Nr. 29. Wiesbaden. Verfügbar unter: http://www.wiesbaden.de/medien/dokumente/leben/gesellschaftsoziales/jugend/Kompetenz-Entwicklung-Programm_xs_1_.pdf (letzter Zugriff 18. 07. 12).

Landeshauptstadt Wiesbaden (2011): *Sozialbericht zur Armut von Kindern, Jugendlichen und Familien in Wiesbaden. Teil II: Schlussfolgerungen – Handlungsprogramm zum Abbau herkunftsbedingter Bildungsbenachteiligung*. Sozialdezernat. Materialien zur Jugendhilfe- und Sozialplanung. Wiesbaden. Verfügbar unter: http://www.wiesbaden.de/medien/dokumente/leben/gesellschaft-soziales/sozialplanung/Sozialbericht_zur_Armut_von_Kindern_-_Teil_II.pdf (letzter Zugriff 18. 07. 12).

Netzwerktreffen der Kompetenzagenturen Hessen: *Qualitätsstandards der Kompetenzagenturen in Hessen*, 2010.

Quenzel, Gudrun (2010): *Das Konzept der Entwicklungsaufgaben zur Erklärung von Bildungsmisserfolg*. In: Quenzel, Gudrun & Hurrelmann, Klaus (Hrsg.): Bildungsverlierer. Neue Ungleichheiten. Wiesbaden: VS Verlag. S. 123–136.

Rauschenbach, Thomas (2011): *Wie lassen sich Bildungserfolg und soziale Herkunft entkoppeln?* In: Kramer, H. (Hrsg.): Herausforderung Bildungsgerechtigkeit. Hamburg. S. 109–119.

Soziale Arbeit an Sekundarschulen in Berlin

9

Thomas Pudelko

Während die veränderten Bedingungen auf dem Ausbildungs- und Beschäftigungsmarkt bei Entscheidern der Wirtschaft, in Parteien und Verbänden auf Grund des demografischen Wandels eine hohe Relevanz haben und intensiv diskutiert werden, sind diese Veränderungen bei anderen Akteursgruppen noch nicht so recht in deren Wahrnehmung angekommen bzw. die daraus zu ziehenden Konsequenzen in ihrem Handeln erkennbar:

Zu diesen Akteuren gehören zum einen viele vor allem kleine Betriebe, die bisher aufgrund der hohen Nachfrage nach Ausbildungsplätzen keinen Anlass sehen ihre Anwerbestrategie für ihren Fachkräftenachwuchs zu überdenken und sich nach Kooperationspartnern für die Gewinnung und dann die Ausbildung von Jugendlichen mit Voraussetzungen, die sie bisher von einem direkten Zugang zu einem Ausbildungsplatz auf dem 1. Arbeitsmarkt ausschlossen, doch anzugehen. Dies wird ohne externe Hilfe nicht gelingen.

Gemeint sind aber auch die Träger der Jugendberufshilfe, die im Übergangssystem und der außerbetrieblichen Ausbildung für Jugendliche gesorgt haben, die entweder klassisch benachteiligt oder aufgrund der konjunkturellen Situation keinen betrieblichen Ausbildungsplatz erlangen konnten. Diese Träger müssen sich wohl zumindest mittelfristig neu ausrichten und sich zum einen auf weniger Jugendliche einstellen und zum anderen für Betriebe des 1. Arbeitsmarktes unterstützende Dienstleistungen für Betriebe und Jugendliche, die bisher nicht zusammenfanden, entwickeln und anbieten.

Diejenigen der als benachteiligt deklarierten Jugendlichen erlebten es am eigenen Leib oder durch die Erfahrungen in ihrem sozialen Umfeld, dass sich schulische Anstrengungen und engagierte Bewerbungen nicht lohnten; sie hatten auf dem umkämpften Ausbildungsstellenmarkt in der Regel keine wirkliche Chance auf einen der begehrten Ausbildungsplätze. Absolventen mit Realschulabschluss oder gar Abitur waren ihnen in der Konkurrenzsituation meist weit überlegen.

Gelang es dennoch den einen oder anderen einen Ausbildungsplatz zu erhalten, so schrieben sie dies in der Regel nicht eigenen Anstrengungen zu, sondern bspw. dem Zufall oder anderen externen Gründen. Eine Anstrengung in der Schule um bspw. den Notendurchschnitt zu heben, verschaffte ihnen lediglich einen anderen Platz in der Schlange der unversorgt Wartenden (vgl. Galuske 1998, 540). Diese Situation hat sich inzwischen gewandelt und ein leidlicher Hauptschulabschluss ist inzwischen bei vielen Betrieben zumindest eine realistische Chance zum Einstellungsgespräch. Diese neue Entwicklung hat jedoch bei den wenigsten Jugendlichen zu einer veränderten Wahrnehmung ihrer Chancen geführt.

Bei den sozialpädagogischen Fachkräften, die gut mit der Wirtschaft, den Verbänden und anderen sozialpädagogischen Fachkräften vernetzt sind, sind die neuen Entwicklungen jedoch präsent. So auch an der Integrierten Röntgen-Sekundar-Schule (IRSS). Hier werden die guten Kontakte zur regionalen Wirtschaft, genutzt, um einerseits den Schülerinnen und Schülern Kontakte zu diesen Betrieben herzustellen und andererseits Kontakte zwischen Lehrkräften und Personalentscheidern in Betrieben zu ermöglichen, damit auch hier ein Austausch und Abgleich von Erwartungen erfolgen kann.

Die Berliner Schulen sind seit dem Jahre 2000 mit 24 Änderungen konfrontiert worden[1]. Davon sind die Haupt- und Förderschulen unterschiedlich betroffen gewesen. Die letzte Reformstufe war die für die Hauptschule gravierendste, da sie aufgelöst wurde. Hierfür wurden die bisherigen Haupt-, Real- und Gesamtschulen in einer Schulart, der Integrierten Sekundarschule (ISS), zusammengeführt. Durch diese Schulreform gibt es in Berlin seit dem Schuljahr 2010/2011 nur noch die ISS und das Gymnasium als weiterführende Schularten im Anschluss an die in Berlin sechsjährige Grundschule. Die Integrierte Sekundarschule verbindet nun das gemeinsame Lernen mit dem Angebot des Ganztagsbetriebs bis zur 10. Klasse.

Die ISS haben eine eigene gymnasiale Oberstufe oder gehen eine verbindliche Kooperation mit Oberstufen anderer Sekundarschulen oder den beruflichen Gymnasien an den Oberstufenzentren ein: Die ISS ist damit in den Bildungsstandards und den Schulabschlüssen dem Gymnasium gleichwertig.

In Berlin gibt es nicht nur eine lange Tradition der Sozialen Arbeit an Schule, sondern inzwischen auch ein dies unterstützendes Regelwerk: vom Berliner

---

1   Hierzu gehören u. a. Abschaffung der Lernmittelfreiheit, unterschiedliche neue Vergleichsarbeiten, Lehrerarbeitszeiterhöhung, Konzept zur vielfältigen Förderung Hochbegabter, zentrale Prüfung für Zehntklässler zum „Mittleren Schulabschluss", alle Gesamtschulen zu Ganztagsschulen ausgebaut, der Mittlere Schulabschluss (MSA) wird – für alle gleich – in allen Schularten der weiterführenden Schule abgelegt. Er ersetzt den Realschulabschluss. Einführung des Pflichtfaches Ethik, Zentralabitur, Etablierung der neuen Schulform „Gemeinschaftsschule", veränderter Zugang auf das Gymnasium.

Schulgesetz über eine Rahmenvereinbarung zwischen der zuständigen Senatsverwaltung und dem Paritätischen Wohlfahrtsverband zur Kooperation von Schule mit freien Trägern der Jugendhilfe bis hin zur Landesarbeitsgemeinschaft schulbezogener Kinder- und Jugendhilfe nach § 78 SGB VIII und einer Handlungsempfehlung der zuständigen Senatsverwaltung zur Kooperation von Schule und Jugendhilfe. Die Zusammenarbeit zwischen Jugendhilfe und Schule ist somit nicht nur gewünscht, sondern wird ausdrücklich eingefordert. Dass dies nicht nur Absichtserklärungen sind, sondern auch gewollt wird, ist auch daran zu erkennen, dass es in allen Jugendämtern nicht nur personale Zuständigkeiten gibt, sondern dass fast überall auch personale Ressourcen für die fachliche und organisatorische Steuerung bereitgestellt werden.

Zwischen der Liga der Spitzenverbände der freien Wohlfahrtspflege, dem Landesjugendring Berlin e. V. und der Senatsverwaltung für Bildung, Wissenschaft und Forschung von Berlin wurden die Rahmenvereinbarung für die Kooperation im Ganztagsbetrieb der ISS und Ganztagsgymnasien unterzeichnet. Die Vereinbarung bietet die Grundlage für die Kooperation einzelner Schulen mit entsprechenden Trägern und Einrichtungen vor Ort.

In Berlin gibt es damit derzeit an Integrierten Sekundarschulen sieben Formen der Sozialen Arbeit:

- Schulstationen („Schulbezogene Jugendsozialarbeit" als Teil der Jugendsozialarbeit nach § 13,1 SGB VIII),
- Schülerclubs („Schulbezogene Jugendarbeit" als Teil der Jugendarbeit nach § 11 SGB VIII) (vgl. Arbeitsgruppe der bezirklichen Fachkoordinatoren Berliner Jugendämter 2008),
- Jugendsozialarbeit an Integrierten Sekundarschulen als Teil des Programms „Jugendsozialarbeit an Berliner Schulen" (vgl. Programmagentur der Stiftung SPI 2011),
- Ergänzende Betreuungsangebote an Integrierten Sekundarschulen als Teil der Schul-Rahmenvereinbarung in der Fassung vom 08.07.2008 (vgl. Senatsverwaltung für Bildung, Wissenschaft und Forschung von Berlin 2008),
- Projekte der mobilen Schuljugendsozialarbeit an Integrierten Sekundarschulen,
- Schulsozialarbeit finanziert aus dem Bildungs- und Teilhabepaket,
- Projekte zum Thema „Schulverweigerung", z. B. „Die 2. Chance" als Teil der Initiative JUGEND STÄRKEN.

Das Programm „Jugendsozialarbeit an Integrierten Sekundarschulen" ist die Fortführung des Programms „Jugendsozialarbeit an Berliner Hauptschulen (2006–2010)". Die Schwerpunkte aus diesen Programmen werden fortgeschrieben und um die Erkenntnisse aus den jährlich zu liefernden Jahresberichten erweitert bzw. modifiziert. Die ursprünglichen Ziele – Halbierung der Schulabbrüche, Verdopplung der Schulabschlüsse und deutliche Verringerung der Gewaltvorfälle – sind auf die Vorgabe, den Schülerinnen und Schülern dabei behilflich zu sein, den für sie bestmöglichen Schulabschluss zu erreichen, verkürzt worden. Dies soll, so das Programm „Jugendsozialarbeit an Berliner Schulen", in erster Linie durch eine intensive Arbeit mit schuldistanzierten Schülern geschehen (vgl. Programm 2011, 8). Als zweiter Schwerpunkt wird die koordinierende Aufgabe der Schulsozialpädagoginnen und -pädagogen im Bereich berufliche Orientierung genannt. Das heißt, sie sollen die verschiedenen Angebote im Rahmen einer Arbeitsgemeinschaft für Berufsorientierung bündeln und aufeinander abstimmen, um den Schülerinnen und Schülern eine möglichst passgenaue Anschlussperspektive anbieten zu können. Damit hat die Schulsozialarbeit an allen ISS einen festen Platz erhalten.

9.1 Kooperationsverträge mit den Schulen

Die Kooperation mit der Schule ist durch einen Kooperationsvertrag festgeschrieben, deren Rahmung durch die Servicestelle der Stiftung Sozialpädagogischen Institut „Walter May" vorgegeben wird (vgl. http://www.spi-programmagentur.de/ SPI Antrag_hilfe 2012). Der Vertrag wird zwischen dem freien Träger der Jugendhilfe und der entsprechenden Schule abgeschlossen. Mitzeichnende sind das zuständige bezirkliche Jugendamt, das Schulamt und die Außenstelle der Schulaufsicht (Schulrat). In ihm wird mindestens festgeschrieben, wer die Zielgruppe ist (Schülerinnen und Schüler mit Unterstützungsbedarf), was das Hilfsangebot (mindestens) zu umfassen hat (z. B. Unterstützung bei Übergängen, Erlangung der Ausbildungsreife). In diesem Vertrag verpflichtet sich die kooperierende Schule eine Lehrkraft zu benennen, die neben der Schulleitung erste Ansprechpartnerin für die sozialpädagogische Fachkraft ist. Darüber hinaus verpflichtet sich die Lehrkraft an gemeinsamen Fortbildungen teil zu nehmen. Ferner wird vereinbart, dass beide Vertragspartner gemeinsam schriftliche Zielvereinbarungen auf der Grundlage des Programms „Jugendsozialarbeit an Berliner Schulen" abschließen über „Ziele, Maßnahmen und Indikatoren der pädagogischen und organisatorischen Aufgaben für den aktuellen Förderzeitraum" (Kooperationsvertrag im Rahmen des Programms Jugendsozialarbeit an Berliner Schulen, S. 2). Der Vertrag legt ebenfalls fest, dass regelmäßige „Steuerungs- und Auswertungsgespräche zwischen Schulleitung, beteiligten Lehrkräften, beteiligte ErzieherInnen und den sozialpädagogischen Mitarbeiterinnen des Trägers" (ebd.) stattfinden. Schriftlich festgelegt ist auch, dass die Schule für eine sachgerechte Ausstattung der Schulsozialarbeiterinnen und Schulsozialarbeiter zu sorgen hat. Dazu gehören Räume, für deren Nutzung ein Raumnutzungskonzept verlangt wird, sowie Sachmittel wie Telefon, Computer mit Internetzugang, Verbrauchsmittel etc.

Jährlich hat der Träger einen (Fortführungs)Antrag zu stellen. Die inhaltlichen Schwerpunkte für den neuen Förderantrag werden zuvor in einem Kooperationsgespräch an dem ggf. dieselben Personen teilnehmen, wie an den Steuerungs- und Auswertungsgesprächen, erweitert durch Vertreter des Jugendamtes und evtl. der Programmagentur, besprochen und festgelegt. Grundlage für die Fortschreibung ist die Auswertung des vorangegangenen Förderzeitraumes. Hier werden auch die gegenseitig gemachten Erfahrungen über die Erreichbarkeit der vereinbarten Ziele ausgetauscht und Erwartungen angepasst.

9.2 ISS an der Integrierten Röntgen-Sekundarschule

Eine der neuen ISS ist die Integrierte Röntgen-Sekundarschule (IRSS) in Berlin Neukölln-Treptow. Sie ist aus der Zusammenlegung der Kurt-Löwenstein-Oberschule in Neukölln, einer Hauptschule und der Röntgen-Realschule in Treptow hervor gegangen. Organisatorisch ist die neue ISS weiterhin an beiden Standorten präsent. Von den 433 Schülerinnen und Schülern sind 90 % nichtdeutscher Herkunftssprache (Stand: 2012).

An der IRSS arbeiten zwei sozialpädagogische Fachkräfte[2].

Mit dem Zusammengehen dieser beiden Schulen erhielt auch die neue Konstruktion der Integrierten Sekundarschule sozialpädagogische Fachkräfte, die ihre Erfahrungen aus der Arbeit an der ehemaligen Kurt-Löwenstein-Oberschule einbringen. Mit der Zusammenlegung konnten zwar auf die Erfahrungen und Kompetenzen aus einer langen und anerkannten Schulsozialarbeit zurückgegriffen werden, doch die Arbeit an einer ISS ist eine andere als an einer Hauptschule und teilweise musste auch ganz neu begonnen werden.

9.3 Konzeptionelle Überlegungen für die sozialpädagogische Arbeit an der IRSS

Die Soziale Arbeit an der IRSS fußt auf der Überlegung, dass die sozialpädagogische Arbeit an Schulen in erster Linie eine Schnittstellenarbeit ist. Dies wird be-

---

2 Finanziert aus dem Programmen Jugendsozialarbeit an Sekundarschulen und aus Mitteln des EU-Fonds „Soziale Stadt" mit Unterstützung des Quartiersmanagements Schillerpromenade.

reits durch die gesetzliche Rahmung deutlich, da die Soziale Arbeit an der Schule einerseits im Berliner Schulgesetz (Vgl. SchulG, § 5 des Landes Berlin) und andererseits im SGB VIII (Vgl. SGB VIII, § 81) verankert ist. Die Soziale Arbeit an der IRSS sieht ihre Aufgabe auch im Abgleich von Bedarfen und den daraus abzuleitenden Aufgabenstellungen. Dies bedeutet auch die Unterscheidung zwischen präventiv-prophylaktischen Arbeitsanteilen und reaktiv bis restriktiven.

Die sozialpädagogische Arbeit an der IRSS verteilt sich auf drei zentrale *Arbeitsfelder*, welche als „Drei-Säulen-Modell" von Schuldistanzierten-, Eltern- und Gemeinwesenarbeit verstanden wird. Dabei erfolgt eine vorgesehene und gewollte interaktive Überschneidung dieser Anteile. Dieser Schwerpunktsetzung liegt die Annahme zugrunde, dass sich die Arbeit von sozialpädagogischen Fachkräften an Schulen, und nicht nur an der IRSS, zukünftig immer weiter Richtung Sozialmanagement entwickeln wird. Dies ist daran zu erkennen, dass die Programmvorgaben immer mehr Wert auf Netzwerkarbeit legen, und die Auftraggeber, z. B. in den regelmäßig stattfindenden Kooperations- und Reflexionsgesprächen, diesen Aspekt immer mehr in den Mittelpunkt der Beratung und Berichterstattung rücken.

Von den sozialpädagogischen Fachkräften wird erwartet, dass sie bereit und in der Lage sind mit den vielfältigsten Akteuren im Sozialraum Kontakte zu knüpfen, die für die Schule und vor allem die Belange der Schülerschaft zu nutzen sind, diese zu erhalten und auszubauen, und auch ggf. Kontakte unter diesen Akteuren herzustellen. Dabei ist von den sozialpädagogischen Netzwerkakteuren auch zu erwarten, die unterschiedlichen Interessenlagen dieser Akteure zu berücksichtigen und ggf. deren unterschiedliche (Fach)Sprache zu beherrschen und möglicherweise als „Übersetzer" tätig zu werden.

Dies beinhaltet auch die Akquise von Angeboten für die Schule in Abstimmung mit den Partnern in Schule und Jugendamt sowie die Implementierung der Angebote in die Angebotspalette der anderen Anbieter. Noch immer ist bei vielen Schulen die Bereitschaft nicht ausreichend ausgeprägt, sich auf (weitere) Kooperationspartner einzulassen. Diese Vernetzung kontinuierlich weiter zu entwickeln und diese für die Schülerschaft nutzbar zu machen, ist eine besondere Herausforderung.

Mittelfristig bedeutet dies eine Abkehr von der schülerzentrierten Arbeit hin zu einer quartiersbezogenen dynamischen Netzwerkarbeit[3], die im besten Falle zu gemeinsamen Standards in für alle verbindlichen Verfahren in der gemeinsa-

---

3   „Dynamische Netzwerke" oder dann auch dynamische Netzwerkarbeit ist ein Begriff aus der Netzwerktheorie. Er bedeutet, dass sowohl eine Transformation von einer zur anderen Netzwerkart bewusst betrieben wird, als auch die Arbeitsformen in einem Netzwerk verändert werden (vgl. Fischer & Gensior 1995).

men Arbeit für die Kinder und Jugendlichen im Quartier führt. Als ein Beispiel für solche übergreifende Standards ist in diesem Zusammenhang die in sechs Jahren erarbeitete Meldebogenvorlage für Schule und bezirkliches Jugendamt zu nennen.

9.3.1 Duales Lernen

Während in der Zuständigkeit der Lehrerschaft das Duale Lernen liegt, also die verknüpfte Durchführung von praktischen Lernerfahrungen einerseits in Form von Betriebserkundungen, Schnupperpraktika, Betriebspraktika, Schülerfirmen etc. und andererseits eher theoretischen Elementen wie Bewerbungstraining und Praxislerngruppen, liegt die Zuständigkeit der sozialpädagogischen Fachkräfte an der IRSS eher in der übergreifenden Projektierung und Durchführung von Vorhaben, welche zum einen stark lebensweltorientiert sind und zum anderen in sich abgeschlossene Themen behandeln.

Eine enge Absprache mit den Lehrkräften bezüglich Inhalte, Zeitraum und Verknüpfung mit anderen schulischen und außerschulischen Angeboten bezüglich Berufsorientierung und Berufsvorbereitung ist dabei für die sozialpädagogischen Fachkräfte an der IRSS selbstverständlich. So gehören auch die Polizeitage zu den mit allen Beteiligten langfristig im Voraus zu planenden Aktivitäten.

9.3.2 Kooperation mit Dritten

An der IRSS existieren Patenschaften mit

- der Anna-Freud-Oberschule für Sozialwesen,
- dem Oberstufenzentrum Wirtschaft,
- dem Oberstufezentrum Gebäudetechnik,
- der Deutschen Bahn AG,
- dem BWK Bildungswerk in Kreuzberg GmbH,
- der Musikschule Neukölln „Paul Hindemith",
- mit Modul e. V. (Förderverein für modernes Lehren und Lernen in Schule, Aus- und Weiterbildung),
- dem Kinder- und Jugendzirkus CABUWAZI (GrenzKultur gGmbH),
- der tandemBQG – gemeinnützige Beschäftigungs- und Qualifizierungsgesellschaft mbH,
- dem Unionhilfswerk Landesverband Berlin e. V. und
- dem Lokalen beruflichen Orientierungszentrum (LBO).

Die Polizeitage verbinden Elemente von Devianzprävention, Netzwerkarbeit und Berufsorientierung und sollen hier als gelungenes Beispiel für eine solche Kooperation mit Dritten vorgestellt werden.

Seit 2007 arbeitet die Kurt-Löwenstein-Oberschule und seit der Fusion mit der Röntgen-Realschule, die IRSS zum Zweck der beruflichen Orientierung mit dem Polizeiabschnitt 55 zusammen. Im Rahmen eines „Polizeitags" kommen Beamte des Polizeiabschnitts 55 in die Schule, um über die Ausbildung zum Polizeidienst und die Aufnahmebedingungen zu informieren. Dies umfasst einen simulierten Einstellungstest mit sportlichem und theoretischem Teil, umfangreiche Informationen zum Bewerbungsverfahren sowie einen Besuch beim Fuhrpark der Polizei. Zum theoretischen Teil gehören neben einem Diktat weitere Testaufgaben, wie z. B. in Kleingruppen Standpunkte zu vertreten, ohne Gesprächsregeln zu verletzen und letztlich zu einem Kompromiss oder gar Konsens zu gelangen.

Diese insgesamt vier Tage umfassende Veranstaltung im Rahmen des Berufsorientierungsangebotes wird von den Schülerinnen und Schülern durchweg gut angenommen. Und obwohl sich die Schülerinnen erkennbar anstrengen, zeigt sich regelmäßig, dass die erzielten Leistungen der Schülerinnen und Schüler auf dem aktuellen Wissensstand nicht ausgereicht hätten, einen real durchgeführten Einstellungstest zu bestehen. Die regelmäßig beobachtete fehlerhafte Selbsteinschätzung vieler Schülerinnen und Schüler hinsichtlich der eigenen Testleistungsfähigkeit lässt bei einem nicht unerheblichen Teil der beteiligten Schülerschaft ein zumindest kurzzeitiges Umdenken bezüglich der eigenen Leistungsbereitschaft erkennen.

9.3.3 Gemeinwesenarbeit als zentrales Handlungsfeld an der IRSS

Für die sozialpädagogischen Fachkräfte ist Gemeinwesenarbeit vor allem Netzwerkarbeit. Dies bedeutet Kontakte knüpfen, Kontakte pflegen, Kontakte halten und Kontakte nutzen. Durch den veränderten Einzugsbereich der neu strukturierten Schule, muss auch die Netzwerkarbeit völlig neu ausgerichtet werden. Denn die Schülerschaft kommt nun aus verschiedenen Stadtteilen und somit verschiedenen Sozialräumen. Das Spezifische der Gemeinwesenarbeit an der IRSS ist somit die stadtteilübergreifende Arbeit. Die zweite Ebene der Vernetzung spiegelt sich in der Mitarbeit in ausgesuchten Gremien wider. Beispielhaft zu nennen sind hier die AG nach § 78 SGB VIII, die AG Schulsozialarbeit, die AG Jugendberufshilfe, die Kiez-AG, das Quartiersmanagement sowie die Jugendhilfe-AG im Paritätischen Wohlfahrtsverband. Weiterhin wird eine Zusammenarbeit mit der Bürgerinitiative „Kungerkiez" und eine Zusammenarbeit mit den „Falken" angestrebt.

Um diese Kontakte zum einen öffentlich zu machen und zum anderen weitere Kooperationspartner zu gewinnen, initiieren die sozialpädagogischen Fachkräfte der IRSS Podiumsgespräche. Hierzu werden Vertreterinnen und Vertreter der Jugendverbände, die Jugendfreizeiteinrichtungen im sozialen Umfeld, die Kolleginnen und Kollegen aus den umliegenden Schulen, Migrantenorganisationen sowie Vertreterinnen und Vertreter der kommunalen Politik und der Wirtschaft eingeladen. Diese Vernetzungsform ist die Grundlage für die sozialräumliche Verankerung der Schule.

Damit ist sie auch Teil der bezirklichen Ausgestaltung der Schulsozialarbeit, für die es im Jugendamt Neukölln von Berlin eine eigene Koordinierungsstelle gibt. Hier werden die Angebote der Jugendhilfe und der entsprechenden Förderprogramme des Bundes (wie Kompetenzagentur, Schulverweigerung, die 2. Chance, BIWAQ und XENOS) an den Schulen des Bezirkes aufeinander abgestimmt und Empfehlungen für die Entscheidungsträger der kommunalen Politik entwickelt, sowie in den landesweiten Abstimmungsgremien der bezirklichen Fachverwaltungen kommuniziert (vgl. AG bez. FK Bln JA 2008). Über diese Koordinierungsstelle läuft auch die Organisation des fachlichen Austausches zwischen den sozialpädagogischen Fachkräften nach Schulart und Region. Darüber hinaus ist die Koordinierungsstelle beim Bezirksamt für die Ausgestaltung der Kooperationsverträge an den einzelnen Schulstandorten verantwortlich. So wird sichergestellt, dass es an allen Neuköllner Schulen abgestimmte Kooperationsverträge zwischen freien Trägern der Jugendhilfe, dem bezirklichen Jugendamt und der entsprechenden Schule gibt (s. o.). Bei dem Programm „Jugendsozialarbeit an Integrierten Sekundarschulen" ist die Programmagentur des SPI (SPI Haupt Info 2012) sowie das bezirkliche Schulamt ebenfalls Vertragspartner. Daneben werden allein für das Programm „Jugendsozialarbeit an Berliner Schulen", wovon das Programm „Jugendsozialarbeit an Integrierten Sekundarschulen" ein Teil ist, bezirkliche Koordinatorinnen und Koordinatoren ab dem 01.04.2012 ihre Arbeit aufnehmen. Zu ihren Aufgaben wird es u. a. gehören bezirkliche Rahmenkonzepte zur Kooperation von Schule und Jugendhilfe zu erarbeiten und umzusetzen, die bezirklichen Koordinatoren in dieser Frage zu unterstützen und die sozialräumlichen Aktivitäten voranzubringen.

9.3.4 Schuldistanziertenarbeit (SDA) an der IRSS

Zu den Schwerpunkten des Programms „Jugendsozialarbeit an Berliner Schulen" gehörte von Beginn an die Arbeit mit zur Schulverweigerung tendierenden Schülerinnen und Schülern oder in sonstiger Weise weniger konformen Schülern. Hier findet das Handeln in enger Kooperation mit den Lehrkräften der IRSS statt. So findet in der Zeit des Übergangs von der Primar- zur Sekundarschule vom Klassenlehrer ein Hausbesuch bei allen Schülerinnen und Schülern in der 7. Klasse statt. Damit soll den Eltern signalisiert werden, dass sie und ihre Kinder an der Schule willkommen sind und dass sich die Schule einen stabilen Kontakt, gerade auch außerhalb von konflikthaften Situationen wünscht. Hier fungieren die Schulsozialarbeiterinnen und Schulsozialarbeiter als Ratgeber bei der Vorbereitung dieser Besuche und tragen Sorge dafür, dass der gute Kontakt zwischen der abgebenden (Grund)Schule und den Eltern gehalten werden kann.

Fehlt ein Schüler, eine Schülerin, so meldet der Klassenlehrer diese/n nach spätestens 10 unentschuldigten Fehltagen im Halbjahr der Schulbehörde und dem Jugendamt. In dieser Zeit liegt es in der Zuständigkeit des Klassenlehrers über das Phänomen Gespräche mit der Schülerin oder dem Schüler zu führen, mit den Eltern zu sprechen, den Trainingsraum (s. Kasten) zur Anwendung zu bringen und Hausbesuche zu machen.

Im Schulsekretariat liegt für die Dokumentation der unternommenen Maßnahmen eine Schuldistanziertenarbeit (SDA)-Liste. Hier werden seitens des Lehrers Schuldistanz oder Milieuauffälligkeiten des Schülers etc. eingetragen. Im Schulsekretariat werden weiterhin Unterlagen wie der Meldebogen an das Jugendamt, eine Kurzbeschreibung des Meldegrundes und was mit der Meldung erreicht werden soll, sowie ein Arbeitsauftrag aus Sicht der Lehrkräfte an die SDA samt aktueller Fehlzeitenerfassung der einzelnen Fehltage und -stunden für die Lehrkräfte vorgehalten. Hieraus wird eine Defizitschilderung unter Verwendung der mit dem bezirklichen Jugendamt erarbeiteten Mitteilungsbögen erstellt. Hieraus entwickelt die sozialpädagogische Fachkraft der SDA notwendige Schritte und übermittelt diese an den Klassenlehrer. Dies geht einher mit einem persönlichen Brief an die Eltern von der Schule, der von der sozialpädagogischen Fachkraft im Rahmen eines Hausbesuchers überbracht wird. Abhängig von der festgestellten Bedarfslage werden entweder das bezirkliche Jugendamt oder der Jugendgesundheitsdienst eingeschaltet. Die Ergebnisse werden verschriftlicht und in einem entsprechenden Dokumentationsordner für alle Beteiligten nachvollziehbar abgelegt. Anhand dieser Dokumentationen sind die einzelnen Maßnahmenschritte nachzuvollziehen, die zuständigen Mitarbeiterinnen und Mitarbeiter an den Jugendämtern benannt etc.

Falls keine Änderung eintritt wird ein gemeinsames Gespräch über mögliche Maßnahmen mit allen Beteiligten unter Einbeziehung der sozialpädagogischen Fachkraft für die Elternarbeit anberaumt. Falls auch dies ohne die gewünschte Wirkung bleibt, wird dies durch die Klassenlehrer innerhalb der nach der Meldung folgenden 14 Tagen dem SDA mitgeteilt. Daraufhin wird der SDA wieder tätig.

Das Trainingsraummodell

Das Trainingsraumprogramm, dessen deutsche Version durch Balke (vgl. Balke 2003) vorgestellt wurde, läuft seit dem August 2003. Dieses Konzept sieht vor, die Einstellung von Schülerinnen und Schülern zu ihrem Störverhalten dauerhaft zu ändern. Dabei wird überwiegend mit Schülern gearbeitet, die viele Probleme damit haben, soziale Regeln und Normen anzuerkennen oder gar zu befolgen. Dies hat in der Regel zur Folge, dass der Unterricht anhaltend und erheblich gestört wird, und dies die Lernatmosphäre in den Klassen erheblich beeinträchtigt.

Das Ziel des Trainingsraumeinsatzes ist die lernwilligen Schülerinnen und Schüler vor Störungen zu schützen und ihnen entspannten, störungsfreien Unterricht zu ermöglichen und den störenden Schülerinnen und Schülern zu helfen, ihr Sozial- und Arbeitsverhalten zu verbessern um ihnen so eine bessere Chance für einen Ausbildungs- und Arbeitsplatz nach der Schulzeit zu geben.

Der Trainingsraum ist dabei die Anlaufstelle, zu der Schülerinnen und Schüler geschickt werden, die wiederholt schwerwiegend den Schulunterricht stören.

In einem mehrstufigen und transparenten Verfahren werden dann mit dem Schüler bzw. der Schülerin die Hintergründe seines bzw. ihres zum Ausschluss vom Klassengeschehen führenden Verhaltens aufgearbeitet und ein Rückkehrprogramm in die Klasse erstellt.

Zeigt ein Schüler keine Verhaltensänderung, d. h. muss er immer wieder in den Trainingsraum, dann wird er nach dem fünften Trainingsraumbesuch vom Schulbesuch suspendiert. Die Eltern werden umgehend telefonisch und schriftlich benachrichtigt und mit ihrem Kind zu einem Interventionsgespräch geladen. Dieses Gespräch findet an einem Schultag zwischen der 1. und 7. Stunde im Trainingsraum unter Anwesenheit eines Trainingsraum-Lehrers und des Klassenlehrers statt. Erst nach diesem Gespräch darf der Schüler die Schule wieder besuchen.

Erscheint ein Schüler oder eine Schülerin zum sechsten Mal im Trainingsraum, wird er oder sie noch einmal und letztmalig ermahnt und nach einer besonders intensiven Durcharbeitung seiner bzw. ihrer bisher erstellten Rückkehrpläne zu einer Verhaltensänderung aufgefordert.

Wird ein Schüler zum siebenten Mal in den Trainingsraum geschickt, dann wird der Klassenlehrer darüber informiert mit der Maßgabe, eine Klassenkonferenz durchzuführen.

Der enge Austausch mit den kooperierenden Firmen hat ergeben, dass diese insbesondere an Auszubildenden interessiert sind, die Basiskenntnisse wie

Kopfrechnen besitzen, formulieren können (keine Kiezsprache), teamfähig sind, sich unterordnen können, eine klare Berufsvorstellung mitbringen sowie pünktlich und zuverlässig sind (Zitat: C. Voigt, Ministerium für Wirtschaft und Arbeit, Sachsen auf der Jahrestagung „Perspektive Berufsabschluss" 2010). Dies hat also wenig mit selbstbestimmten Lernen, Lernstrategien, dem Verstehen komplexer Zusammenhänge oder dem Beherrschen von Problemlösungsstrategien zu tun. Doch die Firmen werfen den Schulen häufig vor, dass diese die Schüler und Schülerinnen nicht auf die Realität in den Firmen vorbereiten. Die IRSS kommt also mit der Anwendung des Trainingsraumes auch diesen Anforderungen der Berufswelt gezielt nach.

9.3.5 Elternarbeit an der IRSS

Elternarbeit hat an der IRSS einen so besonderen Stellenwert, dass eine Sozialpädagogin speziell in diesem Aufgabenbereich tätig ist. Dies ist der Annahme geschuldet, dass soziale oder kulturelle Problemlagen der Schüler und Schülerinnen, Gründe für Schulmüdigkeit und auffälliges Verhalten sind. Diesem Phänomen stehen oft auch die Eltern dieser Schüler hilf- und ratlos gegenüber. Dabei verstärken kulturelle Problemlagen Fremdheitseffekte. Die IRSS hat es sich deshalb zur Aufgabe gemacht, dem entgegenzusteuern und aufsuchende Elternarbeit durch eine Fachkraft mit entsprechenden Milieukenntnissen und eigenem Migrationshintergrund damit zu betrauen. So soll erreicht werden, dass die Eltern angemessen informiert sind und motiviert werden können, sich für die Schule ihrer Kinder und somit für ihre Kinder langfristig zu engagieren. Es wurde damit begonnen, eine Willkommenskultur aufzubauen, die auch und vor allem die Eltern mit Zuwanderungsgeschichte als solche erleben und mit gestalten können. Hierzu gehören als zentrales Element ein Elterncafé mit Informationsveranstaltungen rund um die Themen Schule und Erziehung. Auch Kultur- und Gemeinwesenarbeit sind fester Bestandteil der Elternarbeit. Bewährt haben sich auch Exkursionen im Sozialraum, welche im Rahmen der Elternarbeit die vielfältigen kulturellen Facetten erkennbar machen. Flankiert werden diese Aktivitäten durch verbindliche und kompetente Beratungsangebote zu fest stehenden Zeiten am Standort Wildenbruchstraße sowie eine Elternsprechstunde mit Beratungs- und Vermittlungsangeboten für Eltern und Jugendliche.

9.4 Ausblick

Die Sozialarbeit an der IRSS ist, aufgrund der langjährigen Erfahrungen der sozialpädagogischen Fachkräfte aus deren Arbeit an einer Berliner „Brennpunktschule", in der Lage, mit diesen Kompetenzen und sozialräumlichen Verankerungen auch in der neuen Struktur, die Schule dabei zu unterstützen ihren Bildungsauftrag im Sinne der Schülerschaft zu erfüllen.

Die Schulsozialarbeit in Berlin zeigt im Vergleich zu vielen anderen Bundesländern einige Besonderheiten auf, die auch hier deutlich werden. Zum einen hat Berlin den Aufbau der Schulsozialarbeit in den Grundschulen begonnen und arbeitete sich entlang der Altersstufen „nach oben". Inzwischen gibt es auch bereits etliche Gymnasien und Berufsbildende Schulen, die Schulsozialarbeit anbieten. Zum zweiten ist der Ausbau – zumindest quantitativ – kontinuierlich vorangeschritten. Zusammen mit den Schulsozialarbeits-Stellen aus dem Bildungs- und Teilhabepaket geht die Zahl der Stellen gegen 400. In Berlin gelang es auch die meisten Stellen aus Modellprojekten oder zeitlich begrenzten ESF-Förderungen zu verstetigen und in eine Regelfinanzierung überzuleiten. Dabei darf jedoch nicht übersehen werden, dass dieser rasante Ausbau auch Schattenseiten hat. Bis auf die wenigen Stellen, die sich an den ehemaligen Gesamtschulen in schulischer und einige Stellen in Trägerschaft bezirklicher Jugendämter befinden, sind die meisten in freier Trägerschaft angesiedelt. Dies hat aber auch zur Folge, dass inzwischen freie Träger Schulsozialarbeiter haben, die weder von ihrer noch von ihrer Fachkompetenz in der Lage sind, diese Mitarbeiterinnen und Mitarbeiter angemessen zu begleiten und zu stützen. Gerade die neu eingerichteten Stellen sind darüber hinaus oft von recht jungen und demzufolge unerfahrenen Fachkräften besetzt, die nun an Schulen zum Einsatz kommen, die ihrerseits mit dem Einsatz von Schulsozialarbeiter/-innen keine Erfahrung haben und auch in der Kooperation mit freien Trägern ungeübt sind. So ist es diesen Fachkräften nur sehr schwer möglich, die fachlichen Standards einzuhalten, die in den letzten Jahrzehnten in Berlin etabliert wurden.

Das Beispiel der IRSS zeigt, dass es nur besonders erfahrenen Fachkräften gelingt trotz einer Transformation zweier verschiedener Schultypen (Haupt- und Realschule) in einen neuen gemeinsamen Typ (Sekundarschule) die Schulsozialarbeit weiter als integralen Bestandteil des Schullebens mitzunehmen, ohne die mühsame Aufbauarbeit in neuer Konstellation wieder beginnen zu müssen.

Um den Preis einer möglichst in die Breite gehenden Ausstattung ist versäumt worden, Kriterien für Ausstattung und deren Modifikation zu entwickeln. So wird bisher weder die Anzahl der Schülerinnen und Schüler in einer Schule, noch deren Bedarfsdichte (Sozialindikatoren) bei der Vergabe von Stellenkontingenten an Schulen angemessen berücksichtigt. Damit ist die Politik zwar dem Ruf nach einer flächendeckenden Ausstattung recht nahe gekommen, doch eine wirkliche Bedarfsabdeckung ist damit nicht erreicht.

So müsste der nächste Schritt sein, die Fachkompetenz der Fachkräfte durch Vernetzung, Fortbildung und Unterstützung im Umgang mit der jeweiligen Lehrerschaft aufzubauen und die Kommunikation von Zielen im Ausbau der Schulsozialarbeit, sowohl was die Anzahl als auch die Standards für Infrastruktur, Qualifikation und sonstiger Rahmenbedingungen betrifft zu verbessern.

Was überhaupt nicht verständlich ist und dringend einer Initiierung bedarf ist die bisher fehlende Gründung einer Landesarbeitsgemeinschaft Schulsozialarbeit, wie es sie in vielen anderen Bundesländern bereits gibt. Hierüber bestünde die Möglichkeit verbands- und trägerübergreifend mit den Verantwortlichen in der Bildungsverwaltung über anzustrebende Standards und weitere Ausbauschritte sich ins Benehmen zu setzen. Dies würde nicht nur der weiteren Profilierung der Schulsozialarbeit in Berlin dienlich sein, sondern auch eine strukturell gefasste Vernetzung auf Bundesebene ermöglichen. Hierzu müssten auch Befindlichkeiten seitens Verbänden und Berufsorganisationen überwunden werden.

Literatur

AG bez FK Bln JA (Arbeitsgruppe der bezirklichen Fachkoordinatoren Berliner Jugendämter) (2008): *Schulbezogene Jugendsozialarbeit" als Teil der Jugendsozialarbeit nach § 13,1 SGB VIII hier insbesondere Schulstation* (Beschreibungsleistung 02-09.doc Ausdruck vom 26.03.09, Version: 2. in der abgestimmten Endfassung vom 04.12.2008. Erarbeitet von der Arbeitsgruppe der zuständigen Mitarbeiterinnen und Mitarbeiter der bezirklichen Jugendämter sowie der Fortbildungsstätte Glienicke) Berlin.

Balke, Stefan (2003): *Die Spielregeln im Klassenzimmer*. 2. Auflage, Karoi Verlag: Bielefeld.

Balke, Stefan (2009): *Traingingsraum*. Verfügbar unter: http://www.trainingsraum.de/ (letzter Zugriff: 31.03.2012).

BSchulG (Berliner Schulgesetz) (2004): *Schulgesetz für das Land Berlin vom 26.01.2004*; zuletzt geändert vom 2.03.2009.

Fischer, Joachim & Gensior, Sabine (1995): *Netz-Spannungen. Trends in der sozialen technischen Vernetzung von Arbeit*. Berlin.

Galuske, Michael (1998): *Jugend ohne Arbeit. Das Dilemma der Jugendberufshilfe*. In: Zeitschrift für Erziehungswissenschaft, 1. Jg. H.4, S. 535 f.

KLS (Kurt Löwenstein Schule) (2010): *Sozialpädagogik*. Verfügbar unter: http://www.kurt-loewenstein.schule-berlin.net/ (letzter Zugriff: 31.03.2012).

Kooperationsvertrag im Rahmen des Programms Jugendsozialarbeit an Berliner Schulen, S. 2. Unter: http://www.spi-programmagentur.de/dokumente.html (letzter Zugriff: 17.05.2013).

Programmagentur der Stiftung SPI (2011): *Programm Jugendsozialarbeit an Berliner Schulen* vom Stand Februar 2011.

Reinicke, P. (2010): *Schulsozialarbeit – ein traditionelles Aufgabengebiet*. Soziale Arbeit 3. 2010 S. 91 f.

SenBWF (Senatsverwaltung für Bildung, Wissenschaft und Forschung von Berlin) (2008): *Rahmenvereinbarung über die Leistungserbringung und Finanzierung der ergänzenden Betreuungsangebote an Grundschulen und Schulen mit sonderpädagogischem Förderschwerpunkt mit offenem und gebundenem Ganztagsangebot durch freie Träger der Jugendhilfe – Schul-Rahmenvereinbarung (SchulRV)* in der Fassung vom 08. 07. 2008.

Stiftung Sozialpädagogisches Institut „Walter May" (2012): *Antrag_db*. Verfügbar unter: http://www.spi-programmagentur.de/antrag_db.html (letzter Zugriff 17. 05. 2013).

Stiftung Sozialpädagogisches Institut „Walter May" (2012): *Antrag_hilfe*. Verfügbar unter: http://www.spi-programmagentur.de/antrag_hilfe.html#_3 (letzter Zugriff 17. 05. 2013).

Stiftung Sozialpädagogisches Institut „Walter May" (2011): *Haupt Info* http://www.spi-programmagentur.de/haupt_info.html (letzter Zugriff: 24. 03. 2012).

Schule XXL – Ein Projekt zur vertieften Berufsorientierung und Prävention von Schulmüdigkeit

10

Kirsten Kuhn

Das hier vorgestellte Projekt *Schule XXL* bietet in Klassen 7 und 8 an Haupt- und Förderschulen ein regelmäßiges Angebot zur Förderung der Berufswahlkompetenz. Zugleich ist *Schule XXL* ein präventives Schulmüdenprojekt, das im Sinne einer „Bring-Struktur" vorrangig in Schule stattfindet.

Das Projekt wurde von dem Träger JWK gGmbH – Jugendwerk Köln im Jahr 2008 vor dem Hintergrund langjähriger Erfahrung mit innovativer Schulmüdenarbeit entwickelt, indem bewährte und erprobte Elemente aufgegriffen und in den Rahmen des Arbeitsortes Schule gestellt wurden. *Schule XXL* findet derzeit an drei Hauptschulen und einer Förderschule Lernen in Köln statt. Die Kostenträger des Projektes sind die Agentur für Arbeit Köln im Rahmen der Förderung der vertieften Berufsorientierung[1], der Landschaftsverband Rheinland im Rahmen des Kinder- und Jugendhilfeplans NRW[2] und die RheinEnergieStiftung Jugend/Beruf und Wissenschaft.

Schulmüdigkeit, Schulverweigerung, schulaversives Verhalten, Schuldistanz, Schulabsentismus sind eine Auswahl von Begrifflichkeiten, die in der Fachöffent-

---

1 „Das Projekt ist Teil der verschiedenen landesweiten Angebote und Fördermaßnahmen der BA in NRW, die den Übergang von der Schule in eine Ausbildung unterstützen. Die BA entwickelt und fördert neuartige präventive Ansätze, unter anderem um mögliche Defizite schon während der Schulzeit zu identifizieren und auszugleichen. Die vertiefte Berufsorientierung der BA hat u. a. zum Ziel, die Abgänge ohne Schulabschluss zu verringern und schließlich durch intensivere sowie frühzeitige Information und Beratung Ausbildungsabbrüche zu vermeiden. Aus Sicht der BA ist die umfassende Integration von Schulabgängern in das duale System bzw. in die Erwerbstätigkeit im wirtschaftlichen und gesellschaftlichen Interesse und angesichts des demografischen Wandels unverzichtbar" (Pressetext der Bundesagentur für Arbeit).

2 Im Rahmen der Projekte zur Vermeidung schulischen Scheiterns (Schulmüdenprojekte), Pos. 2.4 „Schul- und berufsbezogene Jugendsozialarbeit" Kinder- und Jugendförderplan, Nordrhein-Westfalen.

lichkeit für das unerlaubte Fernbleiben von Schule verwendet werden. Diese Begriffsvielfalt[3] ist zugleich ein Ausdruck dafür, wie vielfältig und individuell dieses Problem sich in der Praxis darstellt, das in seiner Folge meist zu fehlenden Schulabschlüssen führt und schließlich auch zu beruflicher und gesellschaftlicher Desintegration führen kann.

Karlheinz Thimm beschreibt Schulabsentismus als einen Entwicklungsprozess, als ein „Driften" vom ersten unentschuldigten Fehlen bis hin zu tage- und wochenweise Fehlen (Thimm, 2010, 1). Oft verselbständigt sich dieser Prozess in Form eines „Teufelskreises", z. B. indem die Jugendlichen vor den erwarteten Reaktionen der Lehrkräfte und Klassenkameraden nach unentschuldigten Fehlzeiten zurückschrecken und deshalb den Kontakt zur Schule weiter meiden.

Die Schlussfolgerung, dass Angebote und Interventionen um so wirksamer sind, je früher sie in diesem Prozess ansetzen (z. B. Michel, 2005, 14), hat sich im Rahmen unserer langjährigen Arbeit mit schulmüden Jugendlichen bestätigt. Schule XXL arbeitet deshalb präventiv, vorrangig auf der Ebene sekundärer Prävention von Schulabsentismus (siehe z. B. Michel, 2005, 13 ff.). Die direkte Präsenz des Projektes in Schule und die damit verbundene Niederschwelligkeit im Zugang zur Zielgruppe sind dafür wichtige konzeptionelle Eckpfeiler.

Auch der Identifikation der Zielgruppe kommt vor dem Hintergrund der präventiven Ausrichtung eine besondere Bedeutung zu. Hilfreich erweist sich dafür die Unterscheidung aktiver und passiver Distanzierung und Leistungsverweigerung in der Schule, als Vorstufen im Prozess des sich manifestierenden Absentismus (siehe hierzu z. B.: Schreiber, 2005, 12 f.). Als aktiv verweigernd werden Jugendliche bezeichnet, die die Leistung verweigern, z. B. durch Stören und durch aktive Verhinderung des regulären Ablaufes des Unterrichts. Auch das Fehlen während des Unterrichts in bestimmten Fächern und in Randstunden sind Kennzeichen aktiver Verweigerungshaltung. Passiv findet Leistungsverweigerung in Form von Abtauchen, Abschalten statt, die Schüler sind zwar da, aber beteiligen sich nicht, machen keine Hausaufgaben, lernen nicht, hören nicht zu. Vermehrte entschuldigte Fehlzeiten oder häufiges Zuspätkommen sind weitere Anzeichen (ebd.).

Die Ursachen und Determinanten von Schulabsentismus sind entsprechend der Vielfältigkeit seiner Ausprägungen sehr unterschiedlich und individuell. Sie reichen von familiären, sozialen und persönlichen Problemen bis zu eher strukturell zu verortenden Problemen in Schule und Gesellschaft.[4] „Eine isolierbare Ursache für Schulmüdigkeit und Schulverweigerung, die im Einzelfall ‚wie der Blitz

---

3   Zu Begrifflichkeiten siehe z. B. Michel & Schreiber, 2006, 80–83 oder Schreiber, 2005, 12 f.
4   Zur Analyse der Determinanten von Schulabsentismus in der Forschung siehe z. B. Stamm, 2006, 289–294.

einschlägt', gibt es selten. (...) Mit Abstand betrachtet ist starke Schulmüdigkeit meist ein Ergebnis eines langen Weges des Hineinschlitterns mit möglichen Wendepunkte, an dessen Zustandekommen mehrere Systeme beteiligt sind" (Thimm, 2010, 4).

Im Rahmen einer ausführlichen Anamnesephase findet zum Einstieg eines Jugendlichen in das Coachingangebot von *Schule XXL* eine genaue Analyse der individuellen Ursachen und Zusammenhänge des Verhaltens statt. Ein systemischer Zugang richtet die Suche nach den Ursachen aus auf das Zusammenspiel der Systeme Elternhaus, Schule, Klassengemeinschaft, Peers und auf die Jugendlichen selbst in ihrer Pubertätsentwicklung[5]. Für die Praxis hat sich dabei ein kompetenzorientierter Blick auf das Phänomen des Schulabsentismus bewährt, der ihn als ein Verhalten versteht, das für die Jugendlichen zunächst Sinn macht und welches aus ihrer derzeitigen Sicht den besten Weg darzustellen scheint.

Neben der Prävention von Schulmüdigkeit ist die Förderung der Berufswahlkompetenz das zweite der beiden eng miteinander verwobenen Leitziele des Projektes *Schule XXL*. Vertiefte Berufsorientierung in Klasse 7 und 8 stößt erste Prozesse in Richtung Wegeplanung und Berufswahlkompetenz an. Formulierte Perspektiven sind wiederum ein wirksames Abwehrschild gegen Schulmüdigkeit.

Schule XXL hat als Ziel, dass die Schüler und Schülerinnen die Berufswahl als Entwicklungsaufgabe für sich erkennen, „Berufswahlbereitschaft" (vgl. Hirschli, 2007) entwickeln und sich ihre persönlichen Voraussetzungen und beruflichen Interessen bewusst machen. Dabei werden auch die erschwerten Bedingungen als Haupt- und Förderschüler bei der Berufswahl realistisch betrachtet. Die Schülerinnen und Schüler erkennen, dass es gerade aufgrund ihrer Ausgangslage wichtig ist, eigene Verantwortung für den Berufswahlprozess zu übernehmen. Die Wahrnehmung und Rückmeldung individueller Fähigkeiten und Ressourcen und die Erkenntnis, dass Schlüsselqualifikationen, wie z. B. Sozialverhalten von Arbeitgeberseite sehr honoriert werden, stärken dabei das Bewusstsein für den Anteil an Autonomie im Berufswahlprozess[6].

10.1 Kooperationsgrundlage für *Schule XXL*

Voraussetzung für die Einführung des Projektes *Schule XXL* in einer Schule ist ein verbindlicher Kooperationsvertrag zwischen Projektträger und Schule, in dem die gegenseitigen Leistungen festgelegt werden. Seitens der Schule sind dies u. a. die

---

5 Die Berücksichtigung der beteiligten Systeme wird z. B. sehr praxisorientiert dargestellt in Bührmann, 2009.
6 vgl. zum Stellenwert der Autonomie bei der Berufswahl: Ratschinski 2008, 2.

Bereitstellung eines Büros als täglicher Arbeitsplatz für die der Schule zugeordnete Mitarbeiterin von *Schule XXL,* sowie die Bereitschaft die Angebote im Klassenverband in den Stundenplan einzubinden. Insbesondere die Klassenlehrkräfte und die Schulsozialarbeiterinnen und Schulsozialarbeiter sind wichtige Kooperationspartner bei der Durchführung des Projektes, weshalb sie neben der Schulleitung von Beginn an bei der Projektimplementierung an einer Schule einbezogen werden. Auch im weiteren Projektverlauf finden auf dieser Ebene regelmäßige Abstimmungsgespräche und Fallbesprechungen statt. Darüber hinaus beteiligen sich die Mitarbeiterinnen und Mitarbeiter z. B. an Lehrerkonferenzen, Berufswahlkonferenzen oder Lehrer-AGs, bringen so die Inhalte des Projektes mit ein und stimmen sie mit den Angeboten der Schule ab.

Die vielfältige Tätigkeit und sehr selbständige Arbeitsweise im Rahmen des Projektes *Schule XXL* stellt hohe Anforderungen an die Mitarbeiterinnen und Mitarbeiter. So bedarf es im Rahmen des Klassentrainings eine hohe Kompetenz in der Anleitung, Begleitung und Aktivierung von Gruppen. Zugleich ist im Coachingangebot Erfahrung, Kreativität und Beratungskompetenz gefordert. Die enge Zusammenarbeit mit Lehrkräften, der Institution Schule und den Eltern verlangt sehr hohe kooperative Kompetenzen. Fundierte Kenntnisse im Netzwerk sozialer Hilfen sind Voraussetzung für eine nachhaltige Arbeitsweise.

Die wöchentlichen intensiven Fall- und Organisationsbesprechungen im Rahmen der schulübergreifenden Teamsitzungen und die Steuerung des Projektes über eine Projektleitung sind maßgebliche Strukturelemente, die unter anderem den Erfolg von *Schule XXL* ausmachen. *Schule XXL* agiert damit als Angebot selbständig in Schule, Kooperation und Abgrenzung gelingen den einzeln in Schule tätigen Mitarbeiterinnen und Mitarbeiter über den Rückhalt durch den Träger und die Teamkolleginnen und -kollegen sowie durch den Bezug auf die Erwartungen der beteiligten Kostenträger. Eltern, Schülerinnen und Schüler, sowie Lehrkräfte erleben und schätzen *Schule XXL* dadurch als neutrale und kompetente Hilfestellung für die Projektschwerpunkte Berufswahl und Schulverweigerung, die sich im Spannungsfeld von Schule, Elternhaus, Peergroup, Identitätsentwicklung des Einzelnen und Gesellschaft bewegen.

Schule XXL – Ein Projekt zur vertieften Berufsorientierung und Prävention

10.2 Kurzdarstellung des Trägers JWK gGmbH – Jugendwerk Köln

Die erfolgreiche Umsetzung des Projekts *Schule XXL* ist auch deshalb möglich, weil der Träger – JWK gGmbH – Jugendwerk Köln, seit über 30 Jahren für qualitätsbezogene Arbeit im Bereich Jugendsozialarbeit und Jugendberufshilfe in Köln steht[7].

Die JWK gGmbH hat es sich zur Aufgabe gemacht, Menschen im Bereich ihrer Begabungen zu fördern, damit sie die Herausforderungen ihrer beruflichen und sozialen Integration erfolgreich meistern. Die Programmangebote folgen den biographischen Schlüssel-Stationen und wenden sich folgenden Schwerpunkten zu:

- einer gelungenen Bewältigung der Schule (Schulmüdenprojekte (*Schule XXL* und 2. Chance), Berufsorientierungsangebote, Kompetenzfeststellung);
- einem erfolgreichen Übergang zwischen Schule und Beruf (Jugendwerkeinrichtung, Werkstattjahr, Berufsausbildung (BaE und Reha-Ausbildung), ausbildungsbegleitende Hilfen (abH));
- der anschließend erwerbslebenslangen Herausforderung der beruflichen Integration (Integrationsjobs, Trainingsmaßnahmen, Profiling).

Ein multiprofessionelles Team aus ca. 40 fest angestellten Mitarbeiterinnen und Mitarbeitern führt die unterschiedlichen Aufgaben an derzeit vier Standorten im Stadtgebiet Köln durch. Es wird dabei von weiteren 20 fachspezifischen Dozentinnen und Dozenten unterstützt.

10.3 Die drei Bausteine des Projektes *Schule XXL*

Das Projekt *Schule XXL* gliedert sich in die drei Bausteine:

A: Sozialpädagogische Angebote im Klassenverband zur Berufswahlkompetenz
B: Coachingangebot bei schulaversivem Verhalten
C: verschiedene Bildungsmodule (z. B. Musikwerkstatt, Handwerk & Design)

---

7 Gegründet im Jahr 1979 wurde die JWK in unmittelbarer Trägerschaft der Evangelischen Kirchengemeinde Köln-Klettenberg geführt. 1995 übernahm der eigenständige Verein „Jugendwerkstatt Köln-Klettenberg e. V." die Geschäfte. Am 01.03.2007 wurde das operative Geschäft des Vereins auf die „JWK gGmbH – Jugendwerk Köln" übertragen. Sie ist, wie der Verein, Mitglied im Diakonischen Werk der evangelischen Kirche im Rheinland e. V. Als Träger ist sie nach AZWV zertifiziert, zusätzlich hat die JWK das Qualitätsmanagementsystem EFQM (European Foundation for Quality Management) implementiert.

Abbildung 1 Bausteine des Projekts Schule XXL

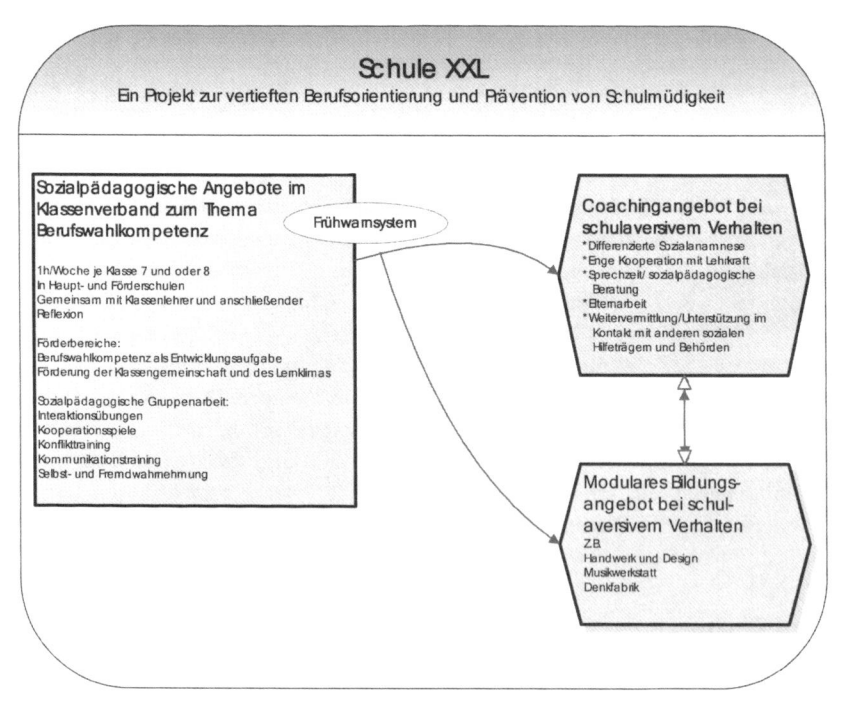

Schule XXL
Ein Projekt zur vertieften Berufsorientierung und Prävention von Schulmüdigkeit

Sozialpädagogische Angebote im Klassenverband zum Thema Berufswahlkompetenz

1h/Woche je Klasse 7 und oder 8
In Haupt- und Förderschulen
Gemeinsam mit Klassenlehrer und anschließender Reflexion

Förderbereiche:
Berufswahlkompetenz als Entwicklungsaufgabe
Förderung der Klassengemeinschaft und des Lernklimas

Sozialpädagogische Gruppenarbeit:
Interaktionsübungen
Kooperationsspiele
Konflikttraining
Kommunikationstraining
Selbst- und Fremdwahrnehmung

Frühwarnsystem

Coachingangebot bei schulaversivem Verhalten
* Differenzierte Sozialanamnese
* Enge Kooperation mit Lehrkraft
* Sprechzeit/ sozialpädagogische Beratung
* Elternarbeit
* Weitervermittlung/Unterstützung im Kontakt mit anderen sozialen Hilfeträgern und Behörden

Modulares Bildungsangebot bei schulaversivem Verhalten
z.B.
Handwerk und Design
Musikwerkstatt
Denkfabrik

10.3.1 Baustein A: Sozialpädagogische Angebote im Klassenverband zur Förderung der Berufswahlkompetenz

Die der jeweiligen Schule fest zugeordnete sozialpädagogische Fachkraft bietet in den Klassen 7 und 8 einmal wöchentlich für eine Unterrichtsstunde ein Sozialtraining zum Thema Berufswahlkompetenz an. Die Klassenlehrkraft ist dabei anwesend. Gemeinsam mit der Lehrkraft findet nachbereitend eine regelmäßige Reflexion über gruppendynamische Prozesse innerhalb der Klassengemeinschaft und ggf. individuelle Fallbesprechungen statt.

In Klasse 7 beginnt in der Regel die Berufsfindungsphase. Berufswahlkompetenz beinhaltet neben dem Aufbau beruflichen Orientierungswissens auch Elemente personaler, methodischer und sozialer Kompetenz. Gerade zu Beginn der Berufsfindungsphase ist es sinnvoll, hierauf den Schwerpunkt der Förderung und Unterstützung zu setzen (vgl. z. B. Agentur für Arbeit, 1 ff.).

Mit sozialpädagogischen Gruppenmethoden können diese Kompetenzbereiche gefördert und zugleich zu dem Berufswahlprozess in Beziehung gesetzt werden. So stehen die Förderung von Problemlöseverhalten, Kommunikation, kritischer Reflexion, realistischer Selbst- und Fremdwahrnehmung, das Erkennen der eigenen Werte, eigener Vorbilder und innerer Vorstellungen zu verschiedenen Berufen und Lebensentwürfen im Mittelpunkt des Klassentrainings. Feste Bestandteile des Trainings sind Methoden wie: Interaktions- und Kooperationsspiele, Konstruktionsaufgaben, Rollenspiel und Reflexionsrunden zur Überprüfung der Selbst- und Fremdwahrnehmung und zur Anknüpfung der neuen Erfahrungen an eigene Überzeugungen und an das eigene Selbstkonzept.

Neben der Förderung der Berufswahlkompetenz zielt das Klassensozialtraining darauf, Schulmüdigkeit zu verhindern, indem es auf mehreren Ebenen ansetzt, die u. a. Determinanten von Schulmüdigkeit darstellen[8]:

Abbildung 2   Wirkungsebenen und Determinaten

Wirkungsebene des Klassentrainings	Determinante von Schulmüdigkeit:
Umgang der Schüler untereinander	Konflikte mit Peers, Außenseiterrolle, Mobbing etc.
Verhältnis der Lehrkräfte zu den Schülern	Konflikte mit Lehrkräften, festgefahrene Zuschreibungen der Lehrkräfte (z. B. der Störer)
Förderung der Schlüsselqualifikationen, des Sozialverhaltens der einzelnen Schüler	problematisches Sozialverhalten
Förderung der Berufswahlorientierung	fehlende Perspektive schwächt die Leistungsmotivation

Wenn der Klassenzusammenhalt gestärkt wird und das Klassenklima verbessert wird, kann ein Herausfallen einzelner Schülerinnen und Schüler verhindert oder schneller aufgefangen werden.

Die Lehrkräfte haben die Möglichkeit während der Beobachtung des Klassentrainings und der sich anschließenden Reflexion, ihre Einschätzung und ihr Verhalten gegenüber einzelnen Schülern zu reflektieren und ggf. zu korrigieren.

Zugleich wird das Sozialverhalten der einzelnen Schüler gestärkt und eine Reflexion über das eigene Verhalten angeregt. Dies ist u. a. für schulmüde Jugendliche wichtig, die durch Stör- oder Rückzugsverhalten auffallen.

Der Blick auf die eigene berufliche Zukunftsgestaltung ermöglicht es den Jugendlichen, neue Lern- und Leistungsmotivation zu entwickeln.

---

8   Zu Determinanten von Schulmüdigkeit siehe z. B. Stamm, 2006 oder Schreiber, 2005, 14–17.

Fallbeispiel

Elisa, Hauptschülerin, Klasse 7[9]

Elisa hatte zunehmend Probleme in der Klasse. Unter anderem weil sie ein Hörgerät trägt wurde sie gehänselt. Sie reagierte mit Wutanfällen und körperlichen Angriffen auf Mitschülerinnen. Elisa kam von sich aus auf *Schule XXL*-Mitarbeiterin Frau L. zu, die ihr durch das Klassentraining bekannt war. Sie fühlte sich von einem Mitschüler stark gemobbt, weshalb sie sich im Unterricht kaum noch konzentrieren konnte. Gemeinsam mit ihren Eltern dachte sie über einen Schulwechsel nach, um aus der Situation herauszukommen. Frau L. führte mit Elisa und der Klasse die Methode „No Blame Approach" durch, mit der das Thema Mobbing transparent gemacht wird und Unterstützer in der Klasse für das Opfer gefunden werden. Nach dieser Intervention verschwand Elisas aggressives Verhalten und die Leistungen verbesserten sich. Elisa ist inzwischen wieder gut in die Klasse integriert.

Gemeinsam mit den Lehrkräften reflektieren die Projektmitarbeiterinnen und -mitarbeiter regelmäßig das Gruppengeschehen und das Verhalten einzelner Schülerinnen und Schüler in den Klassen, um so frühzeitig Schüler zu identifizieren, die erste Anzeichen von Schulmüdigkeit zeigen und Unterstützung brauchen. Dieses dadurch fest installierte Frühwarnsystem ist eine große und entscheidende Innovationen des Projektes *Schule XXL*, die sich sehr schnell bewährt hat. Dadurch ist es möglich, wirklich präventiv und frühzeitig dem Problem Schulmüdigkeit zu begegnen und dadurch die Förderung effektiv einzusetzen. Im regelmäßigen Reflexionsprozess mit den Lehrkräften schärft sich zudem deren Sensibilität für die Anzeichen von Schulmüdigkeit, so dass sich dies auch in weitere Klassen überträgt und die Schule über den Kompetenzzuwachs der Lehrkräfte profitiert.

Die Vertrautheit der Schülerinnen und Schüler sowie der Lehrkräfte mit den Mitarbeiterinnen und Mitarbeiter von *Schule XXL* durch das regelmäßige Klassentraining und die fast tägliche Präsenz in Schule ermöglicht die bewusste Wahrnehmung der Unterstützungsangebote durch die Lehrkräfte und einen niederschwelligen Zugang der Schüler zu den anderen Angeboten des Projektes.

---

9 Die Namen der Jugendlichen in den Fallbeispielen wurden anonymisiert.

10.3.2 Baustein B: Coachingangebot für gefährdete Jugendliche

Das Projekt *Schule XXL* bietet mit dem persönlichen Coaching und den Bildungsmodulen (Baustein C) ein bereits gut erprobtes Angebot für gefährdete Jugendliche und deren Eltern, um frühzeitig und ganzheitlich die Problemlage hinter dem schulaversivem Verhalten zu erfassen und ihr zu begegnen.

In das Coachingangebot kommen Jugendliche, die im Rahmen des Frühwarnsystems (s. o.) als gefährdet erkannt wurden und Interesse an dem Angebot haben, oder die selbst einen Bedarf bei uns anmelden.

Die Teilnahme am Projekt ist freiwillig. Nach einem Vorgespräch unterschreiben die Jugendlichen einen Arbeitskontrakt, um die Verbindlichkeit der Teilnahme herauszustellen.

Das Coaching besteht aus drei Arbeitsschwerpunkten:

- ausführliche Sozialanamnese- und Kompetenzfeststellung
- regelmäßige Beratungsarbeit
- begleitende Netzwerkarbeit

Die Ursachen für schulaversives Verhalten in seinen verschiedenen Ausprägungen sind sehr vielfältig, deshalb findet mit den Coachingteilnehmern eine differenzierte Sozialanamnese statt, die sowohl das soziale Umfeld, die Familie, Freunde, Schul- und Lernbiographie als auch außerschulische Ressourcen- und Kompetenzfelder erfasst. Die Eltern und Lehrkräfte werden über Interviews in die Anamnese mit einbezogen.

Fallbeispiel

Esma, Klasse 7, Förderschule

Esma zeigte deutliches Rückzugsverhalten und Motivationsverlust im Unterricht. Im Rahmen der Reflexion mit dem Klassenlehrer wurde sie als mögliche Teilnehmerin des Coachings erkannt. Esma wollte aber zunächst nicht mit der *Schule XXL*-Mitarbeiterin Frau F. sprechen. Erst als ihre Freundin Yasimin mit eingeladen wurde, ließ sie sich auf die Arbeit ein. Der Kontakt mit der Mutter ergab, dass die Eltern gerade in Trennung lebten und wenig Aufmerksamkeit und Zeit für Esma da war. Frau F. arbeitete vor allem ressourcenorientiert mit Esma: „Was kannst Du gut?". Gemeinsam wurde schließlich ein Ressourcenbaum erstellt, den sie als Bild mit nach Hause nahm. Bald kam sie auch ohne die Freundin in die Beratung. Im Klassentraining war zu beobachten, dass Esma zunehmend engagierter und selbstsicherer wurde und schließlich sogar andere motivierte und mitzog.

Im Rahmen der Beratung arbeiten die Mitarbeiter und Mitarbeiterinnen von *Schule XXL* vorrangig mit systemischen und lösungsorientierten Methoden und Fragestellungen, mit der Visualisierung von Strukturen, mit ressourcenorientierten kreativen Methoden und mit Selbstmanagementmethoden.

Neben der Beratungsarbeit ist die Netzwerkarbeit ein wichtiger Bestandteil des Coachings. Je nach Problemlage wird externe fachspezifische Unterstützung hinzugezogen und im Hinblick auf Nachhaltigkeit werden langfristige Unterstützungsangebote gesucht bzw. initiiert. So werden mit den Jugendlichen z. B. Beratungsstellen, Therapeuten, das Jugendamt oder Ärzte aufgesucht oder in spezifische Angebote vermittelt, passende Freizeitangebote und Praktikumsstellen gefunden, Konfliktgespräche mit Eltern, Klassenkameraden oder Lehrkräften moderiert.

Gemeinsam mit den Jugendlichen werden Zielvereinbarungen erarbeitet, die sich z. B. auf folgende Förderbereiche beziehen:

- Verringerung der Fehlzeiten
- Verringerung des Störverhaltens
- Förderung einer realistischen Selbst- und Fremdwahrnehmung
- Förderung eines gesellschaftsfähigen Umgangs mit Aggressionen
- Förderung der Zukunftsorientierung und Berufszielfindung
- Förderung der Selbststeuerung
- Verringerung des Rückzugsverhaltens
- Verbesserung der Schulleistungen
- Förderung des Selbstvertrauens
- Förderung von Verbindlichkeit und Einhalten von Regeln und Absprachen
- Förderung eines angemessenen Konfliktverhaltens
- Förderung des Kommunikationsverhaltens
- Förderung von Verantwortungsbewusstsein für das eigene Verhalten
- Förderung der Kooperation mit Klassenkameraden
- Förderung der Beteiligung am Unterricht
- Förderung der Lern- und Leistungsmotivation
- Unterstützung im Umgang mit einer Außenseiterrolle oder mit Mobbing
- Förderung von Lern- und Arbeitstechniken

Ein weiterer wichtiger Bestandteil des individuellen Coachings ist die Einbeziehung der Eltern. Die Mitarbeiter und Mitarbeiterinnen beraten und begleiten die

Eltern im Rahmen von Hausbesuchen, regelmäßigen Telefonaten, gemeinsamen Terminen mit den Jugendlichen, den Lehrkräften und ggf. dem Jugendamt.

> **Fallbeispiel**
>
> **Sergej, Klasse 7, Förderschule**
>
> Sergej war seit dem Wechsel von der Hauptschule auf die Förderschule ein halbes Jahr kaum in der Schule anwesend, erst als die Mutter sich entschloss, in der Schule zu bleiben und im Gebäude auf ihn zu warten, war er bereit, am Unterricht teilzunehmen. Der *Schule XXL*-Mitarbeiter Herr R. nahm schließlich mit Sergejs Wechsel in die 7. Klasse Kontakt mit der Mutter auf, die sich ja täglich im Gebäude aufhielt. In der Schule ging man davon aus, dass der Grund für die Problematik, ein Ablösungsproblem der Mutter sei. Die Mutter nahm das Unterstützungsangebot von *Schule XXL* dankbar an, was dazu führte, dass schließlich auch Sergej einen guten Zugang zu Herrn R. fand. Es kam heraus, dass Sergej Missbrauchs- und Gewalterfahrungen in der Vergangenheit gemacht hatte, die der Hintergrund für seine extremen Ängste bezogen auf den Schulbesuch waren.
> Es wurde ein Therapeut für Sergej gefunden, der auch die Mutter mit einbezog. Neben der regelmäßigen Beratung, der Förderung im Klassentraining und der Teilnahme am Modulangebot von Sergej, hielt Herr R. regelmäßig Kontakt mit der Mutter und dem Therapeuten. Inzwischen ist Sergej gut in die Klasse integriert und geht alleine regelmäßig zur Schule.

Mit den Eltern wird z. B. an folgenden Themen gearbeitet:

- Beratung über Förder- und Beratungsmöglichkeiten, deren Vermittlung und Begleitung (z. B. Wohnheime, Sprachkurse, Ärzte, Therapeuten, Hilfen zur Erziehung, Drogenberatungsstellen)
- Unterstützung bei der Zusammenarbeit mit dem Jugendamt
- Unterstützung bei der Zusammenarbeit mit der Schule oder mit den einzelnen Lehrkräften
- Beratung zum Erziehungsverhalten
- Reflexion über das Familiensystem und die Bedeutung und Hintergründe des Verhaltens ihrer Tochter bzw. ihres Sohnes.

Bei all diesen Angeboten findet eine enge Abstimmung und Zusammenarbeit mit den eventuell vorhandenen Fachkräften der Schulsozialarbeit statt.

Die Mitarbeiterinnen und Mitarbeiter von *Schule XXL* stellen in den Schulen mittlerweile für Schüler und Eltern Ansprechpartner für viele schulische oder berufliche Themen dar. Das Angebot wird als niederschwellig empfunden und entsprechend häufig gibt es über die Teilnehmerinnen und Teilnehmer des Coachingangebotes hinaus Schüler, die nur einzelne, punktuelle Kontakte und Beratungsgespräche suchen, die aber nicht eine Aufnahme in das Coachingangebot benötigen. Diese „offene Tür" des Projektes in der Schule bietet Hilfestellungen bei Problemen an und verbessert darüber zugleich das Schulklima. Beides unterstützt den präventiven Ansatz der Projektarbeit.

10.3.3 Baustein C: Modulare Bildungsangebote für gefährdete Jugendliche

Die Bildungsmodule sind im Rahmen von *Schule XXL* ein meist schulübergreifend organisiertes Angebot für Schülerinnen und Schüler, die bereits schulaversives Verhalten zeigen. Die an den Bildungsmodulen teilnehmenden Jugendlichen werden ebenfalls über das Klassentraining mit den Lehrkräften gemeinsam ausgewählt und daraufhin angesprochen oder melden ihr Interesse selbst an. Die Teilnahme ist auch hier freiwillig.

Die modularen Bildungsangebote haben das Ziel der Aktivierung und der Förderung der Lern- und Leistungsmotivation der Jugendlichen. Indem die Jugendlichen an ihren Ressourcen anknüpfen können, Erfolge unmittelbar sichtbar werden und damit der Aufbau eines positiven Selbstkonzeptes wieder möglich ist, oder indem sich neue Perspektiven in Richtung Beruf eröffnen, steigt vielfach die Bereitschaft, sich wieder den schulischen Anforderungen zu stellen.

Die Angebote finden in Räumen der beteiligten Schulen oder je nach Modulinhalten in Museen, Kletterhallen, in der Natur oder auch in Räumen der JWK statt.

Der Träger JWK verfügt über ein breites Spektrum an erprobten Bildungsmodulen. Die Inhalte der Angebote orientieren sich an den Interessenlagen und Bedarfen der potentiellen Teilnehmenden, so z. B.:

- die Musikwerkstatt, in der Raps und andere Musikstücke entstehen
- das Modul „Handwerk & Design", wo Objekte z. B. aus Holz, Metall oder Keramik erstellt werden
- „Deutsch lernen im Museum", wo Sprachförderung mit Kunstbetrachtung verbunden wird
- die „Denkfabrik", in der die Jugendlichen Arbeits- und Lerntechniken anhand ihrer konkreten schulischen Aufgaben trainieren

- der „Body map – Workshop", in dem die Jugendlichen ihren Körperumriss gestalten und sich künstlerisch mit ihrer Identität auseinandersetzen
- schulspezifische Projekte, z. B. wurde in einer Schule ein Aquarium für die Schule eingerichtet und die regelmäßige Betreuung über Schulungen organisiert.

Fallbeispiel

Rebecca, Klasse 8, Hauptschule

Nach einem Schulwechsel zum Halbjahr aufgrund von extremer Verweigerung und Rückzug an der alten Schule saß Rebecca in Jacke im Klassentraining und beteiligte sich in keiner Weise am Geschehen in der Klasse. Parallel dazu kam sie in eine Pflegefamilie, da die Mutter psychisch erkrankt war.

Die Einladung zur Beratung nahm sie an. Sie öffnete sich schnell, neben der familiären Situation belasteten sie Schulleistungsprobleme und Probleme mit ihrer sexuellen Identität (Transsexualität). *Schule XXL*-Mitarbeiter Herr S. bezog die Pflegefamilie in den Coachingprozess mit ein, gemeinsam wurden Lösungen gesucht zur Verbesserung der Schulleistungen. Rebecca nahm darüber hinaus am Modul Denkfabrik teil. Die Vermittlung in eine Mädchengruppe im Bürgerzentrum des Stadtteils erwies sich als sehr hilfreich, um Rebecca die Auseinandersetzung mit ihrer Geschlechtsidentität zu erleichtern. Das Klassentraining unterstützte die anfänglich schwierige Integration in die neue Klasse. Herr S. nutzte das Training, Veränderungen in Rebeccas Sozialverhalten zu beobachten und ihr die Veränderungen und Fortschritte im Rahmen der Beratungsarbeit zurückzumelden. Inzwischen bereitet sich Rebecca auf ihren 10-A Abschluss vor und ist gut in die Klasse und ihre Mädchengruppe integriert.

Die Module werden von den *Schule-XXL*-Mitarbeitern selbst oder von Fachdozenten angeboten. Die schulübergreifende Organisation ist nicht immer einfach, aber wenn sie gelingt, profitieren die Jugendlichen davon, mit anderen in ähnlichen Problemlagen in Kontakt zu kommen, ohne dabei auf die eingefahrenen Rollen und Zuschreibungen in der eigenen Schule oder im eigenen Klassenkontext festgelegt zu sein.

10.4 Die Erfolge des Projektes

Insgesamt erreichen wir mit dem Projekt *Schule XXL* derzeit ca. 400 bis 500 Schüler und Schülerinnen im Jahr.

Die Evaluation der Ergebnisse erfolgt innerhalb des Projektes durch die ausführenden Mitarbeiter. Die Teilnehmer und Teilnehmerinnen und beteiligten Lehrkräfte werden regelmäßig mittels Fragebögen nach ihrer Einschätzung zur Wirkungsweise des Projektes und ihrer Zufriedenheit befragt. Mit den Lehrkräften finden zusätzlich halbjährliche Interviews statt. Darüber hinaus wird von den Mitarbeitern die Entwicklung der Teilnehmerinnen und Teilnehmer in Bezug auf die Förderziele laufend dokumentiert.

Pro Halbjahr werden Rückmeldebögen an alle beteiligten Klassen ausgeteilt. Die Untersuchungsgruppe in ihrer Gesamtheit ist sehr heterogen, da hier sowohl Schülerinnen und Schüler befragt werden, die schon länger das Projekt durchlaufen, als auch die, die erst im ersten Jahr dabei sind. Besonders die Frage nach der beruflichen Relevanz ist für die Schüler der 7. Klasse noch weit weniger greifbar als für die der 8. Klassen, die z. T. ihr erstes Schulpraktikum absolvieren. Umso erfreulicher sind vor diesem Hintergrund die insgesamt sehr positiven Rückmeldungen der Schülerinnen und Schüler. Die Antworten lassen erkennen, dass die Neuartigkeit der Methoden, die Anforderung in der Gruppe zu arbeiten, sich mit eigenen Stärken und Schwächen und mit Kooperation auseinander zu setzen, nicht allen leicht fällt, aber sie diese zunehmend zu schätzen wissen und sich darauf einlassen.

Exemplarisch wird hier die Auswertung der beiden Befragungen aus dem Jahr 2011 dargestellt. Der Auswertung liegen 423 Bewertungsbögen zugrunde.

Darin geben 75 % der Jugendlichen an, ihnen habe das Training insgesamt gefallen, 63 % geben an, sie haben gelernt, besser mit anderen im Team zu arbeiten und über 60 % denken, dass ihnen die Themen des Klassentrainings in Praktikum und Beruf nützlich sind. 72 % der Befragten würden das Klassentraining auch anderen Klassen empfehlen.

Es gibt kaum Jugendliche, die keine Antworten geben, fast alle Schülerinnen und Schüler füllen auch die freien Textzeilen aus und kommentieren darin, was ihnen besonders gut und weniger gut gefallen hat. Im Rahmen der Bewertung des Klassentrainings werden z. B. einzelne Übungen benannt oder das Zusammenarbeiten der Klasse kommentiert. Auch diese intensive Auseinandersetzung zeigt uns, dass die Jugendlichen Interesse an *Schule XXL* haben.

Sie schreiben z. B. was ihnen besonders gut gefallen hat

- „Dass wir gut miteinander umgegangen sind." (HS, Klasse 7)
- „Die Feedbackrunden." (HS, Klasse 7)

- „Dass man das mit der ganzen Klasse macht." (HS, Klasse 8)
- „Dass die Klasse leiser geworden ist." (HS, Klasse 8)
- „Dass wir auch diskutieren und wir fast alle mitgemacht haben." (Förderschule, Klasse 8)
- „Die Infos über das Leben und der Zusammenhalt." (HS, Klasse 8)
- „Dass fast alle Übungen mit Beruf zu tun haben." (HS, Klasse 8)
- „Dass wir über Konflikte geredet haben." (HS, Klasse 7)

Und was weniger gefiel:

- „Die Kinder, die unsere Zeit durch Stören weggenommen haben." (HS, Klasse 7)
- „Wenn es zu laut war." (HS, Klasse 8)
- „Dass die Klasse nicht immer so gut zusammengehalten hat." (HS, Klasse 8)

Im Laufe des Prozesses lässt sich eine deutliche Zunahme der Fähigkeit zur Kooperation und zur gemeinsamen Reflexion von Gruppenprozessen innerhalb der Klassen beobachten. Die Wirkung, z. B. auf das Sozialverhalten, das Selbstkonzept, die Kommunikationsfähigkeit einzelner Schülerinnen und Schüler, wird in fast jeder Übung erkennbar.

Viele dieser Beobachtungen werden auch in den Lehrerfragebögen zurückgemeldet. Ebenso ergeben die regelmäßigen Interviews zum Halbjahresende mit den beteiligten Lehrkräften, dass sich das Sozialverhalten in der Klasse deutlich verbessert und das Bewusstsein der Schülerinnen und Schüler für ein positives Miteinander steigt. Kleingruppenarbeit im Regelunterricht sei zum Teil besser möglich geworden; auch die verstärkte Integration von Außenseitern, welche auch in den Regelunterricht und den Alltag der Jugendlichen hineinwirke, wird sehr positiv hervorgehoben.

Die Klassenlehrerinnen und -lehrer melden uns auch zurück, dass die Praktikumsmotivation seit dem Angebot von *Schule XXL* sehr hoch ist und sich die Selbständigkeit bei der Suche nach einem Praktikumsplatz erhöht hat.

Die meisten Lehrkräfte schätzen es, die Klasse während des Trainings aus einer anderen Perspektive erleben zu können und erkennen an, dass sie durch das Projekt *Schule XXL* andere Methoden kennen lernen und einen besseren Zugang zur Thematik Berufswahlvorbereitung bekommen. Bezogen auf schwierigere Schülerinnen und Schüler melden die Lehrkräfte immer wieder zurück, dass sie bei ihnen durch das Training auch Ressourcen erkennen können, die sonst nicht zum Vorschein kommen.

- „Einzelne übernehmen mehr Verantwortung für die Gruppe." (HS, Klasse 7)

- „Es zeigt sich ein ganz anderes Verhalten einzelner Schüler, sie zeigen sich von einer anderen Seite." (HS, Klasse 7)
- „Am Rande des Klassenverbundes stehende Schüler und Schülerinnen werden voll integriert und stehen nicht mehr am Rand. Dieses positive Verhalten wirkt sich für diese (...) auch im übrigen Alltag positiv aus." (HS, Klasse 8)
- „Schule XXL ist ein sinnvolles Projekt, da die Schulung der sozialen Kompetenzen zum richtigen Zeitpunkt der Entwicklung erfolgt." (HS, Klasse 7)
- „Der Klassenzusammenhalt ist in Klasse 8 sehr ausgeprägt. Die Entwicklung ist mit großer Wahrscheinlichkeit auch auf das Klassentraining zurückzuführen." (Förderschule, Klasse 8)
- „Für mich als Klassenlehrer sehr gut, die Schüler in anderem Kontext zu sehen." (Förderschule, Klasse 8)
- „In Konfliktfällen suchen viele Schüler schneller Hilfe und Unterstützung." (HS, Klasse 7)
- „Bei Übungen gesteigerte Konzentration sichtbar – eigentlich müsste so etwas wie z. B. die Warm Ups mehr in den Unterricht integriert werden." (HS, Klasse 7)
- „Sichtbarmachung, dass es Konflikte und Spannungen in der Klasse gibt, dass aber die Bereitschaft da ist, diese Themen zu bearbeiten und etwas zu verändern." (HS, Klasse 7)
- „Störer haben immer mehr Rückmeldungen von anderen Klassenkameraden bekommen und daher wurde bei mindestens 3–4 regelmäßigen Störern das Verhalten und die Häufigkeit zurückgefahren." (HS, Klasse 8).

Die meisten Schülerinnen und Schüler in den Modulen sind zugleich Teilnehmer des Coachings, weshalb bezogen auf die Ergebnisse beide Angebote zusammengefasst werden.

Im Rahmen der Wirkungsanalyse werden die Fortschritte der teilnehmenden Schüler in den für sie jeweils relevanten Förderbereichen betrachtet:

- Reduzierung der Fehlzeiten
- Reduzierung des Stör- und Rückzugsverhalten
- Verbesserung der Schulleistungen
- allgemeine Persönlichkeitsentwicklung.

Die von uns dargestellten Fortschritte bestätigen uns die Teilnehmerinnen und Teilnehmer selbst, sowie die Lehrkräfte in regelmäßigen Rückmeldebögen zum Coaching und/oder werden von den Mitarbeitern beobachtet und im Rahmen der Förderplanung dokumentiert. Fehlzeiten und Leistungen werden über Noten und Klassenbucheinträge erhoben.

Die Gewichtung der Förderschwerpunkte variiert je nach Teilnehmerzusammensetzung jedes Jahr stark, im Durchschnitt der letzten drei Jahre Projektlaufzeit ergeben sich folgende Zahlen:

- bei durchschnittlich 48 % der Coachingteilnehmer verbesserte sich das Stör- und Rückzugsverhalten,
- durchschnittlich 39 % zeigten eine deutliche Verringerung der Fehlzeiten,
- durchschnittlich 40 % zeigten deutlich bessere Schulleistungen,
- durchschnittlich 78 % der Teilnehmerinnen und Teilnehmer zeigten eine auf ihre Persönlichkeitsentwicklung bezogene deutlich positive Veränderung während des Coachings, z. B. bezogen auf Kommunikation, Regeleinhaltung, Verbindlichkeit, Selbstbehauptung, Konfliktfähigkeit, Problembewusstsein, Verantwortung, Zukunfts- und Berufsorientierung, Selbst- und Fremdwahrnehmung, Selbstvertrauen. Diese hohe Zahl entspricht auch dem Schwerpunkt der gesetzten Förderziele im Coachingverlauf.

Bezogen auf den Förderprozess erkennen wir als besonders positiv, dass sehr viele Teilnehmerinnen und Teilnehmer im Laufe der Zeit ein gutes Problembewusstsein entwickeln und z. T. große Bereitschaft mitbringen, an ihrem Verhalten zu arbeiten.

Im Laufe des Prozesses ist bei vielen deutlich zu beobachten, wie die Arbeit mit den Schülerinnen und Schüler auch in ihre Familien hineinwirkt und umgekehrt die Elternarbeit viel bei den Jugendlichen bewirkt. So werden beispielsweise mit der Familie Regeln zum Umgang mit den Schulversäumnissen der Jugendlichen oder mit Hausaufgaben erarbeitet, oder in von den Mitarbeiterinnen und Mitarbeitern moderierten Gesprächen sind Eltern und Jugendliche in der Lage, sich ihre Wahrnehmung der Situation gegenseitig darzustellen als Beginn für einen veränderten Umgang miteinander.

Auch Unterstützungsleistungen, wie Unterbringungen in Heime, Vermittlung zu Beratungsstellen, Hilfe bei der Beantragung von Familienhilfen, Erziehungsbeistand oder die Vermittlung von Freizeitangeboten bringen für die Teilnehmer und ihre Familien nachhaltige Verbesserungen der Lebenslagen, die langfristig zu einer wichtigen Komponente für die Integration in Schule werden.

Insgesamt bestätigen uns die Lehrkräfte und Schülerinnen und Schüler mit ihren positiven Rückmeldungen und der hohen Nachfrage der Angebote, dass das Projekt *Schule XXL* eine wichtige Ergänzung für die Schulen darstellt. In der Arbeit wird täglich deutlich, wie sinnvoll und gewinnbringend die Zusammenarbeit von Jugendhilfe und Schule gerade für die Themenbereiche Schulmüdigkeit und Berufswahl ist und wie wichtig dafür der Schritt von Jugendhilfe in Schule hinein ist.

Literatur

Agentur für Arbeit (Hrsg.): *ABC-Online Handbuch/Berufswahl.* Verfügbar unter: http://www.ausbildungberufchancen.de/handbuch (letzter Zugriff 11.10.2007).

Bührmann, Thorsten (2009): *Erfolgreicher Umgang mit schulmüden Jugendlichen und Schulverweigerern. Paderborn.* IN VIA Verlag, Reihe Praxisforschung in Bildung und sozialer Arbeit.

Hirschli, Andreas (2007): *Abklärung und Förderung der Berufswahlbereitschaft von Jugendlichen,* in: Schweizerische Zeitschrift für Heilpädagogik, Heft 11-12/07, S. 30–35.

Michel, Andrea (Hrsg.) (2005): *Den Schulausstieg verhindern.* München: Deutsches Jugendinstitut e.V..

Michel, Andrea & Schreiber, Elke (2006): *Prävention von Schulmüdigkeit und Reintegration von Schulverweigerern,* in: Recht der Jugend und des Bildungswesens: RdJB; Zeitschrift für Schule, Berufsbildung und Jugenderziehung (2006), H 1, S. 79–93.

Ratschinski, Günther (2008): *Berufswahlkompetenz,* in: M. Koch & P. Straßer (Hrsg.): In der Tat kompetent – Zum Verständnis von Kompetenz und Tätigkeit in der beruflichen Benachteiligtenförderung. Bielefeld: W. Bertelsmann, S. 73 – 90.

Stamm, Margit (2006): *Schulabsentismus: Anmerkungen zu Theorie und Empirie einer vermeintlichen Randerscheinung,* in: Zeitschrift für Pädagogik – 32 (2006), H. 2, S. 285–302.

Schreiber, Elke (2005): *Nicht beschulbar? Gute Beispiele für den Wiedereinstieg in systematisches Lernen,* In : Schreiber, Elke (Hrsg.) Nicht beschulbar. München: Deutsches Jugendinstitut e.V., S. 12–29.

Thimm, Karlheinz (2010): *Null Bock auf Schule – Wie entstehen Schulmüdigkeit und Schulverweigerung? – Was kann man tun?* In Familienhandbuch des (bayrischen) Staatsinstituts für Frühpädagogik (IFP). Verfügbar unter: https://www.familienhandbuch.de (letzter Zugriff, 22.03.2012).

11 Kooperation mit Eltern am Übergang Schule – Beruf
Erfahrungen der Schulsozialarbeit und Ergebnisse des Modellprojektes „Gemeinsam in die Zukunft"

Simone Baum & Bianca Wagner

Der Übergang von der Schule in die Berufsaubildung und später in die Arbeitswelt stellt für Jugendliche und deren Familien eine zukunftsweisende Veränderung dar. Er birgt neben neuen Aufgaben, Risiken und möglichem Konfliktpotential auch eine Vielzahl von Chancen, Optionen und Weiterentwicklungsmöglichkeiten. Die Komplexität von Übergangswegen und -formen gepaart mit sich rasant veränderten Berufsbezeichnungen und Ausbildungsinhalten führt bei Schülerinnen und Schülern und deren Eltern zu Verwirrung und Unsicherheit. Parallel befinden sich Jugendliche in der Phase der Pubertät und Verselbstständigung, welche oftmals mit innerfamiliären Konflikten einhergeht.

Berufliche Orientierung für Jugendliche kann dann erfolgreich gelingen, wenn ein konstruktives Zusammenwirken von allen Akteuren am Übergang Schule – Beruf erfolgt und diesen frühzeitig und systematisch adressatengerechte Angebote, Informationswege und -materialien zur Verfügung stehen. Eltern, Familienangehörige und die „Peer Group" bilden in diesem Lebensabschnitt die wichtigsten Ratgeber, Förderer und Unterstützer, aber auch Vorbilder für ihre Kinder. Der Besonderheit in Rolle, Funktion und Aufgabenspektrum von Eltern am Übergang Schule – Beruf widmet sich der erste Teil des Beitrages.

Dabei werden den Erziehungsberechtigten eine Vielzahl von Verantwortlichkeiten und Aufgaben übertragen und ein umfangreiches Wissensrepertoire, die Berücksichtigung von aktuellen Arbeitsmarkttrends sowie soziale, erzieherische und methodische Kompetenzen abverlangt. Deshalb benötigen nicht nur die Jugendlichen selbst, sondern auch ihre Eltern ein Begleit- und Unterstützungssystem, welches ihnen Informationen und Orientierung bieten kann.

Schulsozialarbeiterinnen und -arbeiter sind dabei wichtige Ansprechpartner und Vermittler und wirken an der Schnittstelle zwischen Jugendlichen, deren Familie, Schule, Lehrkräften und weiteren Akteuren am Übergang. Einer Betrachtung der Arbeitsweise, konzeptionellen Herangehensweise sowie von fachlichen Standards widmet sich Abschnitt 11.2.

Im Modellprojekt „Gemeinsam in die Zukunft – Elternarbeit am Übergang Schule – Beruf" wird der eben skizzierten notwendigen Zusammenarbeit von Jugendlichen, Eltern, Schule und Jugendhilfe Rechnung getragen. Das Kurzkonzept, die methodischen und inhaltlichen Herangehensweisen sowie Ergebnisse werden in Abschnitt 11.3 diskutiert.

Der letzte Abschnitt dieses Beitrages betrachtet Ansätze und Handlungsempfehlungen zur Ausgestaltung berufsorientierender Elternarbeit und der notwendigen Zusammenarbeit zwischen Schule, Eltern und Jugendhilfe, hier Schulsozialarbeit.

11.1 Rolle und Funktion von Eltern am Übergang Schule – Beruf

Die Entscheidung für einen Weg nach der Schule stellt für junge Menschen, aber auch für deren Familien, Freunde und das soziale Umfeld, eine große individuelle und zukunftsweisende Veränderung und Herausforderung dar. Diese ist von einer Vielzahl differenzierten Übergangsformen, wie bspw. der Entscheidung für eine duale oder schulische Ausbildung, dem Besuch einer weiterführenden Schule, einem Studium, dem Verbleib in arbeitsmarktpolitischen Maßnahmen zur Steigerung der Ausbildungsreife oder der Teilnahme an Jugendhilfemaßnahmen, gekennzeichnet.

Eltern, familiäre Strukturen und Systeme, aber auch individuelle staatliche und schulische Lotsenangebote, wie Schulsozialarbeit und Berufseinstiegsbegleitung[1], haben einen maßgeblichen Einfluss auf und eine hohe Verantwortung für die Entwicklung eines Kindes und dessen Berufswahlentscheidung.

---

[1] Berufseinstiegsbegleiter unterstützen Lernförderschüler individuell bei der Berufsorientierung und -wahl und begleiten am Übergang Schule – Ausbildung. Es handelt sich um eine Maßnahme der Bundesagentur für Arbeit.

11.1.1 Verzögerter Einstieg in die Ausbildung und das Erwerbsleben – Veränderungen von Familiensystemen und Vererbung von Bildung

Das Eintrittsalter in die Berufsausbildung hat sich deutlich verschoben: Standen vor einigen Jahrzehnten ausgebildete Fachkräfte dem Arbeitsmarkt bereits mit 18 Jahren zur Verfügung, beginnen heute Jugendliche durchschnittlich erst mit 19 Jahren eine Ausbildung (vgl. Bertelsmann Stiftung 2007, 8). Im Vergleich zur Generation der Eltern und Großeltern erfolgt somit eine Ausdehnung der Schul- und Berufsbildungsphase (vgl. Shell Studie 2010, 71). Die jungen Menschen verbleiben länger in den Familien, treten später in die ökonomische Selbstständigkeit ein, wodurch Eltern in einem verlängerten und veränderten Erziehungs- und Bildungsauftrag stehen und als Unterstützer und Begleiter tätig sein müssen. Einer Aufgabe, welcher sich nicht alle Eltern gleichsam stellen können und wollen.

Eltern übernehmen ebenso eine Erzieher-, Vorbild- und Lotsenfunktion mit differenzierten Aufgaben in verschiedenen Lebensphasen und Abschnitten. Dabei findet in der Familie eine an den Werten, Normen und Lebensmustern der Elterngeneration orientierte Primärsozialisation der Kinder statt. Sorgeberechtigte sind somit nicht nur Erzieher, sondern immer auch Unterstützer und soziales Vorbild (vgl. Hurrelmann 2005, 109; Voigt 2010, 8).

Mit Blick auf die berufliche und soziale Zukunft der heutigen Jugendgeneration ist auch der Bildungshintergrund derer Eltern entscheidend für den Schul- und Berufsabschluss des Jugendlichen selbst (Shell Studie 2010, 71). „Bildung wird in Deutschland also weiterhin sozial vererbt" (ebenda, 72). Belegt wurde der größere Einfluss der Schichtzugehörigkeit als die tatsächliche Leistungsfähigkeit des Jugendlichen. So haben Schülerinnen und Schüler aus bildungsfernen und benachteiligten Elternhäusern geminderte Chancen für einen erfolgreichen Schulbesuch und Abschluss der Berufsausbildung.

11.1.2 Einflussgeber für Jugendliche am Übergang Schule – Beruf

Wichtig ist ebenso der Blick auf die Aussagen und Ergebnisse differenzierter Expertisen zu Rollen, Vorstellungen, Wünschen und tatsächlichen Verbleibswegen Jugendlicher und Eltern am Übergang Schule – Beruf.

Diese Studien belegen, dass Familie und Freunde für Jugendliche die wichtigsten Begleiter und Unterstützer während der Berufswahl sind und deshalb bestmöglich für diese Funktion vorbereitet werden müssen.

96 % der durch das Deutsche Jugendinstitut befragten Leipziger Mittelschülerinnen und Mittelschüler (Mahl & Reißig et al. 2011, 20) und 90 % der durch die

Universität Leipzig interviewten Schülerinnen und Schüler aus Leipziger Förderschulen (Hofsäss 2010, 35) gaben Eltern als wichtigste Ratgeber im Prozess ihrer beruflichen Orientierung an.

Parallel dazu benannten 5 % dieser Leipziger Mittelschülerinnen und Mittelschüler die Schulsozialarbeiterinnen und -arbeiter ebenfalls als wichtige Ratgeber im Berufswahlprozess. Diese werden insbesondere von Schülerinnen und Schülern aus Hauptschulgängen angegeben (Mahl & Reißig et al. 2011, 20). Auch Schülerinnen und Schüler aus den involvierten Lernförderschulen betonen mit ca. 34 % die Wichtigkeit von sozialpädagogische Angeboten sowie der Berufseinstiegsbegleitung als Unterstützer und Förderer (10 %) (Hofsäss 2010, 35).

11.1.3 Bewusstsein von Eltern für die Berufsorientierung ihrer Kinder und mangelnde Erreichbarkeit spezifischer Elterngruppen

Auch Eltern sind sich ihrer Rolle während der Berufswahl durchaus bewusst. So gaben 92 % der Erziehungsberechtigten in der 2009 durch das „Regionale Übergangsmanagement Leipzig" durchgeführten Studie „Wünsche und Bedarfe von Eltern an Informations- und Beratungsangeboten zum Thema Berufsorientierung" an, dass Berufswahl für sie ein wichtiges Thema ist. Weitere 87 % der Eltern sehen sich selbst als zuständig, den Übergang ihrer Kinder aktiv zu begleiten (Voigt 2010, 16 f.). Dennoch können nicht alle Eltern gleichwertig ihre Kinder fördern, da diese unterschiedliche Ressourcen und Kompetenzen haben.

Parallel dazu gibt es bildungsferne und durch öffentliche Einrichtungen schwer erreichbare Eltern, die aufgrund langjähriger Armut, Arbeitslosigkeit, Schulden sowie Sucht- und Missbrauchserfahrungen frustriert und resigniert sind. Diese Familien können ihren Kindern nur bedingt Anreize zu einer an dessen Neigungen, Interessen und Fähigkeiten orientierten Berufswahl geben. Insbesondere sie benötigen wirksame und vertrauensbildende Unterstützung durch Schule und Jugendhilfe in ihren sozialen Nah- und Lebensräumen.

Junge Menschen befinden sich beim Eintritt in die Ausbildungs- und Berufstätigkeit in einer bedeutsamen Phase der Sozialisation und Verselbstständigung, aber auch Prägung und Beeinflussung durch gelebte Muster und Modelle in ihren Familien und sozialen Lebensräumen. Der Prozess der Berufswahl kann dadurch in einer Familie ein großes Konfliktpotential produzieren, da unterschiedliche Vorstellungen, Ängste, Erwartungen und Biographien korrelieren und teilweise wenig bis keine Kompensationsformen bzw. alternative Erziehungsformen, Handlungs- und Gestaltungsmuster vorhanden sind.

11.1.4 Eltern als heterogene Gruppe mit differenzierten Lebensmustern

Eltern stehen im Berufsorientierungsprozess ihrer Kinder vor unterschiedlichsten Aufgaben, Schwierigkeiten und Herausforderungen. Sie sind sich der Tragweite und Intensität Ihrer Rolle sowie der Verantwortung im Berufsorientierungsprozess nicht immer gleichermaßen bewusst. Sie bilden eine heterogene Gruppe, welche durch Vorerfahrungen in der eigenen Berufs- und Bildungsbiographie geprägt ist und dadurch unterschiedliche Vorstellungen an die Zukunftsgestaltung ihrer Kinder transportieren. Dabei entwickeln diese Wünsche und Ideen, welchen Beruf das Kind ergreifen soll, u. a. durch die Beobachtung individueller Talent- und Persönlichkeitswicklung (Puhlmann 2005, 1). Diese münden direkt und indirekt in die Berufswahl der Kinder ein.

11.1.5 Übergang Schule – Beruf als Gemeinschaftsaufgabe

Die Unterstützung der Jugendlichen ist eine Gemeinschaftsaufgabe von einer Vielzahl von Akteuren und Partnern am Übergang Schule – Beruf. Selektive Entscheidungsprozesse der jungen Menschen müssen von den Erziehungsberechtigten fördernd begleitet werden, da aufgrund der unterschiedlichen Arbeitsweisen, Methoden und Formen der Angebote am Übergang, Bedenken und Verunsicherungen entstehen können.

In Abbildung 1 sind die wichtigsten Partner am Übergang für Leipziger Jugendliche skizziert.

11.2 Schulsozialarbeit und Elternarbeit an der Schule zur Lernförderung „Johann-Heinrich-Pestalozzi"

Der Internationale Bund e. V. Leipzig, Verbund Sachsen, bietet seit dem Jahr 2000 an der Schule zur Lernförderung „Johann-Heinrich-Pestalozzi" Schulsozialarbeit auf der Grundlage einer Kooperationsvereinbarung an.

11.2.1 Schulsozialarbeit an der Schule zur Lernförderung

Schulsozialarbeit an der Schule zur Lernförderung hilft Spannungen, Konflikte und Schwierigkeiten im sozialen Umfeld der Schule zu vermeiden und diese abzubauen. Die Aufgabe von Schulsozialarbeit ist es die Schülerinnen und Schüler

Abbildung 1 Akteure und Partner am Übergang Schule – Beruf

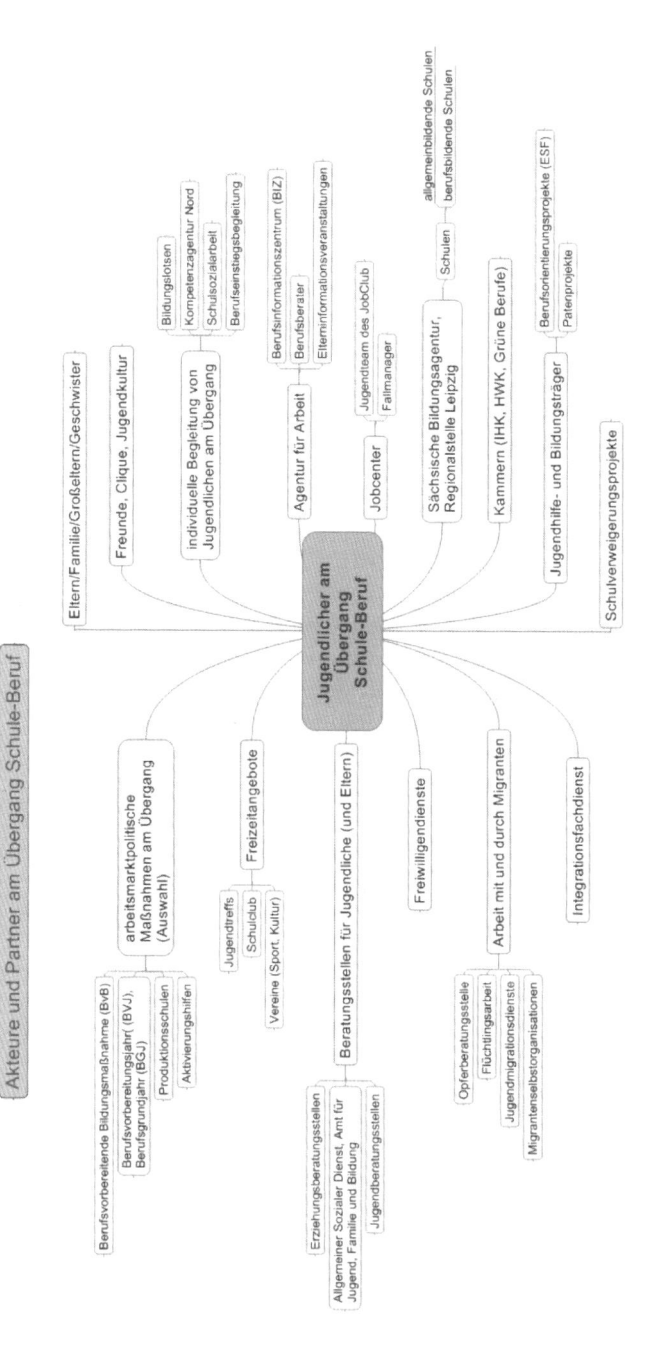

Akteure und Partner am Übergang Schule-Beruf

Jugendlicher am Übergang Schule-Beruf

- Eltern/Familie/Großeltern/Geschwister
- Freunde, Clique, Jugendkultur
- individuelle Begleitung von Jugendlichen am Übergang
  - Bildungslotsen
  - Kompetenzagentur Nord
  - Schulsozialarbeit
  - Berufseinstiegsbegleitung
- Agentur für Arbeit
  - Berufsinformationszentrum (BIZ)
  - Berufsberater
  - Elterninformationsveranstaltungen
- Jobcenter
  - Jugendteam des JobClub
  - Fallmanager
- Sächsische Bildungsagentur, Regionalstelle Leipzig
  - Schulen
    - allgemeinbildende Schulen
    - berufsbildende Schulen
- Kammern (IHK, HWK, Grüne Berufe)
  - Berufsorientierungsprojekte (ESF)
  - Patenprojekte
- Jugendhilfe- und Bildungsträger
- Schulverweigerungsprojekte
- Integrationsfachdienst
- Arbeit mit und durch Migranten
  - Opferberatungsstelle
  - Flüchtlingsarbeit
  - Jugendmigrationsdienste
  - Migrantenselbstorganisationen
- Freiwilligendienste
- Beratungsstellen für Jugendliche (und Eltern)
  - Erziehungsberatungsstellen
  - Allgemeiner Sozialer Dienst, Amt für Jugend, Familie und Bildung
  - Jugendberatungsstellen
- Freizeitangebote
  - Jugendtreffs
  - Schulclub
  - Vereine (Sport, Kultur)
- arbeitsmarktpolitische Maßnahmen am Übergang (Auswahl)
  - Berufsvorbereitende Bildungsmaßnahme (BvB)
  - Berufsvorbereitungsjahr (BVJ), Berufsgrundjahr (BGJ)
  - Produktionsschulen
  - Aktivierungshilfen

sozial-, konflikt- und lernfähig zu machen und sie zu einer selbständigen Gestaltung ihres Lebens auch außerhalb des schulischen sowie familiären Kontextes zu befähigen (vgl. IB 2012). Schulsozialarbeit bietet fachliche Beratung und Unterstützung bei

- familiären, schulischen und sonstigen individuellen Problemlagen,
- beruflicher Orientierung, Bewerbungstraining,
- allgemeiner und persönlicher Lebensplanung.

Schulsozialarbeit will die Förderung von

- Selbstwertgefühl und Konfliktfähigkeit,
- Stärken, Interessen und Fähigkeiten,
- lebenspraktischen Kompetenzen.

Schulsozialarbeit wendet folgende klassischen Formen der Sozialarbeit an

- Beratung,
- Sozialpädagogische Gruppenarbeit,
- Gremien- und Gemeinwesenarbeit.

Das Angebot der Beratung richtet sich ebenfalls an Lehrkräfte und Eltern. Verbindender Inhalt hierbei ist die gemeinsame Problemanalyse und Suche nach Lösungsmöglichkeiten im Interesse der Schülerinnen und Schüler. Der gemeinsame Erziehungsauftrag zwischen Elternhaus, Schule und Schulsozialarbeit bildet die Basis für eine konstruktive Zusammenarbeit.

Sozialpädagogische Gruppenarbeit umfasst in der Schulsozialarbeit ein breites Spektrum möglicher Angebote mit unterschiedlichen Zielen und Organisationsformen in Bezug auf Pädagogik, Bildung und Förderung. Dabei orientiert sie sich an den Problemen, Wünschen und Verhaltensmustern der Zielgruppe und arbeitet themen- bzw. interessenspezifisch. Die methodische Umsetzung erfolgt in:

- sozialem Lernen im Klassenverband,
- themenspezifischer Projektarbeit, z. B. sexualpädagogische Angebote,
- erlebnispädagogischen Angeboten,
- geschlechtsspezifischen Angeboten,
- Angeboten der beruflichen Orientierung,
- Streitschlichterausbildung und Begleitung von Schlichtergruppen,
- Unterstützung des Schülerrats,

- kreativ- und freizeitpädagogischen Projekten,
- Elternarbeit im Rahmen von Elternkursen oder thematischen Elternabenden.

Niedrigschwellige Angebote in Form von Kreativ- und Freizeitprojekten sind ein wesentlicher Faktor, um Zugang zu den Schülerinnen und Schülern zu finden. Für Beratungen und Einzelfallhilfe muss zunächst eine Vertrauensbasis geschaffen werden und gemeinsame Freizeitaktivitäten schaffen Möglichkeiten zur Beziehung, was diese dann auch legitimiert. Das bedeutet, dass sich die beiden Arbeitsbereiche günstig beeinflussen.

Seit dem Jahr 2008 wird an der Schule mit Hilfe von Schulsozialarbeit Elternarbeit zu einer *Erziehungspartnerschaft* entwickelt. In diesem Zusammenhang nahm die Schule an Modellprojekt „Gemeinsam in die Zukunft. Elternarbeit im Übergang Schule – Beruf", initiiert und gefördert durch das „Regionale Übergangsmanagement" der Stadt Leipzig sowie am Modellprojekt „Erziehungspartnerschaft" des Sächsisches Staatsministeriums für Kultus in Kooperation mit dem Sächsischen Landesjugendamt teil.

11.3 Aufgaben von Schule und Schulsozialarbeit im Rahmen von Elternarbeit

Der Bedarf einer Konzeption und intensiven Gestaltung von Elternarbeit an der Schule zur Lernförderung ergab sich an unserer Schule u. a. aus der Herausforderung, sozial benachteiligte Familien in allgemein schwierigen Lebenssituationen unterstützen zu müssen. Dies trifft im Besonderen auf die Schulen zur Lernförderung zu, da es sich dort überwiegend um benachteiligte Eltern handelt. Unsere Erfahrung zeigte, dass benachteiligte Eltern außerhalb von Schule häufig nicht oder nicht frühzeitig in Problemsituationen erreicht werden, um die optimale Entwicklung ihrer Kinder gewährleisten zu können. Wir kamen zu der Erkenntnis, dass das Wissen der Lehrerinnen und Lehrer um die Lebenssituation der Schülerinnen und Schüler aber auch deren Familien einerseits eine weithin ungenutzte Ressource in der Netzwerkarbeit darstellt und andererseits innerhalb der Schule Möglichkeiten der direkten Hilfeannahme bisher häufig ungenutzt blieben.

Eine positive Einstellung der Lehrerinnen und Lehrer zu den Eltern ist von großer Wichtigkeit und die Basis für das Gelingen einer aktiv gelebten *Erziehungspartnerschaft:* Die Begegnung auf Augenhöhe, Partnerschaftlichkeit, gegenseitiger Respekt sowie Wertschätzung der Eltern als Experten für ihre Kinder.

Die folgenden Grundhaltungen wurden im Rahmen der Modellprojekte erarbeitet und müssen in der Arbeit mit Eltern Berücksichtigung finden:

- Geduld, um Zeit für Veränderungen zu zulassen und kleine Schritte als Erfolg erleben zu können.
- Toleranz, um Heterogenität anzuerkennen und das Gefühl von Wertschätzung vermitteln zu können.
- Vertrauen, damit Eltern spüren, dass sie sich öffnen können und mit Problemen und Sorgen angenommen werden.
- Offenheit, damit neue Gedanken, Vorschläge und auch kritische Rückmeldungen angehört und reflektiert werden können.
- Gegenseitige Kommunikationsbereitschaft, damit beide Seiten sich kennen lernen und ein Verständnis für den jeweils anderen entwickeln.
- Wille zum gemeinsamen Lernen, damit die Lehrerinnen und Lehrer die Eltern dazu ermuntern können, miteinander diesen Weg zu gehen und Bereitschaft zeigen, sich auf Neues einzulassen.

Trotz dieser Erkenntnis ist es für Lehrerinnen und Lehrer unserer Schule in der präventiven Arbeit häufig noch schwierig, Eltern als Ressource und als gleichberechtigte Partner anzuerkennen und die Entwicklung eines Kindes als gemeinsame Aufgabe zu verstehen. Die Grundvorstellungen einer *Erziehungspartnerschaft* sind in den Köpfen der Lehrerinnen und Lehrer noch nicht verankert.

Aus diesem Grund ist es wichtig, dass die Jugendhilfe der Schule beim Aufbau einer ressourcenorientierten Elternarbeit mit ihrem fachlichen Know-how zur Seite steht und Lehrerinnen und Lehrer bei den notwendigen Schritten unterstützt. Zur Umsetzung des Angebotes ist eine enge Kooperation mit allen Mitarbeiterinnen und Mitarbeitern der Schulen, insbesondere der Schulleitung und den Beratungslehrern dringend erforderlich.

Im neuen „Fachplan Kinder- und Jugendförderung" der Stadt Leipzig von 2012 erhält sowohl die Zusammenarbeit zwischen Schule und Jugendhilfe als auch der Ansatz von präventiver Elternarbeit einen deutlich erhöhten Stellenwert. Für die qualitative Arbeit vor Ort wurden bezugnehmend darauf Handlungsziele abgestimmt (vgl. IB 2012). Die unten genannten Handlungsziele verdeutlichen die notwendige „Basisarbeit", die trotz inzwischen vierjähriger Angebotsunterbreitung und Aktivierungsarbeit an der Schule zu leisten ist.

Handlungsziele:
- Eltern sind über Beratungsangebote informiert.
- Eltern nutzen die Möglichkeiten zum Erfahrungsaustausch.
- Eltern sind für die Problemlagen ihrer Kinder sensibilisiert.
- Eltern nehmen Vermittlungsangebote an.
- Schülerinnen und Schüler sind offen für die Zusammenarbeit mit ihren Eltern.

- Lehrerinnen und Lehrer haben Kenntnis von der verstärkten Elternarbeit der Schulsozialarbeit und unterstützen diese.

Die unten aufgeführten Anwendungsbeispiele basieren auf den klassischen Methoden der Schulsozialarbeit. Sie wurden von uns ganz direkt auf Elternarbeit angepasst und kommen an der Schule zur Lernförderung auch nach Beendigung der Modellprojekte zum Einsatz.

Methoden:
- Beratung in den verschiedenen Kontexten
- Einzelgespräche, Eltern-Kind-Gespräche, Eltern-Lehrkräfte, Eltern-Allgemeiner Sozialdienst etc.

Gruppenangebote, wie zum Beispiel

- Workshop mit Eltern und Lehrkräften zum Thema Erziehungspartnerschaft
- Thematische Elterngesprächsrunden (zu Themen wie Sucht, Pubertät etc.)
- Elterntraining (Rendsburger Modell o. ä.)
- Elternbildungsangebote zur Beruflichen Orientierung

Niedrigschwellige Angebote, wie zum Beispiel

- regelmäßiges Elterncafé
- Weihnachtsbastelnachmittage und Weihnachtsfeiern in den einzelnen Klassen
- Schulweihnachtsfeier für alle Eltern
- aktive Mitgestaltung der Schulfeste
- Grill-, Kaffee- und Bastelnachmittage in den einzelnen Klassen
- Nutzen der Elternbibliothek
- Bowlingabend mit Lehrerinnen und Lehrern sowie Eltern
- Kabarett- und Theaterbesuche mit Lehrerinnen und Lehrern sowie Eltern
- feierliche Auftaktveranstaltung zur Beruflichen Orientierung in den 7. Klassen.

Aufgabe insbesondere der Schulleitung ist die Entwicklung einer Schulstruktur, in welcher Elternarbeit und -partizipation eine besondere Wertigkeit beigemessen wird. Dabei muss darauf geachtet werden, an bestehende Formen der Elternarbeit anzuknüpfen und das derzeitige oder ehemals vorhandene Engagement der Lehrerinnen und Lehrer zu nutzen bzw. zu reaktivieren.

Aufgabe von Schulsozialarbeit ist die Unterstützung der Schule bei der Aktivierung der Lehrerinnen und Lehrer durch die Initiierung und Umsetzung von niedrigschwelligen Veranstaltungen und Gruppenangeboten. Angebote, wie das

Organisieren von Elternabenden mit thematischer Ausrichtung, z. B. zur Berufswegeplanung, der Elternratsarbeit sowie die Durchführung von Trainingskursen für Eltern.

Für die Umsetzung inhaltlicher Angebote wie den Bildungsveranstaltungen im Modellprojekt hat es sich bewährt, mit Unterstützung externer Experten zu arbeiten. Veranstaltungen mit Eventcharakter und einer Mischung aus Wissensvermittlung und geselligem Beisammensein waren an unserer Schule besonders gut besucht.

Für Eltern, die Ideen einbringen und sich engagieren möchten, haben wir verschiedene Mitwirkungsmöglichkeiten geschaffen. Besonders Veranstaltungen für die Eltern aber auch Highlights für die Schülerschaft werden gern von Eltern organisiert. Damit räumen wir den Eltern eine Form der Mitbestimmung im Schulalltag ein, die sie als Wertschätzung erleben. Unsere Erfahrung ist, dass die Eltern im Gegenzug gern zur Unterstützung der Lehrerinnen und Lehrer beispielsweise mit Bastelangeboten, Arbeitseinsatz im Schulgarten etc. bereit sind. Wichtig war für die Eltern unserer Schule einen Platz im Schulalltag zu bekommen. So fungiert die Schulsozialarbeiterin als feste Ansprechpartnerin, haben die Eltern eine Infowand im Treppenhaus bekommen sowie eine Elternseite auf der Schulhomepage.

Im Modellprojekt „Gemeinsam in die Zukunft. Elternarbeit im Übergang Schule – Arbeitswelt" konnten exemplarisch verschiedene weitere Ansätze von Elternarbeit und -mitwirkung generiert, weiterentwickelt und verstetigt werden. Auch im Rahmen der Unterstützung von Eltern in der Berufsorientierung ihrer Kinder wurden unterschiedliche niedrigschwellige Veranstaltungen zum Kontakt- und Vertrauensaufbau erprobt und Elternbildungsangebote zu berufsbezogenen Themen sowie ein Elterntrainingskurs zur Unterstützung und Erlangung von Erziehungskompetenzen durchgeführt. Das folgende Kapitel beinhaltet vertiefende Erläuterungen und Informationen zu diesem Projekt.

11.4 Modellprojekt „Gemeinsam in die Zukunft"

In Zusammenarbeit mit dem Internationalen Bund Leipzig e. V., initierte die Koordinierungsstelle „Regionales Übergangsmanagement Leipzig", angebunden beim Amt für Jugend, Familie und Bildung der Stadt Leipzig, von 2008 bis 2010 an einer Leipziger Förderschule und einer Mittelschule ein Modellprojekt für Eltern von Jugendlichen am Übergang zwischen Schule und Arbeitswelt[2].

---

2   Vgl. zu allen folgenden Informationen Konzept und Abschlussbericht des Modellprojektes „Elternarbeit im Übergang Schule – Arbeitswelt".

Ziel dieses Vorhabens war die Entwicklung und Erprobung von Instrumenten und Methoden zur Ansprache, Sensibilisierung, (Re-)Aktivierung und Partizipation von Eltern an der Berufsorientierung ihrer Kinder. Erreicht werden sollten insbesondere benachteiligte Elternhäuser und Jugendliche ab Klasse 7 mit sozial schwierigen Ausgangsbedingungen.

Die anvisierten Elterngruppen zeichneten sich insbesondere durch folgende Merkmale aus:

- geringes oder fehlendes Wissen über berufliche Möglichkeiten bzw. die Zukunftsgestaltung ihrer Kinder
- geringe oder fehlende Motivation, ihre Kinder bei der Erlangung von sozialen Kompetenzen und gesellschaftlichen Werten zu unterstützen
- Überforderung bei der Erziehung ihrer Kinder
- erhöhtes Konfliktpotential und materielle Benachteiligung in den Familien
- abweisende Einstellung zum System Schule.

Die Merkmale der Zielgruppen berücksichtigend, wurden nachfolgende, sich gegenseitig ergänzende und beeinflussende Bausteine und Maßnahmen, konzipiert und umgesetzt:

- niedrigschwellige Mikroprojekte und Veranstaltungen für Jugendliche und deren Eltern bzw. Sorgeberechtigten zum Vertrauensaufbau und zur Beziehungsarbeit,
- Beratungsangebote über feste Sprechzeiten für Eltern, Lehrkräfte, Schülerinnen und Schüler sowie Erreichbarkeit per Handy und E-Mail,
- Elternbildungsangebote zu berufsbezogenen Themen,
- Elterntrainingskurs zur Unterstützung, Steigerung und Erlangung von Erziehungskompetenzen,
- Kooperations- und Vernetzungsarbeit.

Neben der Entwicklung und Erprobung der aufgezählten Instrumente stand insbesondere die Nachhaltigkeit und Verstetigung der Angebote im Mittelpunkt. Weiterhin wurden Transferkonzepte entwickelt, um die Arbeitsergebnisse auf andere Schulen zu übertragen.

11.4.1 Ablauf des Modellprojektes

Nach Generierung der beiden Modellschulen erfolgte durch die Projektmitarbeiterinnen zunächst eine detaillierte Vorstellung der Inhalte und Zielstellungen des Projektes bei allen relevanten Partnern, bspw. bei den Lehrerkollegien, Schulleitungen, Schulsozialarbeiterinnen sowie Elternräten. Auch alle weiteren Projekte und Initiativen an den jeweiligen Standorten, bspw. zur Vermeidung von Schulverweigerung, zur Erziehungspartnerschaft und die Berufsberaterinnen und -berater der Agentur für Arbeit wurden über die Ziele informiert.

Die umfangreiche Einbindung und Bekanntmachung der Angebote erfolgte anschließend bei schulintern stattfindenden Elternabenden, durch die von den Projektmitarbeiterinnen selbst initiierten Elternzusammenkünften und bei Treffen des Elternrates. Frühzeitige Partizipations- und Informationsmöglichkeiten für die Eltern standen somit bereits zur Einführungsphase des Modellprojektes im Fokus.

Die Ansprache der Elterngruppen erfolgte dabei auf unterschiedlichen Wegen: Zum einen wurden bekannte und vorhandene Strukturen, wie die Klassenlehrerinnen und -lehrer sowie die Schulsozialarbeit zur Übermittlung von Informationen, die Ausgabe von Flyern auf Elternabenden oder die Beteiligung an Schulhoffesten, zur Bekanntmachung der Projektmitarbeiterinnen genutzt. Zum anderen erprobte das Modellprojekt neue Formen, wie bspw. die Verteilung von Einladungen über den Postweg, per E-Mail, SMS oder über Aushänge.

Die Vielzahl dieser unterschiedlichen Anspracheweige hatte die Intention, der Heterogenität der Elterngruppen zu entsprechen und möglichst viele von ihnen zu erreichen.

Analog zu ersten Informationsübermittlungen und dem Kontakt- und Vertrauensaufbau erfolgte eine Erfassung der Beratungs- und Unterstützungsbedarfe der Eltern. Dabei verteilten die Projektmitarbeiterinnen gemeinsam mit den Schulsozialarbeiterinnen Fragebögen, um Problemlagen der Eltern und Herausforderungen an den jeweiligen Schulen besser einschätzen zu können. Die Ergebnisse flossen in die Projektumsetzung und die Zusammenarbeit zwischen Projektmitarbeiterinnen und Schulsozialarbeit sowie den anderen Partnern ein.

11.4.2 Niedrigschwellige Angebote zum Kontakt- und Vertrauensaufbau

Die initiierten niedrigschwelligen Angebote orientierten sich inhaltlich, zeitlich und örtlich an den Lebenswelten der Familien. Eine adressatengerechte Generierung von wirksamen Projekten und Maßnahmen ist nur möglich, wenn der Alltag und die konkreten Lebenssituationen der Familien wahrgenommen, anerkannt, verstanden und berücksichtigt werden. Insbesondere benachteiligten und bildungsfernen Familien fällt es schwerer, institutionalisierte und unpersönliche Kurzberatungen und -maßnahmen anzunehmen. Die Unbekanntheit der Mitarbeiterinnen und Mitarbeiter sowie Angst vor deren Erwartungen und Inhalten der Projekte könnten die Teilnahmebereitschaft mindern.

Diesen Erkenntnissen folgend, wurden niedrigschwellige Maßnahmen fest und fortlaufend im Gesamtprojekt verankert und durchgeführt. Ziel war es, tragfähige Vertrauens- und Bindungsstrukturen zwischen den Eltern und Projektmitarbeiterinnen, Schulsozialarbeiterinnen, Lehrkräften und Schulleitung zu etablieren bzw. auszubauen.

Mittels der Schaffung eines Klimas der Akzeptanz und von Möglichkeiten der Partizipation, konnte bei den Eltern die Bereitschaft zur Mitwirkung an den anderen Bausteinen des Projektes gesteigert werden.

Bereits aktive Elternsprecher wurden in die Konzeptfortschreibung und in die Umsetzung von Angeboten einbezogen, was wiederum eine nachhaltige Verankerung auch nach Ende des Modellprojektes beförderte.

Formen der niedrigschwelligen Angebote waren dabei u. a.:

- erlebnispädagogische und freizeitpädagogische Maßnahmen wie: Bowling, Rafting, Kletterhalle
- wöchentliches Elterncafé an der Schule zur Lernförderung und monatlicher Elternstammtisch an der Mittelschule
- Auftaktsveranstaltung zur Berufsorientierung
- Schulhoffest, Tag der offenen Tür und Weihnachtsfeier.

Exemplarisch wird nachfolgend die Auftaktsveranstaltung zur Berufsorientierung als eine der niedrigschwelligen Maßnahmen ausführlicher vorgestellt. Dabei handelt es sich um einen feierlichen „Startschuss" zur Berufswahl an den Modellschulen für Schülerinnen und Schüler ab Klasse 7 sowie deren Familien.

Die Veranstaltung informierte über die schulinterne Arbeit, insbesondere zu den Zielen und Kriterien der Berufsorientierung, zu Ansprechpartnern und über die externen Angebote der Kooperationspartner der Schule:

- Ablauf an der Mittelschule,
- feierliche Eröffnung durch den Schulleiter mit kleinem Indoor-Feuerwerk,
- Vorstellung aller Akteure an der Schule,
- festliche Übergabe der Berufswahlpässe an die Schülerinnen und Schüler durch Lehrkräfte der Berufsorientierung,

- Schülerinnen und Schüler gingen in Klassenräume zur ersten Einsicht und Bearbeitung der Berufswahlpässe,
- Eltern rotierten in verschiedenen Informationsräumen, in denen sich die Akteure und ihre Angebote vorstellten,
- Informationsmaterial für die Besucherinnen und Besucher wurde ausgelegt und bei Bedarf erläutert,
- Zusammenführung von Schülerinnen und Schülern sowie Eltern in der Aula und Abschlussrede des Schulleiters,
- abschließend feierlicher Ausklang der Veranstaltung mit Essen, Trinken und Musik.

Die Verbindung von Informationsgabe mit Möglichkeiten des informellen Austauschs schaffte Vertrauen und ein positives Klima und ließ die Veranstaltung zu einem Erfolg werden.

11.4.3 Elternbildungsangebote zu berufsbezogenen Themen

Das „Elternbildungsangebot zu berufsbezogenen Themen" hatte die Zielstellung, Informationen und Wissen zum Berufswahlprozess zu vermitteln sowie Schlüsselkompetenzen bei den Eltern zur bestmöglichten Unterstützung ihrer Kinder am Übergang zu entwickeln bzw. auszubauen. Eine generelle Sensibilisierung der Eltern für diese Thematik sollte erreicht und vorhandene Unterstützungssysteme und -strukturen aufgezeigt werden.

Die Eltern kamen dabei freiwillig zu den in Tabelle 1 aufgeführten Themen zusammen.

Bei der Vermittlung der einzelnen Themen standen stark praktisch orientierte Übungen und Interaktionen im Fokus. Bspw. führten die Erziehungsberechtigten Übungen zur Analyse von Stärken und Schwächen ihrer Kinder sowie Einstellungstests zu verschiedenen Berufszweigen selbst durch. Später erprobten sie diese Methoden dann gemeinsam mit ihren Kindern zu Hause.

Bei der Durchführung einer solchen Maßnahme sind Aspekte wie bspw. Häufigkeit der Treffen, die Durchführungszeiten und die Räumlichkeiten, die Betreuungsmöglichkeiten der Kinder oder auch Witterungsverhältnisse zu berücksichtigen. Das Interesse zur Mitwirkung an diesen Kursen lag in den Realschulklassen höher als in den Hauptschul- und Förderschulklassen.

Die Beteiligungsquoten der Eltern an den beiden Modellschulen spiegeln die Ergebnisse der bereits beschriebenen Studie des Regionalen Übergangsmanagements zu „Wünschen und Bedarfen von Eltern an Informations- und Beratungs-

Tabelle 1 Vermittelte Inhalte der Elternbildungsangebote

Themenbereich	Bezug zu Wirkungs- und Handlungszielen
Rolle der Eltern bei der Berufsorientierung	• Verdeutlichung des Prozesses der Berufswahl • Aufzeigen von Mitgestaltungs- und Unterstützungsmöglichkeiten
Berufswahlfahrplan	• Wissensvermittlung für die einzelnen Schritte von der beruflichen Orientierung bis hin zur erfolgreichen Bewerbung
Bildungswege/Wege zum Beruf	• Informationen zu Bildungswegen und Bildungsangeboten im Anschluss an die allgemeine Schulpflicht • Wissen um Zugangsvoraussetzungen für Berufe und weiterführende Schulen • Möglichkeiten von Praktika, Ferienjobs, Freiwillige soziale Jahre etc. aufzeigen • Informationen zu Beratungsangeboten
Berufsfelder/Ausbildungen im Vergleich	• Überblick über Berufe nach Interessenlage der Jugendlichen und Aufzeigen von Alternativen (um bei Absagen flexibel reagieren zu können) • Eingrenzung von Berufen und Berufsfeldern unter Berücksichtigung von Stärken, Schwächen etc.
Berufswahlreife	• Informationen und praktische Anwendungen zum Stand und zur Förderung der Berufswahlreife
Ausbildungsmarkt aktuell	• Anforderungen der Ausbildungsbetriebe • Verbesserung der Ausbildungschancen und Aufzeigen von Alternativen
Reflektion persönlicher Kompetenzen und Selbstanalyse	• Erkennen und Benennen von berufsbezogenen Interessen, Neigungen und Fähigkeiten, Stärken und Schwächen • Erstellen eines eigenen Profils für die Berufswahl
Stellenmarkt	• Stellenanzeigen verstehen und deuten • Einschätzung und Beobachtung von Tendenzen und Perspektiven
Bewerbungskompetenz	• Hilfe beim Verfassen von Anschreiben und Lebensläufen • Hilfe bei der Arbeitsplatzsuche • Informationen zu Vorstellungsgesprächen • Informationen und Durchführung von Einstellungstests
Berufsausbildung	• Ausbildungsvertrag • Rechte und Pflichten von Auszubildenden und Ausbildern • Institutionen nach der Schule

Quelle: Ergebnisbericht des Modellprojektes „Gemeinsam in die Zukunft. Elternarbeit am Übergang Schule – Beruf"

angeboten". Ein Ergebnis ist, dass Eltern aus Schulen zur Lernförderung eher individuelle Kleingruppenangebote und Beratungen bevorzugen und unpersönlichen Veranstaltungen eher ablehnend gegenüber stehen.

11.4.4 Elterntrainingskurs zur Unterstützung und Erlangung von Erziehungskompetenzen

Wie bereits in Abschnitt 11.1 beschrieben, bedürfen Eltern einer gesonderten Unterstützung in ihrer Rolle als Vorbild, Lotsen und Erzieher. Mit Blick auf den Übergang Schule – Beruf ist es unzureichend, sich allein auf Themen der Berufswahl zu beschränken. Vielmehr gilt es erzieherische Komponenten und Aspekte in den Blick zu nehmen, um Eltern ganzheitlich zu betrachten und diese in ihrer Alltagsbewältigung und der Förderung ihrer Kinder zu stärken. Eltern sind dabei von umfassenden Herausforderungen und Sorgen betroffen: eigene (Langzeit-) Arbeitslosigkeit, Verschuldung, Armut, Wohnungslosigkeit, Beziehungs(um)brüche, Gewalt oder Suchterfahrungen. Die Gemengelagen können vielseitig sein und zusammen mit der Erziehung von (pubertierenden) Kinder(n) zu Überforderung führen.

Diese Annahmen berücksichtigend, wurde in der Projektumsetzung die Durchführung eines Elterntrainingskurses zur Unterstützung und Ausweitung bzw. Erlangung von Erziehungskompetenzen verankert.

Nach anfänglich zögerlicher Annahme dieses Angebotes wurde an der Schule zur Lernförderung der Kurs für Eltern ab der Klassenstufe 5 geöffnet und konnte somit bereits präventiv ansetzen. Die Teilnehmenden kamen dabei mit einer speziell geschulten Trainerin in Kleingruppen zusammen. Dem „Rendsburger Modell" (vgl. Egert-Rosenthal 2007) folgend, stand die Auseinandersetzung mit Erziehungsfragen in Kleingruppen von vier bis fünf Personen im Mittelpunkt.

Die Bearbeitung der sehr sensiblen, familieninternen Themen und Daten, erforderte ein großes Vertrauen und eine enge Bindung der Teilnehmenden zur Trainerin.

Auch nach erfolgreichem Abschluss der über zehn Trainingseinheiten ist das Interesse der Elterngruppe an Gesprächsrunden so groß, das man sich zu Themen wie Pubertät oder zu weiteren Erziehungsfragen weiterhin zusammen fand.

11.4.5 Zusammenfassung und Übertragung der Ergebnisse des Modellprojektes auf andere Schulstandorte in Leipzig

Insgesamt sind die Ergebnisse des Modellprojektes gewinnbringend und aufschlussreich. Sie liefern wichtige Rückschlüsse auf eine mögliche Ausgestaltung der Ansprache von Eltern, der Umsetzung sowie Wirkung von Angeboten nebst notwendigen Rahmenbedingungen.
Resümiert bedeutet das:

- Ein direkter und aufsuchender Zugang zu den Eltern ist notwendig, bspw. in deren Sozial- und Lebensräumen, durch Hausbesuche oder in deren von ihnen bekannten Strukturen und Systemen, wie bspw. dem Elternrat und Elterninformationsabenden.
- Eltern benötigen feste Bezugspersonen und Ansprechpartner sowie Transparenz zu Prozessen und Angeboten zur Vertrauensbildung und der Schaffung von Beziehung.
- Kontinuierlich durchgeführte, niedrigschwellige Angebote für Eltern, Schülerinnen und Schüler dienen dem Kennenlernen, schaffen eine Bindung untereinander, wecken das Interesse an der Mitwirkung bei anderen Angeboten und mindern Stigmatisierungs- und Etikettierungsprozesse („Problemeltern müssen zur Beratung"), da diese offen für jeden und ohne Problemzentrierung sind.
- Eine Verantwortungsübernahme (auch nach Modellprojektende) erfolgt durch Eltern dann, wenn man diese als gleichwertigen Partner wahrnimmt und in die Konzeptentwicklung und -fortschreibung einbezieht. Dies kann beispielsweise durch die aktive Integration des Elternrates und die Gewinnung von Elternmultiplikatoren erfolgen.
- Elternarbeit an Schule gelingt dann erfolgreich, wenn alle Partner und Akteure an Schule einbezogen werden und die Schulleitung Eltern als gleichberechtigte Partner und Experten im gemeinsamen Erziehungsauftrag ansieht und diese Grundhaltung auch nach außen vertritt. Dies kann beispielsweise durch die Einrichtung eines separaten Bereiches für Eltern auf der Schul-Website erfolgen.

Die im Rahmen des Modellprojektes entstandene Broschüre „Elternarbeit. Was?, Wie?, Warum?" bietet eine für Schulleitungen, Lehrkräfte und weitere Pädagoginnen und Pädagogen, bspw. Schulsozialarbeit, aufbereitete Variante der Kernergebnisse des Projektes. Sie enthält konkrete Praxisbeispiele, gibt Anregungen zur Ausgestaltung einer schuleigenen Konzeption zur Elternarbeit und beschreibt Zugangsmöglichkeiten.

Diese wurde allen Schulen in Leipzig zur Verfügung gestellt sowie an Multiplikatoren ausgegeben. Im Sinne der Verstetigung erfolgte eine Vorstellung der Erfahrungen und Erkenntnisse in verschiedenen Gremien (bspw. zur Elternarbeit, Schulsozialarbeit, Schulleiterdienstberatungen, Familienbildung) und bei verschiedenen Fachtagungen.

11.5 Schlussfolgerungen und Handlungsempfehlungen zur Ausgestaltung gelingender Elternarbeit am Übergang Schule – Beruf

Die Erfahrungen und Erkenntnisse aus der Schulsozialarbeit, dem Modellprojekt (Abschnitt 11.4) sowie der Arbeit des „Regionalen Übergangsmanagements" Leipzig liefern Anregungen zur Ausgestaltung von Elternarbeit und -mitwirkung:

Eltern bilden eine heterogene Gruppe und haben unterschiedliche Interessen, Vorstellungen und Wünsche an die Ausgestaltung der beruflichen Zukunft ihrer Kinder. Weiterhin weisen sie differenzierte Wissensstände zu neuen Medien, Berufswegen und Übergangswegen auf. Diese Buntheit berücksichtigend, bedarf es Strategien, die vielfältig in Form und Angeboten sind (Voigt 2010, 33).

Der soziale Lebens- und Nahraum der Familien bietet diesen bekannte Strukturen, Sicherheit und Vertrauen. Angebote und Projekte für Eltern und Schülerinnen und Schüler sollten an diesen Orten statt finden, bspw. durch aufsuchende Elternarbeit in der Schule oder bei den Familien daheim. Für Hausbesuche empfiehlt sich die Einholung einer Erlaubnis durch die Eltern im Vorfeld.

Zusätzlich finden bei lokaler Verortung die sozialen und ökonomischen Bedingungen von Erziehungsberechtigten Berücksichtigung. Die Fahrt zu einem Angebot bspw., welche weit vom eigenen Wohnraum entfernt liegt, lässt Kosten entstehen, welche die Familien nicht immer tragen können. Dies hemmt deren Motivation zur Teilnahme.

Die Einbindung von Eltern und Familien ist Netzwerk- und Stadtteilarbeit. Diese vereint verschiedene Familienmitglieder, Verwandte, Freunde, Peer Groups sowie weitere Akteure und Partner bei der Einmündung ins Erwerbsleben (DLR 2011, 17).

Der Berufswahlprozess darf nicht als eine kurzfristige, selektive Aufgabe betrachtet werden. Jugendliche und Eltern benötigen eine kontinuierliche und systematische Begleitung und Unterstützung, die eingebettet ist in regionale Schul-, Jugendhilfe- und Gemeinwesenangebote.

Die Ansprache und Beteiligung von Eltern sollte systematisch und zwischen Partnern und Einrichtungen am Übergang koordiniert erfolgen. „Parallele unabgestimmte Kontaktversuche mehrerer Akteure oder gar ein Kampf um Teilnehmer sind kontraproduktiv" (Voigt 2010, 32). Notwendig ist eine aktive Zusammenarbeit aller am Berufsorientierungsprozess beteiligten Einrichtungen und Partner.

Berufsbezogene Elternarbeit sollte auf der Grundlage von ausgearbeiteten Konzepten erfolgen, d.h. sie bedarf abgestimmter Zielstellungen, Methoden sowie Arbeits- und Zeitplänen (ebenda). Die bereits dargestellte Differenziertheit der Ausgangsbedingungen und persönlichen Voraussetzungen der Erziehungsberechtigten erfordert individuelle Informations- und Beratungsangebote. Die entstehenden Angebote müssen integrativ sein, aber die gesonderten Lebenslagen von bspw. Ein-Eltern-Familien oder Sorgeberechtigten mit Migrationshintergrund berücksichtigen (ebenda, 33).

Elternarbeit gelingt dann, wenn sie aktivierend ist und an den Bedarfen der Erziehungsberechtigten ansetzt. Gleichsam müssen Mitwirkungsmöglichkeiten geschaffen werden, bspw. durch die Bewusstmachung für mögliche unterstützende Alltagsprozesse, bei der Entwicklung der Ausbildungsreife und der Auseinandersetzung mit Neigungen (DLR 2011, 13f.).

Die Entwicklung einer konstruktiven und ergebnisorientierten Zusammenarbeit mit Eltern erfordert oftmals langjährige Veränderungsprozesse und verlangt von Beteiligten Geduld, Engagement und Willensstärke.

Viele Lehrkräfte und Schulleitungen setzen seit Jahrzehnten erfolgreich Elternarbeit um, geraten aber aufgrund der Komplexität von Problemlagen und neuen Entwicklung an ihre Grenzen. Um den Übergangsprozess von jungen Menschen bestmöglich zu gestalten, bedarf es deshalb nicht nur der Zusammenarbeit mit der Zielgruppe und deren Familien, sondern auch der Qualifikation und Professionalisierung beteiligter Akteure. Diese müssen für die vielfältigen Aufgaben und Herausforderungen in der Zusammenarbeit mit Familien geschult und für deren Lebenslagen sensibilisiert sein.

Zur Wissenserweiterung und Sicherung von Kompetenzen der Eltern im Berufsorientierungsprozess benötigen diese (neue und regionalspezifische) adressatengerechte Materialien und Medien bzw. Transparenz und Zugang zu bestehenden Produkten. Für Erziehungsberechtigte mit Migrationshintergrund sollten mehrsprachige Broschüren vorhanden sein.

Literatur

Amt für Jugend, Familie und Bildung (2011): *Zwischenbericht des Projektes: Fachliche Standards von Schulsozialarbeit*. Entwicklung von Qualitätskriterien und Verfahren zur (Selbst-)Evaluation und Steuerung in der Stadt Leipzig. Leipzig (internes Papier).

Bertelsmann Stiftung (Hrsg.)(2007): *Leitfaden lokales Übergangsmanagement. Von der Problemdiagnose zur praktischen Umsetzung.* Gütersloh: Bertelsmann Stiftung.

DLR (Deutsches Zentrum für Luft- und Raumfahrt e. V.) (Hrsg.) (2011): *Eltern, Schule und Berufsorientierung. Berufsbezogene Elternarbeit.* Unter Mitarbeit von Jana Voigt, Werner Sacher und Petra Post. Bielefeld: W. Bertelsmann Verlag.

Egert-Rosenthal, Susanne (2007): *Das Rendsburger Elterntraining,* 8. überarbeitete Fassung. Rendsburg.

IB (Internationaler Bund). Verbund Sachsen, Einrichtung Soziale Arbeit Leipzig (2012): *Grobkonzept des Teams ‚Start Up' – Schulsozialarbeit an Leipziger Schulen zur Lernförderung,* (internes Papier).

Hofsäss, Thomas (2010): *Förderschülerinnen und Förderschüler am Übergang zwischen Schule und Arbeitswelt. Bericht zur Basiserhebung. Erarbeitet im Rahmen der Förderinitiative 1 im Programm „Perspektive Berufsabschluss" des Bundesministeriums für Bildung und Forschung.* Unter Mitarbeit von Michael Brock. Herausgegeben von Koordinierungsstelle „Regionales Übergangsmanagement Leipzig". Leipzig.

Hurrelmann, Klaus (2005): *Lebensphase Jugend. Eine Einführung in die sozialwissenschaftliche Jugendforschung.* 8. Auflage. Weinheim, München: Juventa.

Mahl, Franziska, Reißig, Birgit & Tillmann, Frank (2011): *Mittelschülerinnen und Mittelschüler auf dem Weg von der Schule ins Erwerbsleben. Abschlussbericht zur Leipziger Schulabsolventenstudie.* 1. Auflage. Herausgegeben von Deutsches Jugendinstitut (DJI) und Amt für Jugend Familie und Bildung Stadt Leipzig. München.

Puhlmann, Angelika (2005): *Die Rolle der Eltern bei der Berufswahl ihrer Kinder.* Bonn. Verfügbar unter: http://www.bibb.de/dokumente/pdf/a24_puhlmann_Eltern-Berufswahl.pdf, (letzter Zugriff 8.12.2011).

Shell Deutschland Holding (Hrsg.) (2010): *Jugend 2010. Eine pragmatische Generation behauptet sich.* Unter Mitarbeit von Klaus Hurrelmann Gudrun Quenzel TNS Infratest Sozialforschung Mathias Albert. Frankfurt am Main: Fischer Taschenbuch Verlag.

Stadt Leipzig (Hrsg.) (2012): *Fachplan Kinder- und Jugendförderung der Stadt Leipzig,* Amt für Jugend, Familie und Bildung.

Voigt, Jana (2010): *Eltern und Berufsorientierung. Ergebnisbericht einer Erhebung zu Wünschen und Bedarfen an Informations- und Beratungsangebote.* Erarbeitet im Rahmen der Förderinitiative 1 im Programm „Perspektive Berufsabschluss" des Bundesministeriums für Bildung und Forschung. Herausgegeben von Koordinierungsstelle „Regionales Übergangsmanagement Leipzig". Leipzig.

Wagner, Bianca (2011): *Lebensplanung ohne Eltern ist wie Segeln ohne Wind!* In: Programm Perspektive Berufsabschluss. Newsletter Nr. 7, S. 23.

Autorenverzeichnis

Baum, Simone, Diplom-Sozialarbeiterin/-pädagogin, ist Schulsozialarbeiterin, Teamleiterin Schulsozialarbeit des Internationalen Bundes Leipzig und Elterntrainerin (Rendsburger Modell). Arbeitsschwerpunkte: Beratung und Einzelfallhilfe im schulischen Kontext, sozialpädagogische Gruppenarbeit mit Kindern und Jugendlichen, erlebnispädagogische Projektarbeit, Elternarbeit.

Brülle, Heiner, Diplom-Soziologe, ist Sozialplaner und Abteilungsleiter für Grundsatz und Planung im Amt für Soziale Arbeit. Arbeitsschwerpunkte: Kommunale Sozialplanung und -berichterstattung in den Feldern Arbeitsmarkt- und Berufsbildungspolitik, soziale Grundsicherung, Armut, Bildung und soziale Stadt(teil)entwicklung.

Butz, Bert, Diplom-Politologe, arbeitete von 2001 bis 2007 in der wissenschaftlichen Begleitung des Programms „Schule – Wirtschaft/Arbeitsleben" an der Universität Flensburg. Dort beschäftigte er sich überwiegend mit theoretischen Aspekten des Berufsorientierungsbegriffs sowie der Umsetzung von Berufsorientierungskonzepten in die Alltagspraxis. Derzeit ist er am Bundesinstitut für Berufsbildung (BIBB) in Bonn beschäftigt.

Deeken, Sven, Diplom-Geograph, arbeitete bis 2007 als Mitarbeiter der wissenschaftlichen Begleitung des BMBF-Programms „Schule – Wirtschaft/Arbeitsleben". Seitdem führt er im Auftrag von Institutionen in Kommunen, Bundesländern und Bund unterschiedliche Projekte der Bildungs- und Sozialraumplanung durch. Zudem ist er am Institut für Geographie der Universität Osnabrück als Studiengangsmanager tätig.

Enggruber, Ruth, Dr. rer. pol., ist Professorin für Erziehungswissenschaft im Fachbereich Sozial- und Kulturwissenschaften der Fachhochschule Düsseldorf. Arbeitsschwerpunkte: berufspädagogisch relevante Felder der Sozialen Arbeit wie Jugendberufshilfe, berufliche Benachteiligtenförderung und Gender Mainstreaming.

Goldmann, Dan Pascal, Diplom Sozialpädagoge, ist Leiter der Schulsozialarbeit an Förder-, Haupt- und Gesamtschulen im Amt für Soziale Arbeit Wiesbaden und Projektleiter im Bundesprogramm JUGEND STÄRKEN, Kompetenzagentur Wiesbaden, Aktiv in der Region: Koordinierungsstelle im Übergang Schule – Beruf. Arbeitsschwerpunkt: § 13 SGB VIII Jugendsozialarbeit.

Kestner, Sylvia, MA Sozialwissenschaften, absolvierte ein Bachelor- und Master-Studium in Sozialwissenschaften an der Humboldt-Universität zu Berlin und ist derzeit wissenschaftliche Mitarbeiterin am Forschungsinstitut Betriebliche Bildung (f-bb) gGmbH. Arbeitsschwerpunkt: ‚Europäisierung der Berufsbildung'.

Kretschmer, Susanne, Diplom-Pädagogin mit dem Schwerpunkt Sozialpädagogik/Sozialarbeit, ist Leiterin der Berliner Niederlassung des Forschungsinstituts Betriebliche Bildung (f-bb) gGmbH und für die Durchführung von Beratungs- und Forschungsprojekten, u. a. im Bereich Übergang Schule – Beruf, verantwortlich.

Kruse, Wilfried, Dr. phil. seit 1972 und bis Oktober 2012 wissenschaftlicher Mitarbeiter der Sozialforschungsstelle Dortmund (TU Dortmund), Arbeitsschwerpunkte: Entwicklung der Industriearbeit, Arbeit und Bildung, Berufsbildung in Europa; Koordinator der Arbeitsgemeinschaft Weinheimer Initiative.

Kuhn, Kirsten, Diplom-Pädagogin, ist systemische Beraterin und Orgelbauerin, arbeitet derzeit als Projektentwicklerin bei der Jugendwerkstatt Klettenberg gGmbH-Jugendwerk Köln und ist seit vielen Jahren in der Jugendsozialarbeit tätig, u. a. in den Bereichen Schulverweigerung, Berufsorientierung und -ausbildung, Kompetenzfeststellung, Rehabilitation.

Pötter, Nicole, Prof. Dr. rer. phil., Diplom Sozialarbeiterin, ist Professorin für Grundlagen der Sozialen Arbeit mit dem Schwerpunkt Bildungsfragen an der Hochschule für angewandte Wissenschaften München im Teilzeitstudiengang Soziale Arbeit im Rahmen des Qualitätsprogramms „Für die Zukunft gerüstet". Arbeitsschwerpunkte: Schulsozialarbeit, Jugendsozialarbeit, Jugendberufshilfe, Übergang Schule – Beruf, Berufsorientierung, berufliche Bildung.

Pudelko, Thomas, Dr. phil., Diplom Sozialarbeiter und Sozialpädagoge, ist hauptberuflich Referent beim paritätischen Wohlfahrtsverband sowie Dozent u.a. an der Alice-Salomon-Hochschule Berlin. Arbeitsschwerpunkte: Soziale Arbeit an Schulen, Sozialraumorientierung, Forschungsmethoden, methodisches Handeln in der Sozialen Arbeit, Jugendberufshilfe sowie Qualitätsentwicklung in Handlungsfeldern der Sozialen Arbeit.

Schubert, Herbert, Prof. Dr. phil. Dr. rer. hort. habil., ist Professor für Soziologie und Sozialmanagement an der Fakultät für Angewandte Sozialwissenschaften der Fachhochschule Köln, Direktor des Instituts für angewandtes Management und Organisation in der Sozialen Arbeit (IMOS) und Leiter des Forschungsschwerpunkts „Sozial Raum Management". Arbeitsschwerpunkte: Netzwerkmanagement, Sozialplanung, Governance im Sozialraum, städtebauliche Kriminalprävention, Methoden der Sozialraumanalyse.

Wagner, Bianca, Diplom-Sozialarbeiterin/-pädagogin, hat mehrere Jahre in verschiedenen Bundes- und Landesprojekten gearbeitet und hat umfangreiche Kompetenzen und Erfahrungen in den Bereichen: Bildungswesen, Benachteiligtenförderung, Übergang Schule – Beruf, berufsorientierende Elternarbeit, Migration/Integration. Arbeitsschwerpunkt: Zusammenarbeit mit Trägern der Jugendhilfe im Kontext von ESF-Projekten.

Printed by Printforce, the Netherlands